全国高职高专汽车类规划教材编审委员会

主　任：王世震

副主任：何乔义　胡　勇　宋保林　周洪如　郭振杰
　　　　上官兵　吴喜骊　张红伟　于万海　刘晓岩

委　员：（按姓名汉语拼音排序）

曹景升　陈东照　陈　瑄　程丽群　崔培雪　崔雯辉
代　洪　戴晓锋　丁继斌　董继明　高朝祥　龚文资
郭振杰　韩建国　韩卫东　何乔义　侯世亮　胡　勇
黄杰明　黄远雄　惠有利　吉文哲　贾建波　贾永枢
李　刚　李　宏　李立斌　李效春　李　彦　李永康
李远军　刘凤波　刘鸿健　刘景春　刘晓岩　刘照军
卢　华　罗富坤　骆孟波　潘天堂　蒲永峰　强卫民
任成尧　上官兵　宋保林　宋东方　宋延东　孙海波
索文义　谭克诚　田春霞　涂志军　王凤军　王贵槐
王国彬　王海峰　王洪章　王怀玲　王　琳　王培先
王世震　王小飞　王秀红　韦焕典　韦　倾　吴东平
吴喜骊　吴兴敏　伍　静　熊永森　徐　强　闫　永
杨传福　杨会志　姚　杰　易宏彬　于万海　于秩祥
曾庆吉　张　博　张国勇　张红伟　张　军　张俊海
张立荣　张　文　张宪辉　张忠伟　张子成　赵北辰
赵伟章　赵文龙　郑　劲　周洪如　朱成庆　朱　凯

全国高职高专汽车类规划教材
国家技能型紧缺人才培养培训系列教材

汽车传感器原理与检修

第二版

何金戈　主编

化学工业出版社
·北京·

本书从实用角度出发，系统、全面地介绍了现今汽车上比较常用和最新出现的传感器的结构、工作原理和检测方法。全书共分九章，内容包括绪论、温度传感器、位置和角度传感器、气体和液体流量传感器、气体压力和液体压力传感器、速度与加速度传感器、气体浓度传感器、爆震、碰撞和扭矩传感器及其他传感器。为方便教学，配套电子课件、题库和参考答案等资源。

本书内容全面、详实，且有具体车型实例佐证，实用性强、图文并茂、浅显易懂，可以作为高职高专院校、高等工科院校汽车类专业教材，也可供汽车维修、汽车检测及相关技术人员作为培训用或参考使用。

图书在版编目（CIP）数据

汽车传感器原理与检修/何金戈主编. —2版. —北京：
化学工业出版社，2015.5（2022.8重印）
全国高职高专汽车类规划教材
国家技能型紧缺人才培养培训系列教材
ISBN 978-7-122-23546-6

Ⅰ.①汽⋯ Ⅱ.①何⋯ Ⅲ.①汽车-传感器-理论-高等职业教育-教材②汽车-传感器-车辆修理-高等职业教育-教材
Ⅳ.①U463.6

中国版本图书馆CIP数据核字（2015）第067874号

责任编辑：韩庆利　　　　　　　　　　　　装帧设计：史利平
责任校对：吴　静

出版发行：化学工业出版社（北京市东城区青年湖南街13号　邮政编码100011）
印　　装：北京科印技术咨询服务有限公司数码印刷分部
787mm×1092mm　1/16　印张18　字数472千字　2022年8月北京第2版第7次印刷

购书咨询：010-64518888　　　　　　　　售后服务：010-64518899
网　　址：http://www.cip.com.cn
凡购买本书，如有缺损质量问题，本社销售中心负责调换。

定　价：35.00元　　　　　　　　　　　　　　　　　　　　版权所有　违者必究

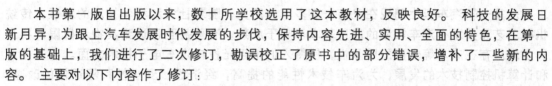

前言

本书第一版自出版以来，数十所学校选用了这本教材，反映良好。科技的发展日新月异，为跟上汽车发展时代发展的步伐，保持内容先进、实用、全面的特色，在第一版的基础上，我们进行了二次修订，勘误校正了原书中的部分错误，增补了一些新的内容。主要对以下内容作了修订：

1. 删去了一些不含电量输出的纯机械式器件，如石蜡式感温器件、双金属片式感温器件、真空开关、负压开关等，使内容符合传感器的定义。

2. 增加了新材料、新工艺、新技术制成的新型传感器，如GMR巨磁阻传感器、AMR各向异性传感器、带激励的新型感应式传感器、组合传感器、节点式网络化传输传感器等内容。

3. 增加了新能源汽车用传感器，如混合动力HV蓄电池的温度传感器、电流传感器、智能蓄电池传感器、电动机/起动机旋转角度传感器等。

4. 增加了相关知识的引入，使传感器的用途、作用更易掌握。如增加了汽车坐标系，有利于横摆角速度掌握；增加了电控悬架和自动水平大灯的知识，有利于车身高度传感器的掌握。

5. 为了使学生能够把握重点，方便教师教学和考核，在第一版的基础上，第二版加大了习题类型和题量，配套有考试题和参考答案，同时更新了PPT，如有需要，可发邮件至hqlbook@126.com索取。

6. 将全书内容重新进行科学细化、整合和分类，易于读者理解、总结，方便记忆。如对于加速度传感器按照纵向加速度传感器、横向加速度传感器和垂直加速度分开讲解；将温度传感器按照发动机用传感器、空调用传感器等进行分类等。

本书第二版由海南大学何金戈担任主编，海南职业技术学院陈启优、海南大学马朝光担任副主编，崔雯辉等参编。由于作者水平有限，加之时间仓促，不足之处在所难免，请广大读者不吝赐教！

编者

第一版前言

从第一辆汽车诞生到现在已有一百多年的历史，随着社会和科学技术的发展，传统机械工艺和技术在汽车领域的应用基本已趋于成熟，有些甚至已达到其物理极限，要进一步发展存在成本等方面的局限性，使得人们把目光投向汽车电子技术方面。电子技术和计算机控制技术的发展，为汽车技术性能的提高，经济性、安全性和舒适性的改善，汽车废气污染的降低创造了良好的条件。目前，汽车上，特别是轿车上的电子控制部件越来越多，基本上占汽车总成本的1/3甚至更多。

在汽车电子控制系统中，汽车传感器是重要的组成部分，担负着信息的采集和传输的功能，汽车传感器工作性能的好坏，直接关系汽车的运行状况和车辆行驶的安全性、经济性。因此，要掌握好现代汽车的维修和检测技术，必须掌握传感器的作用、构造、工作原理、故障症状和检测方法。

本书系统、全面地讲述了汽车用各种传感器的构造和工作原理，突出传感器的检测方法。结合具体车型进行讲解，是本书的一大特色。在编写的过程中，我们力求做到以下几点。

① 全面性：尽量涵盖汽车上大部分传感器。

② 先进性：跟上汽车电子发展步伐，突出介绍新型传感器。

③ 实用性：结合具体车型进行讲解，具有实用性和针对性。同时，为避免空洞无物的说教，针对每一传感器的检测，尽量提供线路图，使大家在具体运用中体会和学习传感器检测的精髓。

④ 易读性：尽量避免复杂的公式和高深理论，用深入浅出的语言介绍工作原理和检测方法。

本书由何金戈担任主编并编写了第一、三、四、六、七、八章，第二章、第五章、第九章分别由宋世军、崔雯辉、吴顺丽编写，参加编写的人员还有王晓波、胡文娟、李劲松、张建珍、肖明伟在审稿过程中，也提出了许多宝贵意见，在此一并致谢！

本书有配套电子教案，可赠送给用本书作为授课教材的院校和老师，如有需要，可发电子邮件到hqlbook@126.com索取。

由于编者水平有限，加之时间仓促，书中难免存在疏漏、不足之处，敬请广大读者批评指正。

编　者

目录

第一章 绪论 　1

第一节 汽车电子控制基础 　1
一、汽车电子控制的一般过程 　1
二、汽车电子控制系统的组成 　2

第二节 传感器概述 　3
一、传感器的定义和组成 　3
二、传感器的分类 　3
三、传感器信号 　5
四、传感器的检测方法 　7
五、传感器检测顺序 　11
六、传感器检测注意事项 　12
七、车用传感器的发展趋势 　13

复习思考题 　16

第二章 温度传感器 　17

第一节 概述 　17

第二节 发动机用热敏电阻温度传感器 　19
一、进气温度传感器 　19
二、冷却液温度传感器 　21
三、燃油温度传感器 　22
四、机油温度传感器 　24
五、排气温度传感器 　24
六、EGR 监测温度传感器 　25

第三节 电动汽车用温度传感器 　26
一、HV 蓄电池温度传感器 　27
二、HV 蓄电池进气温度传感器 　27
三、辅助蓄电池温度传感器 　29
四、混合动力系统马达温度传感器 　29
五、升压转换器温度传感器 　30

第四节 空调用温度传感器 　31
一、环境温度传感器 　32
二、进气道温度传感器 　33

三、车内温度传感器 ………………………………………………………… 33
　　　四、蒸发器出口温度传感器 ……………………………………………… 34
　　　五、脚部温度传感器 ………………………………………………………… 35
　　　六、中央通道出风口温度传感器 ………………………………………… 36
　　第五节　其他温度传感器 …………………………………………………… 36
　　　一、自动变速器油温传感器 ……………………………………………… 36
　　　二、水温表温度传感器 …………………………………………………… 37
　　第六节　热敏铁氧体温度传感器 …………………………………………… 39
　　　一、热敏铁氧体温度传感器的结构、工作原理 ………………………… 39
　　　二、热敏铁氧体温度传感器的检测 ……………………………………… 40
　　复习思考题 …………………………………………………………………… 41

第三章　位置和角度传感器　42

　　第一节　曲轴位置传感器 …………………………………………………… 42
　　　一、概述 …………………………………………………………………… 42
　　　二、磁电感应式曲轴位置传感器 ………………………………………… 43
　　　三、光电式曲轴位置传感器 ……………………………………………… 46
　　　四、霍尔式曲轴位置传感器 ……………………………………………… 48
　　第二节　凸轮轴位置传感器 ………………………………………………… 52
　　　一、磁电式凸轮轴位置传感器 …………………………………………… 52
　　　二、霍尔式凸轮轴位置传感器 …………………………………………… 53
　　　三、光电式凸轮轴位置传感器 …………………………………………… 54
　　　四、磁阻元件式凸轮轴位置传感器 ……………………………………… 54
　　　五、巨磁阻式（GMR）凸轮轴位置传感器 …………………………… 55
　　第三节　节气门位置传感器 ………………………………………………… 58
　　　一、概述 …………………………………………………………………… 58
　　　二、开关式节气门位置传感器 …………………………………………… 58
　　　三、滑动电阻式节气门位置传感器 ……………………………………… 59
　　　四、霍尔式节气门位置传感器 …………………………………………… 61
　　　五、感应式节气门位置传感器 …………………………………………… 64
　　第四节　液位传感器 ………………………………………………………… 65
　　　一、浮子舌簧开关式液位传感器 ………………………………………… 65
　　　二、浮子可变电阻式液位传感器 ………………………………………… 66
　　　三、热敏电阻式液位传感器 ……………………………………………… 68
　　　四、电热式液位传感器 …………………………………………………… 70
　　　五、电容式液位传感器 …………………………………………………… 70
　　　六、电极式液面高度传感器 ……………………………………………… 71
　　　七、半导体型液位传感器 ………………………………………………… 72
　　第五节　转向盘转角传感器 ………………………………………………… 73
　　　一、滑动电阻式转向盘转角传感器 ……………………………………… 73
　　　二、磁感应式转向盘转角传感器 ………………………………………… 73
　　　三、光电式转向盘转角传感器 …………………………………………… 74

四、霍尔式转向盘转角传感器 …………………………………… 76
　　五、各向异性磁阻式转向盘转角传感器 ………………………… 77
第六节　加速踏板位置传感器 …………………………………………… 78
　　一、电位计式加速踏板位置传感器 ……………………………… 79
　　二、双霍尔式加速踏板位置传感器 ……………………………… 80
　　三、感应式加速踏板位置传感器 ………………………………… 81
第七节　离合器和制动器位置传感器 …………………………………… 83
　　一、离合器踏板位置传感器 ……………………………………… 83
　　二、制动踏板位置传感器 ………………………………………… 85
　　三、制动行程传感器 ……………………………………………… 86
第八节　车高传感器与水平传感器 ……………………………………… 87
　　一、概述 …………………………………………………………… 87
　　二、片簧开关（舌簧开关）式车身高度传感器 ………………… 88
　　三、霍尔集成电路式车身高度传感器 …………………………… 88
　　四、滑动电阻式车身高度（车高）传感器 ……………………… 89
　　五、光电式车高传感器 …………………………………………… 91
　　六、霍尔线性车高传感器（水平传感器） ……………………… 95
　　七、感应式车身高度传感器 ……………………………………… 97
第九节　舒适系统用位置传感器 ………………………………………… 99
　　一、座椅位置传感器 ……………………………………………… 100
　　二、安全带位置传感器 …………………………………………… 102
　　三、电动后视镜用位置传感器 …………………………………… 103
　　四、乘员位置传感器 ……………………………………………… 105
　　五、自动空调翻板伺服电机位置传感器 ………………………… 106
第十节　其他位置传感器 ………………………………………………… 108
　　一、EGR 位置传感器 ……………………………………………… 108
　　二、怠速电机位置传感器 ………………………………………… 109
　　三、电动机/发电机转子角位置传感器 ………………………… 112
复习思考题 ………………………………………………………………… 115

第四章　气体和液体流量传感器　　116

第一节　空气流量传感器 ………………………………………………… 116
　　一、旋转翼片式空气流量传感器 ………………………………… 117
　　二、量芯式空气流量传感器 ……………………………………… 117
　　三、卡门涡流式空气流量传感器 ………………………………… 118
　　四、热线式空气流量传感器 ……………………………………… 122
　　五、热膜式空气流量传感器 ……………………………………… 125
第二节　液体流量传感器 ………………………………………………… 127
　　一、舌簧开关式液体流量传感器 ………………………………… 127
　　二、光电式燃油流量传感器 ……………………………………… 127
　　三、静电式冷媒流量传感器 ……………………………………… 128
复习思考题 ………………………………………………………………… 129

第五章　气体压力和液体压力传感器　　130

第一节　概述　　130
第二节　进气歧管压力传感器　　130
一、半导体压敏电阻式进气歧管压力传感器　　131
二、真空膜盒式进气压力传感器　　136
三、电容式进气压力传感器　　137
四、表面弹性波式进气歧管压力传感器　　138
第三节　其他气体压力传感器　　139
一、大气压力传感器　　139
二、燃油箱压差传感器（燃油箱压力传感器）　　140
三、增压压力传感器　　143
四、轮胎压力传感器　　145
第四节　机油压力传感器　　147
一、机油压力警告灯用机油压力开关　　147
二、机油压力表用机油压力传感器　　148
三、电控发动机用机油压力传感器　　148
第五节　制动压力传感器　　150
一、压敏电阻式制动压力传感器　　150
二、压电晶体式制动压力传感器　　151
三、电容式制动液压力传感器　　151
第六节　其他液体压力传感器　　153
一、燃油压力传感器　　153
二、共轨压力传感器 CRPS（Common Rail Pressure Sensor）　　154
三、空调制冷剂高压传感器　　156
复习思考题　　159

第六章　速度与加速度传感器　　160

第一节　发动机转速传感器　　160
一、柴油发动机用转速传感器　　160
二、舌簧开关式发动机转速传感器　　161
第二节　车速传感器　　163
一、舌簧开关式车速传感器　　164
二、电磁感应式车速传感器　　165
三、光电式车速传感器　　166
四、霍尔式车速传感器　　166
五、磁阻元件式车速传感器　　170
六、多普勒雷达式车速传感器　　173
第三节　轮速传感器　　173
一、电磁感应式轮速传感器　　174
二、励磁式轮速传感器　　179
三、霍尔效应式轮速传感器　　179
四、磁阻式轮速传感器　　182

五、电涡流式转速传感器 …………………………………… 184
　第四节　加速度与减速度传感器 …………………………………… 185
　　一、光电式减速度传感器 …………………………………… 186
　　二、水银式减速度传感器 …………………………………… 187
　　三、差动变压器式减速度传感器 …………………………………… 188
　　四、压电式减速度传感器 …………………………………… 189
　　五、压阻式减速度传感器 …………………………………… 189
　　六、开关式加速度传感器 …………………………………… 192
　　七、差动电容式加速度传感器 …………………………………… 192
　第五节　横摆角速度传感器与组合传感器 …………………………………… 193
　　一、横摆角速度传感器 …………………………………… 194
　　二、组合传感器 …………………………………… 195
　复习思考题 …………………………………… 199

第七章　气体浓度传感器　　200

　第一节　氧传感器 …………………………………… 200
　　一、二氧化锆式氧传感器 …………………………………… 201
　　二、二氧化钛式氧传感器 …………………………………… 206
　第二节　宽域氧传感器 …………………………………… 208
　　一、宽域氧传感器的工作原理 …………………………………… 208
　　二、宽域氧传感器的检测 …………………………………… 211
　第三节　NO_x 传感器 …………………………………… 212
　　一、柴油车用 NO_x 传感器 …………………………………… 212
　　二、汽油车用 NO_x 传感器 …………………………………… 212
　第四节　烟雾浓度传感器 …………………………………… 214
　第五节　空气质量传感器 …………………………………… 216
　复习思考题 …………………………………… 220

第八章　爆震、碰撞和扭矩传感器　　221

　第一节　爆震传感器 …………………………………… 221
　　一、汽油车用爆震传感器 …………………………………… 221
　　二、磁致伸缩式爆震传感器 …………………………………… 222
　　三、压电式爆震传感器 …………………………………… 222
　　四、柴油车用爆震传感器 …………………………………… 226
　第二节　碰撞传感器 …………………………………… 226
　　一、滚球式碰撞传感器 …………………………………… 227
　　二、滚轴式碰撞传感器 …………………………………… 227
　　三、偏心锤式碰撞传感器 …………………………………… 228
　　四、电阻应变计式碰撞传感器 …………………………………… 229
　　五、压电效应式碰撞传感器 …………………………………… 229
　　六、水银开关式碰撞传感器 …………………………………… 230
　　七、阻尼弹簧式碰撞传感器 …………………………………… 230
　　八、应变仪式安全传感器 …………………………………… 231
　　九、碰撞传感器的检测 …………………………………… 231

第三节　扭矩传感器　232
一、光电式扭矩传感器　232
二、电位计式扭矩传感器　233
三、电感式扭矩传感器　237
四、分相器型扭矩传感器　240
五、磁阻式扭矩传感器　242
复习思考题　243

第九章　其他传感器　244

第一节　光量传感器　244
一、日照传感器　244
二、光敏电阻式光量传感器　246
三、光敏二极光量传感器　247
四、光敏三极管光量传感器　248

第二节　湿度传感器　250
一、湿敏电阻式湿度传感器　250
二、结露传感器　251
三、雾气传感器　252

第三节　电流检测传感器　253
一、晶体管式电流传感器　253
二、舌簧开关式电流传感器　253
三、PTC热敏电阻式电流传感器　254
四、电阻-集成电路式电流传感器　256
五、霍尔式蓄电池电流传感器　256
六、(ABS)集成电路式灯泡断丝检测传感器　258
七、制动器摩擦片磨损检测传感器　258

第四节　雨滴（雨量）传感器　259
一、红外线式雨滴传感器　259
二、压电式传感器　260
三、电容式传感器　261
四、雨滴传感器实例　261
五、雨滴/光线/雾气/光照等组合传感器　263

第五节　测距传感器　265
一、超声波距离传感器　265
二、微波车距传感器　267

第六节　CCD图像传感器　269

第七节　空调压缩机锁定传感器　270

第八节　智能型蓄电池传感器（IBS）　271
一、智能型蓄电池传感器功用　271
二、智能型蓄电池传感器安装位置　272
三、智能型蓄电池传感器结构和工作原理　272
复习思考题　273

参考文献　274

第一章 绪 论

学习目标

- ◆ 了解汽车电子发展的概况
- ◆ 掌握汽车电脑控制的方法
- ◆ 了解执行器的种类
- ◆ 了解控制单元的组成
- ◆ 掌握存储器的种类和特性
- ◆ 掌握汽车电子控制技术各个系统的组成和功用
- ◆ 掌握传感器的基本组成
- ◆ 掌握传感器常用基础原理和理论
- ◆ 掌握汽车传感器信号的五种类型和判断依据
- ◆ 掌握检测传感器的一般方法
- ◆ 掌握传感器的检测顺序
- ◆ 掌握传感器在检测和修理时的注意事项
- ◆ 了解车用传感器的发展趋势

第一节 汽车电子控制基础

随着汽车向电子化、集成化、信息化、网络化、智能化方向发展，现代汽车采用电子控制技术已越来越普遍。现代汽车是以计算机为控制中心的高度自动化控制系统，该系统随着汽车功能的不断增多而日臻完善和复杂。

一、汽车电子控制的一般过程

汽车电子控制也称为汽车电脑控制，它是利用各种传感器探测各种信息，经过电子控制单元（ECU）信息处理，推动执行元件工作的过程。

电子控制的一般过程：汽车在运行时，各传感器不断检测汽车运行的工况信息，并将这些信息实时地通过输入接口传送给 ECU，ECU 接收到这些信息后，根据内部预先编写好的控制程序，

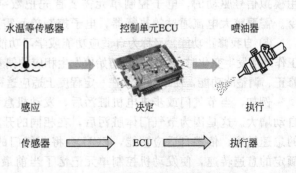

图 1-1 发动机电子控制原理示意图

进行相应的决策和处理,并通过其输出接口输出控制信号给相应的执行器,执行器接收到控制信号后,执行相应的动作,实现某种预定的功能。图1-1是发动机电子控制原理示意图。

二、汽车电子控制系统的组成

电子控制系统一般由三部分组成:传感器、执行机构和控制单元(电脑)。

1. 传感器

传感器是一种信号转化装置,它可以将非电信号转换为电信号,其主要作用是向汽车电脑提供运行的各种工况信息。汽车传感器过去单纯用于发动机上,现在已扩展到底盘、车身和灯光、电气等各个系统。

2. 执行器(Actuator)

执行器又叫执行元件,其任务是根据ECU输出的控制信号执行相应的动作,以实现某种预定的功能。按照构造可以分为四类:电磁阀式、电机式、继电器式、显示器式。

3. 电子控制单元(Electronic Control Unit——ECU)

电子控制单元就是俗称的电脑,或直接称为ECU,较早的汽车电子控制几乎是一个系统一个电子控制单元,随着汽车电子系统集成化,许多系统的电脑也整合在一起。例如原先的电子控制点火系统ESA、燃油喷射系统MPI、自动变速器系统ECT,已经整合为动力控制单元Power Control Module,简称PCM。

汽车电子控制单元能在几毫秒内,迅速改变输出信号,亦即输入信号变化时,电脑几乎是立刻改变输出信号,控制作用迅速又精确。随着计算机技术的发展,其处理数据的能力也越来越快,由原来的8位、16位、32位,已经发展到64位,运算速度更高。

不同系统的电子控制单元,其安装的位置也不同,如燃油喷射系统的电子控制单元多置于仪表板下方,以避免高热、湿气及振动的影响,安全气囊的电子控制单元多置于座椅或者中央操控台下,制动防抱死ABS的电子控制单元多置于发动机室或行李舱等处。

电子控制单元是控制系统的核心,其主要作用如下。

① 接受传感器或其他装置输入的信息,并将输入信号处理成电子控制单元能够处理的信号,如将模拟信号处理为数字信号。

② 给传感器提供参考基准电压。参考基准电压有2V、5V、8V、9V、12V等几种类型,常见的主要是5V参考基准电压,如绝大部分车系的节气门位置传感器、光电式曲轴或凸轮轴传感器。个别的,如北京切诺基凸轮轴霍尔传感器则使用8V参考电压。

③ 存储、计数、分析处理信息。电子控制单元能够存储处理程序、该车型的特性参数及运算中的数据(随存随取)和故障信息。根据信息参数求出执行命令数值,将输入的信号与标准值对比并存储故障信息。

④ 输出执行命令。能够用数字信号驱动的执行器,电子控制单元直接进行驱动,需要用模拟信号驱动的,电子控制单元需要首先把数字信号转化为模拟信号,使执行器执行命令。需要较大电流通过的执行器,电子控制单元需要利用控制继电器来驱动执行器。

⑤ 自我修正功能。又称为自适应功能或学习功能。当系统各部件由于磨损、脏污、积炭等工作环境发生变化时,传感器的初始值发生相应的偏差,而电子控制单元具有检测、记忆、自动修正、调整的功能,使车辆能够在一定程度上适应这种变化,仍能够在较佳的情况下工作。

例如,当节气门或步进电机脏污后,发动机怠速时节气门的开度或步进电机开启步数会自动增大。这是因为节气门体脏污后,在相同的开度下,进气量会减少,将不足以维持额定的怠速转速,依赖自适应功能,ECU会将节气门的开度或步进电动机开启步数增大以维持额定的怠速转速,使发动机控制单元记忆了当前最佳学习值。但是,当节气门体被清洗后,发动机控制单元仍控制节气门或步进电机以清洗前开度进行供气,发动机将出现怠速过高现象，严重时还将产生游车。因此，发动机需要重新进行匹配，使 ECU 重新进行自适应，恢复正常怠速。

第二节 传感器概述

在现代汽车电子控制系统中，传感器是一个相当重要的关键部件。电子控制装置要实现各类精确控制，需要各种必要的信息来提供判断依据，而这些信息的采集又是利用各种传感器来实施监测，并发送汽车工况参数的信号。如果没有各类传感器提供发动机、汽车工作状况和外部环境等信息，电子控制装置就失去了决策依据。因此，汽车电子技术在很大程度上依赖于传感器的发展。

一、传感器的定义和组成

1. 定义

国际电工委员会的定义为："传感器是测量系统中的一种前置部件，它将输入变量转换成可供测量的信号"。

GB/T 7665—2005 对传感器下的定义是：传感器是指能够感受规定的被测量，并按一定的规律转换成输出信号的器件或装置，通常由敏感元件和转换元件组成。传感器能检测物理量、电量和化学量等信息，并把其转换成微机能够理解的电信号。

在英文中，传感器一般用 transducer 或 sensor 表示，在汽车上常用 sensor 一词。

2. 组成

传感器一般是由敏感元件、转换元件和其他辅助元件组成。有时也将信号调节与转换电路及辅助电源作为传感器的组成部分，如图 1-2 所示。

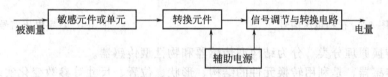

图 1-2 传感器组成框图

敏感元件指直接感受被测量（一般为非电量），并输出与被测量成确定关系的其他量（一般为电量）的元件。如应变式压力传感器的弹性膜片就是敏感元件，它的作用是将压力转换成膜片的变形。

转换元件指传感器中能将敏感元件感受（或响应）的被测量转换成适合于传输和（或）测量的电信号部分。当输出为规定的标准信号时，则一般称为变送器，又称转换器，一般情况下不直接接受被测量，而是将敏感元件输出的量转换为电量输出的元件。如应变式压力传感器的应变片，它的作用是将弹性膜片的变形转换为电阻值的变化。

信号调节与转换电路一般是指能把传感元件输出的电信号转换为便于显示、记录、处理和控制的有用电信号的电路，信号调节与转换的电路选择要视传感元件的类型而定，常用电路有信号放大器电桥、振荡器、阻抗变换器等。

二、传感器的分类

汽车传感器的种类很多，且一种被测参数可用多种不同类型的传感器来测量，而同一种传感器往往也可以测量多种被测参数。传感器的分类有多种方法，常见的分类方法如下。

（1）按输入量分类　即按被测量的量来分类，有位移、速度、加速度、角位移、角速度、力、力矩、压力、真空度、温度、电流、气体成分、浓度等传感器。

(2) 按传感器工作原理分类 有应变式、电容式、电阻式、电感式、压电式、热电式、光敏式、光电式传感器等。

(3) 按能量转换关系分类 可以分为能量控制型和能量转换型两类。

① 能量控制型传感器 在信息变化过程中，其能量需要外部提供工作电源，才可以产生电信号给电脑的传感器，因此又称为无源传感器（传感器自己不能产生电压信号）。电阻、电感、电容等电路参数传感器、霍尔传感器、磁阻传感器、热阻传感器、应变电阻传感器、光电效应传感器都属于这一类。

② 能量转换型传感器 主要由能量变换元件组成，不需要外部提供工作电源或激励源，传感器本身可以将一种能量形式直接转变成另一种能量，产生电压给电脑的传感器，如氧气传感器、爆震传感器、磁电式传感器等，因此又称为有源传感器。

(4) 按输出信号分类 有模拟式和数字式传感器两种。

模拟电压信号（analog voltage signals）是指随时间延续而连续变化的电信号，如图1-3所示。在汽车电脑控制系统中，大多数的传感器以产生模拟电压信号为主。

数字电压信号（digital voltage signals）是指随时间延续而不连续变化的电信号，如图1-4所示。该信号只有两种状态，即高电平和低电平，因此也包括一些开关信号。数字电压信号不需要经过A/D转换即可以处理，能够被ECU直接处理。

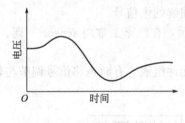

图1-3 模拟电压信号

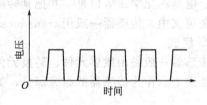

图1-4 数字电压信号

(5) 按转换原理分类 分为结构型传感器和物性型传感器。

结构型传感器，是利用转换元件的结构、形状、位置、尺寸等参数变化实现信号转换的传感器。常见的有应变电阻式、电感式、电容式及磁电式等。例如电容式压力传感器，当被测压力作用在电容式敏感元件的动极板上时，引起电容间隙的变化导致电容值的变化，从而实现对压力的测量。

物性型传感器，以转换元件材料的固态物理特性及效应实现非电量转换的传感器。常见的有压电式、霍尔式、光电式等。例如利用具有压电特性的石英晶体材料制成的压电式传感器，就是利用石英晶体材料本身具有的正压电效应而实现对压力测量的。

(6) 按照作用形式分类 可以分为主动型传感器和被动型传感器。

主动型传感器对被测对象能发出一定探测信号，能检测探测信号在被测对象中所产生的变化，或者由探测信号在被测对象中产生某种效应而形成信号。被动型传感器接受被测对象自身产生的信号。这是被动型传感器和主动型传感器主要的区别。如图1-5所示。

例如：在ABS系统或ESP系统中，被动型转速传感器的工作原理是感应原理，轮速达到3km/h以上才能检测到信号，输出的是模拟信号。感应式转速传感器体积较大、较重；精度依赖于传感轮与传感器之间的间隙；转速低时只能提供较低的信号电压。而主动型车轮转速传感器基于霍尔原理或磁阻效应工作原理产生电压或电流信号，信号的大小只与转速有关，不但能识别极低速信息，而且静止状态也可测量，有些传感器还能够能识别车轮转动方向，输出的是数字信号，性能更可靠。注意，主动型车轮转速传感不可用欧姆表测量。

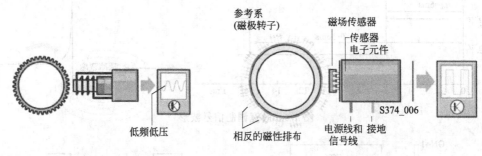

(a) 被动型转速传感器　　　　　(b) 主动型车轮转速传感器

图 1-5　被动型转速传感器和主动型车轮转速传感器的区别

三、传感器信号

1. 汽车传感器信号的五种类型

汽车上传感器的电子信号可以分为五种类型：直流、交流、频率调制、脉宽调制和串行数据信号。五种类型电子信号是控制系统中各个传感器、控制电脑和其他设备之间相互通信的基本语言，五种类型电子信号各有不同的特点，用于不同的通信目的。

（1）直流信号（DC）　在任何周期里，方向不随时间变化的电压、电流信号属于直流信号。直流信号可以分为恒压直流和非恒压直流信号两种。在汽车中产生恒压直流信号的电源装置有蓄电池电压和控制电脑（PCM）输出的传感器参考电压。图1-6是节气门位置传感器非恒压直流信号波形。

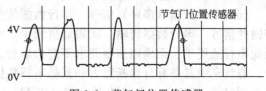

图 1-6　节气门位置传感器非恒压直流信号波形

（2）交流信号（AC）　大小和方向随时间变化的信号属于交流信号。

在汽车中产生交流信号的传感器主要是磁电式传感器和爆震传感器（KS）等。图1-7是磁电式传感器产生的交流信号波形。

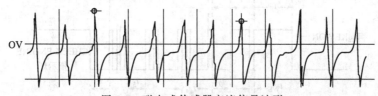

图 1-7　磁电式传感器交流信号波形

（3）频率调制信号（frequency modulated signal）　保持波的幅度恒定而改变频率称为频率调制。在汽车中产生可变频率信号的传感器主要是光电式和霍尔式传感器。图1-8是超声波卡门涡流式空气流量传感器的波形。

（4）脉宽调制信号　脉冲宽度调制（PWM）是英文"Pulse Width Modulation"的缩写，简称脉宽调制。脉宽调制信号就是经过脉冲宽度调制的信号。脉冲宽度就是在一个周

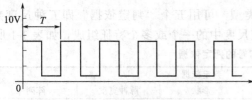

图 1-8　频率调制信号波形

期内元件持续的工作时间，如图1-9所示。

在这里，要注意脉冲宽度与占空比的区别，占空比（duty cycle）表示脉冲宽度（导通时间）占周期时间的百分数。不同占空比波形信号如图1-10所示。

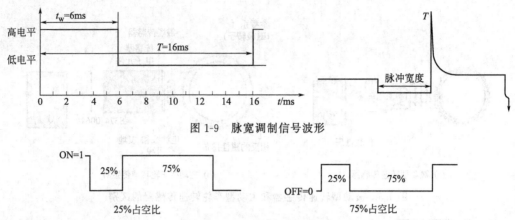

图 1-9 脉宽调制信号波形

图 1-10 不同占空比波形信号

$$q(\%) = \frac{t_w}{T} \times 100\%$$

式中，q 为占空比；t_w 为脉冲宽度；T 为周期。

（5）串行数据（多路）信号　串行数据信号是按时序逐位将组成数据和字符的码元予以传输的信号。串行数据传输，所需通信线少，串行传送的速度低，但传送的距离可以很长，因此串行适用于长距离而速度要求不高的场合。

若汽车中具备有自诊断能力和其他串行数据送给能力的控制模块，则串行数据是由发动机控制电脑（PCM）、车身控制电脑（BCM）、防盗和防滑制动系统（ABS）或其控制模块产生，以及配备自我诊断的各种电脑之间传递的信号。

在汽车发动机控制电脑和其他电子智能设备中用来通信的串行数字信号是最复杂的信号，它是包含在汽车电子信号中的最复杂的"电子句子"，在实际中，要用专门的解码器读取。发动机冷却液温度传感器故障时 PCM 输出的串行数据（多路）信号波形如图 1-11 所示。

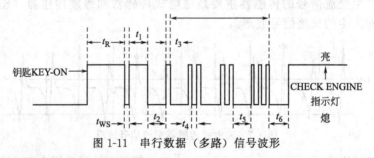

图 1-11 串行数据（多路）信号波形

2. 汽车电子信号的五个判定依据

汽车电子信号到底属于以上的哪一种信号类型，可用五个"判定依据"即五种尺度判定。每个"五要素"电子信号都可以用五种判定尺度中的一个或多个特征组成，如表 1-1 所示。

表 1-1 汽车电子信号的判定依据

信号类型	判定依据				
	幅值	频率	形状	脉冲宽度	阵列
直流	√				
交流	√	√	√		
频率调制	√	√			
脉宽调制	√	√	√	√	
串行数据	√	√	√	√	√

注："√"表示该信号包含的判定依据。

示。五个判定依据如下：

（1）幅值　电子信号在一定点上的瞬时电压。

（2）频率　电子信号在两个事件或循环之间的时间，一般指每秒的循环数（Hz）。

（3）形状　电子信号的外形特征，它的曲线轮廓和上升沿、下降沿等。

（4）脉冲宽度　电子信号所占的时间或占空比。

（5）阵列　组成专门信息信号的重复方式，例如 $1^\#$ 缸传送给发动机控制电脑的上止点同步脉冲信号，或传给解码器的有关冷却水温度的串行数据流等。

四、传感器的检测方法

对于传感器的检测，主要有以下几种方法。

1. 故障征兆现象判断法

依据故障征兆，运用经验判断，是最直观、最简单的解决车辆故障和判断传感器好坏的方法。但其有两个缺点：一是经验积累时间长，短时间内不可能达到很高水平；二是判断结果准确率低，误判的可能性较大。

例如，在维修大众车系发动机时，如果出现发动机油耗和排气污染增加，发动机出现怠速不稳、缺火、喘振等故障现象，则很大可能是氧传感器出现故障。这是因为：一是从车型来看，该车型出现氧传感器故障的概率比较高；二是从现象上来看，氧传感器出现故障，将使电子燃油喷射系统的电脑不能得到排气管中氧浓度的信息，因而不能对空燃比进行反馈控制，从而出现上述症状。

2. 解码检测法

汽车上的电子控制系统一般都具有自诊断功能。以前的车辆，大部分都能通过手工调码的方法查出故障代码，但随着汽车的发展，尤其是进口高档车的电子控制系统只有靠仪器等专用设备才能进行诊断，而在众多的仪器设备当中使用最普遍的是电控系统检测仪，俗称解码器。

解码器通常分为原厂解码器和非原厂解码器。原厂汽车解码器是指由汽车制造厂家提供或指定的解码器，如大众（奥迪）汽车用 VAG1551、丰田汽车用 Intelligent Tester 等。非原厂解码器则指不是汽车制造厂家提供或指定，而由其他仪器设备厂商生产的汽车解码器，如德国博世公司的 KTS300/500、美国的红盒子 Scanner MT2500、瑞典的 AUTODGAGNOS 及国内公司生产的电眼睛、修车王、车博士等。部分原厂解码器和通用解码器如图 1-12 和图 1-13 所示。

通用公司的 TECH2

日产公司的 CONSULT-II

德国大众的 VAS5052

图 1-12　部分原厂解码器

读取与清除故障码是解码器的主要功能，因此很容易判断出故障的大致方向和部位，为传感器的检测和排查提供了方向。但有以下几点需要注意。

① 并不是所有的故障都会出现故障码。例如，三菱 V73 的 6 线式步进电机由于是 ECU 以脉冲方式进行控制，因此没有监控装置，所以出现故障后，没有故障码。又如，当水温传感器的电阻发生漂移而不准确时，如果电阻总值没有超出规定范围，虽然有故障，但不会显示故障码。

| 车博士 | 金奔腾 | 元征电眼睛 |

图1-13 通用解码器

② 故障码的含义说明需弄清楚，是传感器或执行器自身故障还是线路故障；线路故障要分清是短路还是断路，是与电源短路或断路，还是与接地短路或断路等。只有清楚、明白故障码的确切含义，才能更好地利用故障码排除故障，维修起来也可以少走弯路。

③ 通过解码器查出的故障码，只是说明某一系统或相关系统有故障，不要看到故障码就断定是该传感器或执行器有故障，就要更换，其他与之相关系统同样会造成同样故障而出现相同的故障码。

例如在检查ABS系统时，如果出现"轮速传感器信号不良"故障码时，不要立即更换轮速传感器，首先要检查电路各连接插头与插座针脚接触是否良好，传感器触发轮是否有脏污、锈蚀、断路或短路等现象，有些安装在车轮上的传感器其磁芯经常会吸附一些制动鼓磨掉的铁屑而导致工作不良，此时只需拆下传感器并清除磁芯上的污垢即可解决问题。同时还要观察感应齿圈是否有变形、缺齿等现象，这些都是导致出现"轮速传感器信号不良"故障码的原因，而轮速传感器本身并不一定损坏。

④ 要弄清楚是历史性故障码还是当前的故障码，以及故障码出现的次数。如果是历史性故障码，就表示故障较早之前出现过，现在不出现了，但在ECU里面有一定的存储记忆；而当前故障码则表示是最近出现的故障，当前故障码绝大部分和目前出现的系统故障有很大关系。

例如，大众公司的解码器上故障码前显示"SP"，均表示临时的偶发性故障。故障发生的原因不外乎以下几种情况：发动机运转或点火钥匙打开的过程中拔下了某个电气插头，或者某个传感器或执行器的插头虚接，是软故障，不是硬故障。

⑤ 当读不出故障码但车辆依旧有故障症状，此时要利用解码器的数据流对传感器和执行器进行深入的分析和判断。所谓数据流，简单来说就是电控系统中的一些主要传感器和执行器的当前工作参数值（如发动机转速、蓄电池电压、空气流量、喷油时间、节气门开度、点火提前角、水温等）。维修过程中，可以通过阅读数据流来分析、发现故障所在，特别是当电控系统无故障码可供参考时，数据流分析就更加重要。每个传感器和执行器在一定条件下的工作参数值是有一定标准范围的，可以通过实际值与标准值的比较来判断某传感器和执行器是否存在异常。

⑥ 当参考故障码排除故障后，要利用解码器来清除故障码，也就是从ECU内部记忆体中清除其故障码记忆，并在发动机运转一段时间后（有条件的话，可以进行路试），再通过解码器来测试是否还会出现相似的故障现象，或者存储同样的故障码。

⑦ 清除故障码，不提倡用拔掉蓄电池负极的办法来进行。早期的车辆，如三菱和现代，在清除故障码时可以使用去掉蓄电池负极的方法来进行，但随着汽车技术的发展，越来越多的车辆已将故障代码存储在ECU中EEPROM中，用去掉蓄电池负极的方法是消除不掉故

障码的。使用去掉蓄电池负极的方法来清除故障码，不但清除不掉故障码，还会导致许多问题：一是很多车辆的ECU具备了自适应和自学习功能，去掉蓄电池负极后，存储在KAM（可保持存储器）中的自适应信息丢失，导致车辆运行不稳定；二是会触发音响防盗等的防盗功能起作用导致锁死，如果不知道密码，音响便不能正常使用，预先设置在音响中的播放顺序、座椅的预定设置位置也会因此丢失。

3. 测试灯检测法

测试灯有自制的测试灯和检测专用的测试灯；可以自带电源，也可以不带电源。自制的测试灯可以用发光二极管（LED）外接300~500Ω电阻串联制成，其形式如图1-14所示。测试灯主要有以下几个功能。

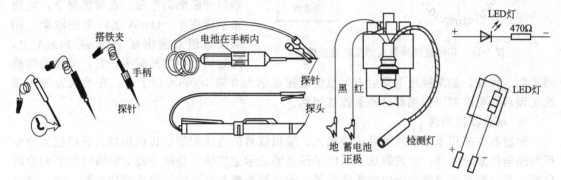

图1-14 测试灯的类型

① 检查传感器、电控元件本体或连接电路的通、断。

② 检测传感器参考电压供给是否正常。

③ 根据测试灯发光二极管频闪信号，可以检查传感器是否有脉冲输出，或ECU是否有执行信号输出。

④ 对具有手工调码自诊断功能的车辆，进行手工调阅故障代码。

4. 万用表检测法

汽车上使用万用表，除了早期手工调码读取故障码要求使用指针式万用表外，一般都不主张使用指针式万用表，甚至在检测某些元件时，特别是半导体元件、有关ECU电路时，强调必须使用数字式万用表。这是因为数字式万用表阻抗大，通过元器件的电流小，可以避免在测量时烧毁其他元器件。

（1）电阻检测法 电阻检测法主要用于可变电阻、电位计传感器、磁电式传感器电阻的检测，对于半导体元件，一般要与标准元件的测量值对比才能得出结论。例如，对于磁电式轮速传感器，可以用欧姆表检查其电阻值，一般在室温时，电阻在600~2300Ω范围内为正常。电阻太小为线圈短路；电阻过大为连接不良；电阻非常大为断路；线圈与外壳导通为搭铁。图1-15是用万用表检测轮速传感器的连接线路。

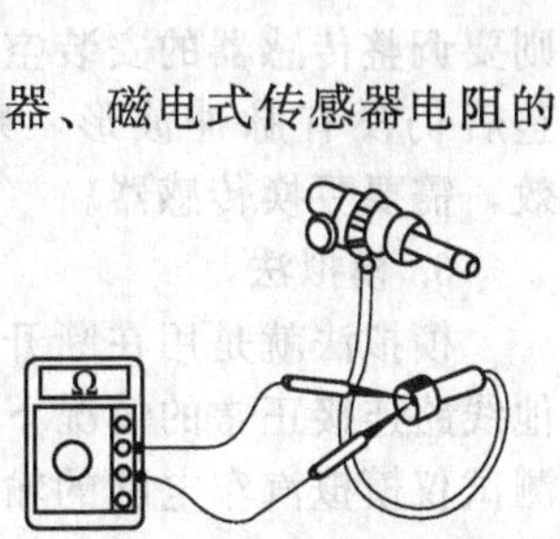

图1-15 用万用表检测轮速传感器的连接线路

（2）电压检测法 对于有源传感器，由于在工作时自身可以产生电压，因此可以使用电压检测法来检测传感器工作是否正常。例如氧气传感器、磁电式曲轴位置/凸轮轴位置传感器、爆震传感器等。仍以ABS用磁电式轮速传感器为例，拆开ABS ECU接线插座或拔下轮速传感器的接线插头，使被测车轮以1r/s的速度转动时，使用万用表交流mV挡，测量各车轮的轮速传感器对应端子间的电压，万用表指示值应为70mV以上。如测量值低于规定值，原因可能是传感器与轮齿的间隙过大或传感器本身有问题，需要更换新件。

(3) 电流检测法　电流检测法主要用于产生电流调制信号的新型的集成电路传感器，如主动型轮速传感器，通过万用表也可以对传感器进行检测，线路连接如图 1-16 所示。将万用表拨至量程在 200mA 以上的电流挡处，将表笔串在其中一根输出线上，另一根输出正常接线（注意指针式万用表要注意极性），接通汽车电路使 ABS 系统通电，用手缓慢转动传感器安装侧的车轮，正常情况下，电流指示应在 7～14mA 之间来回波动。如果读数值只固定在 7mA 或 14mA 上，同时调整空气间隙无效时，则说明传感器失效。另外，如果接通电路后电流数值直接显示为 0 或 100mA 以上时，在确认万用表接线无误后，可以判定传感器已经断线或短路。

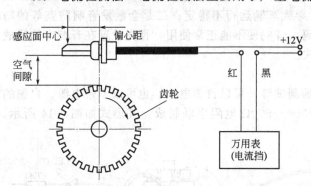

图 1-16　用电流法检测主动型轮速传感器

5. 示波器检测法

示波器主要用来显示控制系统中输入、输出信号的电压波形，以供维修人员根据波形分析判断电控系统故障。示波器比一般电子设备的显示速度快，是唯一能显示瞬时波形的检测仪器，是电控系统故障诊断中的重要设备。示波器检测是最准确、最直观的检测方法，可以将传感器的输出电流或电压以波形的形式显示出来，也是传感器等电气元件检测的发展方向。

仍以上述主动型轮速传感器为例，将示波器的信号输入接线分别接在传感器输出端与信号处理电路的接地端（注意区分传感器电源端进线及信号输出端），接通汽车电路使系统通电，此时用手缓慢转动传感器安装侧的车轮，正常情况下，示波器应显示出方形脉冲波形，如图 1-17 所示。如果没有脉冲波形或与波形不一致，则要调整传感器的安装空气间隙，如果调整后仍没有脉冲波形，则说明传感器失效，需要更换传感器。

6. 模拟法

模拟法就是用在断开传感器连接，其他线路连接正常的情况下，用传感器模拟测试仪模拟汽车电脑的输入信号，代替传

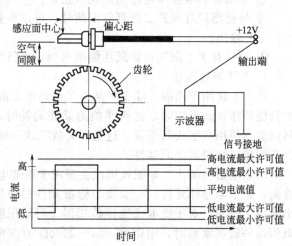

图 1-17　用示波器法检测主动型轮速传感器

感器工作，依据故障现象的消失或存在，来判断传感器好坏的方法。利用此类模拟法对电控系统传感器及其线路故障的诊断，可简化分析过程、缩短诊断时间，减少因盲目更换配件而带来的经济损失。

常用的具有传感器模拟测试功能的仪器有 ADD91 信号模拟仪、电控系统分析仪 SKS3058 等。它们都可以模拟发动机控制系统各传感器的各类信号，如具有模拟电压信号、频率信号、直流信号、占空比信号等功能。

例如，在判断桑塔纳 2000GLi 轿车里程表不动的故障时，打开点火开关，先找到车速

传感器，拔下插头，检查霍尔式三线制车速里程表传感器供电回路（一线为12V，另一线为地，剩余一线为信号线），如果供电回路正常，可以使用模拟器进行车速传感器模拟。因为车速传感器是霍尔式，其信号形式为脉冲频率式，因此可以用红表笔接信号线插脚，人为地输入脉冲频率信号30Hz到信号线，黑表笔接地，此时里程表启动，当频率加到100Hz以上时，表针指示满量程。这说明从插头到线路再到表均正常，问题在传感器。

7. 替代法

替代法就是对于可疑传感器，通过试换的方法来查找故障，又称试换法。

替代法可确定故障部位或缩小故障范围，但不一定能确定故障原因。在检修传感器时，最好使用相同车型、相同年款、相同型号、相同规格的传感器，暂时替代有疑问的传感器。替代后如故障现象消失，说明该故障是因传感器引起的，被替代传感器存在问题。如果故障现象依然存在，说明该故障并不是因传感器而引起，故障在其他部分。

使用替代法检验传感器的好坏，简单又直接，但要求有一定的维修经验和可以用来替换的正常的传感器。替换时需要注意两点：一是不能用不同输出特性的传感器来替代，容易引起错误判断；二是不要绝对地认为新的零件就是好的零件，最终导致误判，因为有的新零件本身就是坏的。

五、传感器检测顺序

传感器在检测时，应该按照以下检测顺序进行。

① 征兆判断　推断可能发生故障的部位。

② 解码器检测　确认被怀疑的传感器在解码器中是否有故障码，并在数据流中加以强化判断。

③ 传感器周围的检查　为防止不是因为传感器本身故障而导致的传感器误判，要首先对怀疑的传感器部位进行外部检查，看是否有短路、断路、脏污、脱开、连线、水泡、腐蚀、氧化、接触不良、传感器变形等情况。

④ 外部电压、搭铁及线束导通的检查　为防止无源传感器由于没有供给电源而导致不能正常工作，要首先对外部电源进行检查。例如，霍尔式曲轴位置传感器如果没有12V或5V电压的供给，传感器是不会有信号输出的。如果电源和搭铁不正常，就要溯本求源，检查线路。

⑤ 本体检查　主要是外观检查和电阻检查，不用连接外部电路。针对能够进行电阻测量的传感器，如可变电阻式传感器、磁电式传感器，可以直接进行电阻的测量。例如，轮速传感器电阻检查可以关闭点火开关，拔下传感器连接器，检查前后轮的轮速传感器端子电阻，应均为1.0~13kΩ。同样，节气门位置传感器、磁电式曲轴位置传感器的电阻和电阻变化的平稳性，可以用万用表的电阻挡直接测量，从而判断传感器是否正常。

⑥ 输出信号检查　输出信号检查主要是将传感器连接到外部经检查已经是正常的线路中，或是额外提高传感器工作条件，来对传感器输出信号进行检查的过程。输出信号检查，应该是检测结果比电阻检查更前进了一步。这是因为电脑要接受的就是输出的信号，而不是传感器本身的电阻。传感器本身电阻正常，输出的信号不一定正常。

因此，不论是有源传感器，还是无源传感器，都可以在模拟工作状况下，进行输出信号检查。需要说明的是，无源传感器必须在正确供给工作电源的情况下，才可以对传感器输出信号进行检测。输出信号的检查可以使用万用表的电压挡或电流挡进行，但使用汽车专用万用表对输出信号只是作简单的判断，更精确地判断输出信号可以使用示波器来进行。

a. 模拟直流信号：如节气门位置传感器，汽车专用万用表直流电压量程检测即可满足要求。

b. 模拟交流信号：ABS 轮速传感器、磁电式曲轴位置传感器，可以用汽车专用万用表交流电压量程检测即可满足要求。

c. 脉冲脉宽调制信号/频率调制信号的电子信号：虽然可以使用万用表，但结果不够准确，要想看清具体的变化过程，必须使用示波器。

例如，三菱汽车用的卡门涡流式空气流量传感器，在急速时，输出信号为 2.2~3.2V，此电压为频率调制信号的平均电压，但用示波器就可以很方便地看出空气流量传感器信号的频率和幅值是否符合规定。

⑦ 维修与更换。对传感器进行以上检查后，可以基本确定传感器的好坏。更换传感器时，要严格按照操作规程操作，切忌蛮干。要关闭点火开关，且不可带电操作，否则容易损坏其他电子部件。安装时要轻拿轻放。

⑧ 维修与更换传感器后，要切记用解码器消除故障码并重新试车，模拟故障出现状况，如果在试车过程中故障现象没有重复出现，检查故障码也没有重新出现，说明判断准确，安装正确，传感器检修操作完成。

六、传感器检测注意事项

① 除在测试过程中特殊指明外，不能用指针式万用表测试 ECU 及传感器，应使用高阻抗数字式万用表或车用专用万用表进行测试。禁止使用"划火法"检查晶体管电路的通、断状况。不要用普通试灯去测试任何和 ECU 相连接的电气装置，以防止晶体管损坏，脉冲电路应采用 LED 灯或示波器检查。

② 在拆卸或安装电感性传感器时，应将点火开关断开（OFF），以防止其自感电动势损伤 ECU 和产生新的故障。

③ 在车身上进行电弧焊时，应先断开 ECU 电源。在靠近 ECU 或传感器的地方进行车身修理作业时，更应特别注意。

④ ECU 和传感器必须防止受潮。不允许将微机或传感器的密封装置损坏，更不允许用水冲洗。ECU 必须防止受剧烈振动。

⑤ 电控系统中，故障多的不是 ECU、传感器和执行部件，而是连接器。连接器常会因松旷、脱焊、烧蚀、锈蚀和脏污而接触不良或瞬时短路，因此当出现故障时不要轻易地更换电子器件，而应首先检查连接器的状况。

⑥ 当断开蓄电池时需注意以下几点：一是必须关闭点火开关，如果在点火开关接通的状态下断开蓄电池连接，电路中的自感电动势会对电子元器件有击穿的危险；二是检查自诊断故障码是否存在，若有故障码，应记下代码后再断开蓄电池；三是断开蓄电池前，应牢记带防盗码的音响设备的编码，否则在下次使用中，音响系统自锁会影响使用。

⑦ 蓄电池搭铁极性切不可接错，必须负极搭铁。严禁在发动机高速转动时将蓄电池从电路中断开，以防产生瞬时过电压将 ECU 和传感器损坏。

⑧ 跨接启动其他车辆或用其他车辆跨接本车时，需先关闭点火开关，才能拆装跨接线。

⑨ 在点火开关接通的情况下，不要进行断开任何电气设备的操作，以免电路中产生的感应电动势损坏电子元件。

⑩ ECU 有学习功能，但 ECU 的电源电路一旦被切断（如拆下蓄电池）后，它在发动机运行过程中存储的数据会消失，因此，蓄电池断开后要装复。如果出现发动机工作状况不如以前时，先不要随便更换零部件，因为这种情况可能是蓄电池断开后 ECU 中的学习修正记忆消除的缘故。因为 ECU 根据系统实际情况进行的学习修正与根据厂家存储在只读存储器（ROM）中的数据进行控制，相比起来发动机工作状况会有差异。

如果是此种原因，待发动机运行一段时间后，ECU 会自动建立修正记忆。如果想让 ECU 完全"恢复记忆"，则需通过在不同工况下的路试让 ECU 重新学习，发动机工作的不良状况会自动消失。

⑪ 注意检查搭铁线的状况，其电阻值一般不应大于 1.5Ω。

⑫ 带有安全气囊系统的汽车，对安全气囊进行检修时，如果操作不当将会使安全气囊意外张开，因此必须严格按操作程序进行，对安全气囊进行检修作业时，先将点火开关置于关闭位置，先断开蓄电池负极，等待 90s 再进行操作，以免发生意外。

⑬ 检修氧传感器时，要注意不要让氧传感器跌落碰撞到其他物体，不要用水冷却。换氧传感器时，一定要用专用的防粘胶液刷涂螺纹，以免下次拆卸困难。

⑭ 某些故障报警灯的功率不得随意改变，否则会出现异常情况。

⑮ 注意屏蔽线。对于电磁式凸轮轴位置传感器输出信号情况，单单通过测量电压或电阻来确定其是好是坏是不全面的。有很多电磁式传感器测量电阻电压都正常，但线路屏蔽不好也会导致故障。

七、车用传感器的发展趋势

由于汽车传感器在汽车电子控制系统中的重要要作用和快速增长的市场需求，世界各国对其理论研究、新材料应用和新产品开发都非常重视，未来的汽车传感器技术总的发展趋势是微型化、多功能化、集成化和智能化。多功能化是指一个传感器能检测两个或两个以上参数；集成化是指直接利用半导体特性材料制成单片集成电路传感器，或是将分立的小型传感器制作在硅片上，例如集成化温度、压力传感器及霍尔电路等；智能化是指传感器与大规模集成电路结合，成为带有专用微型计算机的传感器。

1. 陶瓷传感器

陶瓷传感器已有四十多年的历史，陶瓷是一种公认的高弹性、抗腐蚀、抗磨损、抗冲击和震动的材料。且陶瓷具有非常优异的特性：它的热稳定性及厚膜电阻可以使它工作温度范围大，可达 $-40 \sim +125$℃，而且具有测量的高精度、高稳定性，并且电气绝缘程度大于 2kV，输出信号强，长期稳定性好。因此在欧美国家陶瓷传感器有全面替代其他类型传感器的趋势，在中国也有越来越多的用户用它替代扩散硅压力传感器。陶瓷传感器如图 1-18 所示。

(a) 陶瓷压力传感器　　(b) 陶瓷电容传感器

图 1-18　陶瓷传感器

2. 多功能传感器

汽车传感器越来越多，对于一些有共性或者信号来源可以共用的传感器，可以高度整合为组合传感器。多功能传感器又称组合传感器，一个传感器能检测两个或两个以上传感器参数。

例如，大众汽车的 ESP 系统，最初的纵向、横向加速度传感器和横摆角速度传感器都是单独实现的，现在使用了传感器总成（Sensor Cluster），将 2 个或 3 个传感器设计为一体，通过 CAN 总线与 ECU 通信。图 1-19 为纵向、横向加速度传感器和横摆角速度传感器的组合方式的演变。

汽车传感器原理与检修

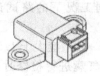

横向加速度传感器 G200

单独安装

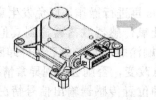

偏转率传感器G202,在左前脚坑内,舒适系统中央控制系统前

横向加速度传感器G200和偏转率传感器G202这两个传感器装在一个壳体内

两组合

ABS/ESP控制单元中的电路板

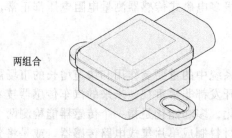

三组合

ABS/ESP Mark 60 EC偏航传感器纵向和横向加速度传感器的组合

S419_060

纵向和横向加速度传感器

偏航传感器

图1-19 纵向、横向加速度传感器和横摆角速度传感器的组合安装

3. 微机电传感器技术

一般传感器的输出信号（电流或电压）很弱，若将它连接到外部电路，则寄生电容、电阻等的影响会彻底掩盖有用的信号，因此采用灵敏元件外接处理电路的方法已不可能得到质量很高的传感器，只有把两者集成在一个芯片上，才能具有最好的性能，系统单片集成化的 MEMS（Micro-Electro-Mechanical System）便应运而生。MEMS是从半导体集成电路技术发展而来的，但MEMS器件芯片一般都有活动部件，这是MEMS器件与集成电路芯片的主要不同。

MEMS指的是微机电系统，也即指微小的机械电子系统，此系统既包含机械部件又包含电子部件，因此称这类微小的机械电子系统为微机电系统。微机械电子系统是微电子技术的拓宽和延伸，它是将微电子技术和精密机械加工技术相互融合，并将微电子与机械融为一体的系统。这些传感器的体积和能耗小，可实现许多全新的功能，便于大批量和高精度生产，单件成本低，易构成大规模和多功能阵列，这些特点使得它们非常适合于汽车方面的应用。

按工作原理来分，MEMS 传感器可以分为物理型 MEMS 传感器、化学型 MEMS 传感器以及生物型 MEMS 传感器三类。其中，物理型 MEMS 传感器是汽车上采用得最为普遍的传感器，主要应用于安全系统、制动防抱死系统、发动机系统、导航系统、车辆监护和自诊断等方面。目前，车用 MEMS 传感器市场的主导产品为压力传感器、加速度计、微陀螺仪、气体传感器和指纹识别传感器等。MEMS 传感器的外形和内部构造如图 1-20 所示。

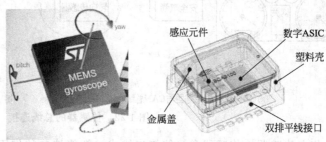

图 1-20　MEMS 传感器的外形和内部构造

4. 智能传感器

智能传感器（intelligent sensor/smart sensor）就是传感器与微处理器结合并赋予人工智能的功能，又兼有信息检测与信息处理功能的传感器。智能传感器带有微处理机，具有采集、处理、交换信息的能力，是传感器集成化与微处理机相结合的产物。使用智能传感器就可将信息分散处理，从而降低成本。

与一般传感器相比，智能传感器具有以下优点：精度高、高可靠性与高稳定性、高信噪比与高的分辨力、强的自适应性、低的价格性能比；通过软件技术可实现高精度的信息采集，而且成本低；具有一定的编程自动化能力；功能多样化。

图 1-21 所示为智能压力传感器硬件结构。传感器具有测量、转换、运算、处理和程控等功能，可进行温度补偿和非线性误差修正，能稳定地工作在环境温度变化较大的场合。

图 1-21　智能压力传感器组成

5. 网络化传感器

随着汽车电子化程度逐年提高，汽车电子系统形成了一个复杂的庞大系统。这些系统需要互相通信，信息传输量大。部分传感器的信息需要在不同系统重复使用，如果依然采用传统的布线方式，电线（线束）的数量将急剧增加，其质量将会占到整车质量的 4% 左右。而且，电线插接器也会降低车辆电气系统的可靠性，使故障率加大。为解决这一制约汽车电子技术进一步发展的信息传输瓶颈问题，一种新的信息传输技术——汽车网络技术应运而生。世界主要汽车制造商生产的汽车上均采用了以 CAN、LIN、MOST、BSD 等为代表的网络控制技术，将车辆控制系统简化为节点模块化。

节点（或模块）是网络的主要组成部分，各个电控系统的电控单元都可以作为节点。但某些传感器，如转向传感器、横摆率传感器、机油状态传感器也可以作为特殊的节点通过总线向网络发送信息。例如大众的转向盘转角传感器，可以直接把转角信号通过 CAN 总线发射到总线上。如宝马的机油油位、机油品质、机油温度等参数由机油状态传感器检测，经传感器内集成的电子分析装置分析之后转变成电信号，通过位串行数据接口 BSD（Bit-serial data interface）传输给发动机电子控制单元 DME，DME 再将这些信息通过 PT-CAN、SGM

和K-CAN发送至组合仪表和中央信息显示器（CID）。机油状态以电子信息的形式在CID上显示出来。传感器的总线连接如图1-22所示。

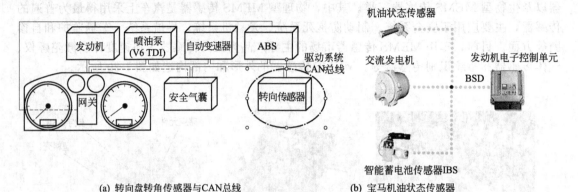

(a) 转向盘转角传感器与CAN总线　　　　(b) 宝马机油状态传感器

图 1-22　传感器的总线连接

节点传感器由传感器和智能接口构成。智能接口的作用主要有两点：一是转换传感器的信号，将传感器的输出模拟信号转换为数字信号，并进行相应处理，形成可发送的CAN报文信息；二是控制CAN驱动器，收/发CAN总线上的报文信息，并执行相应的智能控制。

对于网络化传感器的检测，一般的传感器的检测方法不完全适用，电阻法、示波器测量信号的方法也不能满足，此时应主要利用解码仪和示波器，按照总线系统的检测方法来进行检测。

复习思考题

1. 什么是传感器？传感器由哪些部分组成？
2. 传感器的5种信号类型的特点和判断依据是什么？
3. 简述故障检测的顺序和检测方法。
4. 简述传感器在检测和修理时的注意事项。
5. 查阅资料，了解汽车传感器的未来发展趋势。

第二章 温度传感器

学习目标

- ◆ 掌握温度传感器的分类
- ◆ 掌握发动机用常见温度传感器的类型、功用、结构、原理及检测方法
- ◆ 掌握电动汽车用温度传感器的类型、功用、结构、原理及检测方法
- ◆ 掌握空调用温度传感器的类型、功用、结构、原理及检测方法
- ◆ 掌握变速器油温传感器类型、功用、结构、原理及检测方法
- ◆ 掌握热敏铁氧体温度传感器类型、功用、结构、原理及检测方法

第一节 概述

温度传感器的作用是把探测对象的冷热程度转换为电信号进行输出。温度传感器广泛应用于现代汽车发动机、自动变速器和空调等系统，用于测量发动机冷却液温度、进气温度、自动变速器油温度、空调系统环境温度、室内温度等，为发动机的燃油喷射、自动变速器的换挡和锁止离合器的锁止控制，以及自动空调的自动控制提供了重要依据。

汽车上的温度传感器因车型、检测目的、检测范围、数量不同，使用的类型也不尽相同。目前温度传感器主要有热敏电阻式、金属热电偶、热电阻式三种。

1. 热敏电阻传感器

热敏电阻是用陶瓷半导体材料与其他的金属氧化物按适当的比例混合后高温烧结而制成的温度系数很大的电阻体。在工作范围内，按陶瓷半导体与温度的特性关系可分为3种类型：

（1）负温度系数（NTC）热敏电阻　在工作范围内，其电阻值随温度升高而减小，称为负温度系数热敏电阻，如图 2-1 中曲线 1 所示。

（2）正温度系数（PTC）热敏电阻　在工作范围内，其电阻值随温度升高而增加的热敏电阻，称为正温度系数热敏电阻，如图

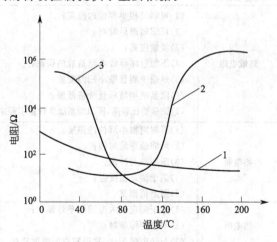

图 2-1　热敏电阻的温度特性
1—负温度系数（NTC）；2—正温度系数（PTC）；3—临界温度系数（CTR）

曲线 2 所示。

(3) 临界温度系数（CTR）热敏电阻　在临界温度时，其电阻值随温度的增加发生锐减的热敏电阻称为临界温度系数热敏电阻。如图 2-1 中曲线 3 所示。

临界温度系数热敏电阻具有很大的负温度系数，构成材料是钒、钡、锶、磷等元素氧化物的混合烧结体，是半玻璃状的半导体，也称 CTR 为玻璃态热敏电阻。

2. 金属热电偶温度传感器

将两种不同性质的金属导体 A、B 接成一个闭合回路，如果两接合点温度不相等，则在两导体间产生电动势，并且回路中有一定大小的电流存在，此现象称为热电效应。

图 2-2　热电效应原理

如图 2-2 所示，两个不同材料的金属粘合在一起，在 A、B 间存在温度差 ΔT_{AB} 时，两点间会出现一个电位差 ΔU_{AB}，即 A、B 两点间的电位差仅仅取决于其温度差的大小，测量时，将其中的一端置于恒温箱中，另一端置于被测物中，被测物温度变化时，ΔU_{AB} 也将发生变化，ΔU_{AB} 的变化反映被测物温度的实际变化。

3. 热电阻传感器

导体的电阻随温度变化的特性称为热阻效应。实验可知，大多数电阻在温度升高 1℃ 时，其电阻值将增加 0.4%～0.6%。热电阻的测量精度较高，温度特性稳定，且无热电偶的参照端误差。

热电阻材料通常为纯金属，广泛使用的是铂、铜、镍、铁等，这些材料的电阻率与温度的关系一般可近似为下面的二次方程。

$$\rho = a + bt + ct^2$$

式中　ρ——电阻率；
　　　t——温度；
　　　a, b, c——实验确定的常量。

这三种典型的温度传感器的特点如表 2-1 所示。

表 2-1　典型温度传感器的特点

测量用部件	优　点	缺　点
热敏电阻	(1) 可测量很小部位的温度； (2) 可缩短滞后时间； (3) 灵敏度高； (4) 不能忽略导线电阻造成的误差； (5) 最适于测量微小的温度差； (6) 测量机构简单且价格低廉； (7) 因信噪比较高，所以对系统性计量工程来说经济性好	(1) 因电阻与温度间的非线性程度较严重，有时需要做线性处理； (2) 有时需要互换用电阻； (3) 振动严重的场合可能会造成破坏
热电偶	(1) 可测定很小部位的温度； (2) 可缩短滞后时间； (3) 耐振动与冲击； (4) 适于测量温度差； (5) 测定范围宽	(1) 需要标准触点； (2) 标准触点与补偿导线有误差； (3) 在常温下，不注意修正时，难以得到较高的精度
热电阻	(1) 适于测定较大范围的平均温度； (2) 不需要标准触点等； (3) 与热电偶相比，常温左右的精度较高	(1) 难以缩短滞后时间； (2) 在振动严重的场所下可能出现破损； (3) 受导线电阻的影响，需要修正

在汽车上，绝大多数温度传感器使用的是负温度系数热敏电阻，热敏电阻式温度传感器其灵敏度高、测量温差小、结构简单、价格低廉、经济性好，在汽车的电子控制系统中有着

越来越广泛的应用。

第二节 发动机用热敏电阻温度传感器

一、进气温度传感器

1. 进气温度传感器的结构、原理

（1）传感器的位置和功用 进气温度传感器通常在空气滤清器之后的进气软管上或空气流量传感器上，可能的位置如图 2-3 所示。有的还在空气流量传感器和谐振腔上各安装一个，以提高喷油量的控制精度。

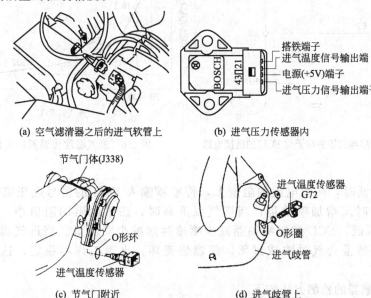

(a) 空气滤清器之后的进气软管上　(b) 进气压力传感器内

(c) 节气门附近　(d) 进气歧管上

图 2-3　进气温度传感器的安装位置

在电子汽油喷射系统中，进气温度传感器的作用是用来测量进入进气歧管内气体的温度。在体积流量型进气系统中，空气流量计的检测结果是以体积为单位来计量的，但由于气体密度随温度变化而改变，即使同样的体积，密度不同，气体质量也不同，而喷油量是按空气质量进行配比的，理想空气燃油质量比是 14.7∶1，因此，电控单元（ECU）必须根据进气温度对喷油量进行修正，以获得最佳的空燃比。

进气温度传感器的结构如图 2-4 所示，主要由绝缘套、塑料外壳、防水插座、铜垫圈、热敏电阻等组成。

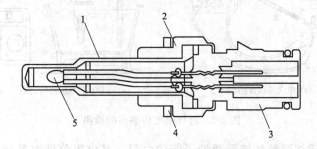

图 2-4　进气温度传感器的结构

1—绝缘套；2—塑料外壳；3—防水插座；4—铜垫圈；5—热敏电阻

（2）工作原理　进气温度传感器采用负温度系数的热敏电阻作为检测元件，为准确测量进气温度，常用塑料制外壳加以保护，以防安装部位的温度影响传感器的工作精度。

进气温度传感器与汽油喷射系统 ECU 的连接如图 2-5 所示。ECU 根据进气温度传感器输入的信号，来修正基本喷油量。进气温度传感器的特性如图 2-6 所示。

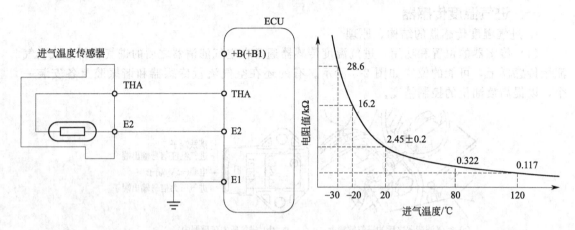

图 2-5　进气温度传感器的接头端子与 ECU 的链接电路　　图 2-6　进气温度传感器的工作特性

2. 检测

当进气温度低时，热敏电阻的阻值大，传感器输入 ECU 的信号电压高，ECU 控制喷油器延长喷油时间增加喷油量；当进气温度高时，热敏电阻的阻值小，传感器输入 ECU 的信号电压低，ECU 控制喷油器减少喷油时间减少喷油量。当进气温度传感器出现故障时，会导致混合气过浓或过稀，使燃烧变坏，出现工作不稳定，这时应该检查进气温度传感器。

进气温度传感器的检测方法如下：

（1）单体检测

① 关闭点火开关，断开进气温度传感器线束连接器，拆下进气温度传感器。

② 用制冷剂或压缩空气对进气温度传感器降温，也可采用放入水中加温的方法对传感器进行加温（见图 2-7）。

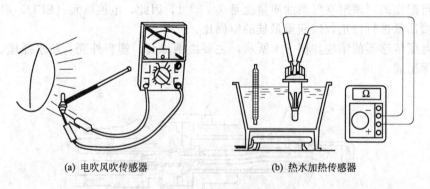

(a) 电吹风吹传感器　　　　　　　　(b) 热水加热传感器

图 2-7　进气温度传感器的检测

③ 用万用表电阻挡测量传感器两端子间的电阻，其电阻值随温度变化而变化的规律应与图 2-6 所示的特性曲线的变化规律相一致。

（2）在线检测的方法

① 拔下传感器插头，接通点火开关，测量插头上 THA 端子与 E2 端子之间的电压应为 5V，若无电压，则应检查 ECU 连接器上 THA 端子与 E2 端子间电压。若此处电压为 5V，则说明 ECU 与传感器之间线路断路；若无 5V 电压，则 ECU 有故障。

② 插回插件，启动发动机，测量传感器 THA 端子与 E2 端子之间在不同温度下的电压，应在 0.5～4V 之间变化（车型不同略有差异，但变化规律基本上是相同的）。

如果测量值与规定值不符，说明进气温度传感器有故障或者损坏，应重换新件。

二、冷却液温度传感器

1. 冷却液温度传感器的结构、原理

（1）传感器的结构与识别　发动机冷却液传感器又称水温传感器，传感器一般安装在发动机缸体、缸盖的水套或节温器内并伸入水套中，可能的安装位置如图 2-8 所示。传感器的结构如图 2-9 所示。

图 2-8　冷却液温度传感器的安装位置

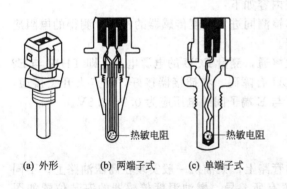

图 2-9　冷却液温度传感器的结构　　　　图 2-10　冷却液温度传感器的特性

（2）工作原理　发动机冷却液温度传感器大多用负温度系数热敏电阻制成，水温低时，电阻值大，水温高时，电阻值小。利用这种方式，传感器就能感知到冷却液温度的变化，并将这种变化转化为电信号输送给 ECU，ECU 根据输入的电信号，来对电喷发动机的喷油量即喷射时间进行修正，调整空燃比，使进入发动机内的混合气能稳定地燃烧。冷机时供给较浓的可燃混合气，热机时供给较稀的可燃混合气，使发动机稳定而良好工作。

冷却液温度传感器的特性如图 2-10 所示。冷却液温度传感器的接头端子与 ECU 的连接及电路的特点如图 2-11 所示，其中，THW 为信号端子，E2 为地线。

从图 2-11(b) 中可以看出，测温电路用的是分压的方法，灵敏度与分压比关系密切。

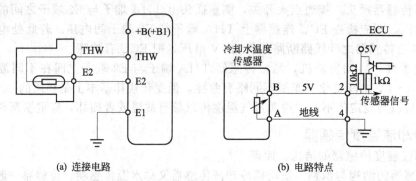

(a) 连接电路　　　　　　　　(b) 电路特点

图 2-11　冷却液温度传感器的接头端子与 ECU 的连接及电路的特点

热敏电阻在低温变化大，高温变化小。ECU 使 5V 的电压通过 1kΩ 电阻和晶体三极管串联后再与 10kΩ 电阻的并联电路，然后经过传感器接地。在温度较低时，传感器的热敏电阻的阻值较大，此时 ECU 使晶体三极管截止，5V 的电压仅仅通过 10kΩ 电阻及传感器后接地，由于传感器的热敏电阻的阻值与 10kΩ 电阻的阻值相差不大，这样传感器所测得的数值比较准确，而当温度达到一个特定值时，热敏电阻的阻值会发生很大的变化，此时其阻值相对 10kΩ 已经很小，测得的数值不再准确，这时 ECU 使晶体管导通，这样 5V 电压就通过 1kΩ 电阻和晶体三极管串联后再与 10kΩ 电阻的并联电路，然后经过传感器接地，由于并联后的阻值与 1kΩ 相差不大，即与温度升高后的温度传感器的阻值相差不大，这样即使温度升高后发生变化，也能使测量结果准确。

2. 检测

冷却液温度传感器工作性能的好坏对发动机的喷油量有很大的影响，进而影响发动机的燃烧性能。当混合气过浓或过稀时，发动机的燃烧情况变坏，会引起发动机不易启动，运转不平稳，这时应检查冷却液温度传感器。检查内容如下：

(1) 单体检测　冷却液温度传感器的单体检测同进气温度传感器的检测。测得的电阻应与规定值相符，否则应更换冷却液温度传感器。

(2) 在路检测　拔下插接器，将点火开关接通，测量 ECU 的电源电压，即 THW 与 E2 端子之间电压应为 5V。否则，说明线路或 ECU 有障碍。将插接器接好，将点火开关接通，测量冷却液温度传感器的信号电压，即 THW 与 E 端子间的电压应为 0.2~2.5V。

三、燃油温度传感器

1. 燃油温度传感器的安装位置

汽油机的燃油温度传感器一般安装于回油管路上，柴油机一般安装在高压油路上。不同的燃油控制系统，燃油温度传感器的安装位置有所差异。燃油温度传感器的安装位置如图 2-12 所示。

2. 燃油温度传感器的作用

燃油随温度升高密度变小，温度不同，燃油密度也不相同。燃油密度降低将会导致发动机功率降低。

燃油温度传感器向 ECU 提供燃油温度信号，发动机控制单元根据燃油的温度变化调节喷油器的脉宽调制信号，用于喷油量修正、扭矩修正、轨压修正及热保护。另外，此信号也用来控制燃油冷却泵开关接合。柴油机电控系统具有燃油加热功能时，因此必须设置燃油温度传感器来检测燃油温度并由发动机 ECU 控制加热功能。

3. 燃油温度传感器的工作原理

燃油温度传感器是负温度系数热敏电阻（NTC），当燃油温度升高时，其电阻值下降。

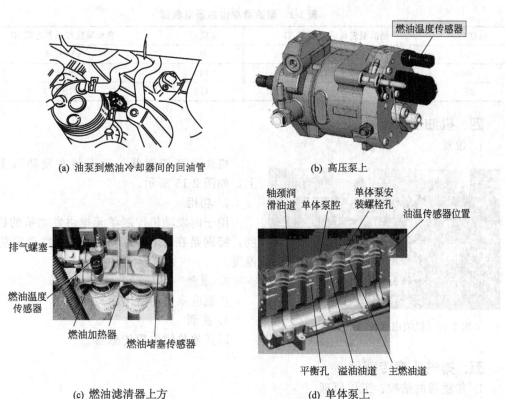

(a) 油泵到燃油冷却器间的回油管　　(b) 高压泵上

(c) 燃油滤清器上方　　(d) 单体泵上

图 2-12　燃油温度传感器的位置

4. 燃油温度传感器的检测

(1) 线路连接　燃油温度传感器与 ECU 的连接如图 2-13 所示，燃油温度传感器的外观如图 2-14 所示。

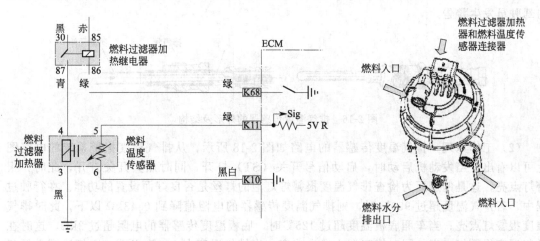

图 2-13　燃油温度传感器与 ECU 的连接　　图 2-14　燃油温度传感器的外观

(2) 检测

① 供电电压的检测：断开接头，打开点火开关，用万用表直流电压挡测量线束侧 5-6 针脚电压，应为 5V。

② 电阻检查：断开接头，检测燃油温度传感器单体，其电阻值应符合表 2-2 规定。

表 2-2　燃油温度传感器电阻值

温度/℃	燃油温度传感器电阻/Ω	温度/℃	燃油温度传感器电阻/Ω
−30	26116±2533	60	596±23
0	5896±430	100	187±4
25	2057±115	115	127±3.3

四、机油温度传感器

1. 位置

图 2-15　机油温度传感器安装位置

机油温度传感器一般安装在发动机主油道上，如图 2-15 所示。

2. 功用

用于向发动机控制单元提供发动机的机油温度，特别是在寒冷气温状态下的发动机的机油温度。

3. 原理

负温度系数热敏电阻。

4. 检测

同其他热敏电阻传感器。

五、排气温度传感器

1. 传感器的结构、工作原理

（1）传感器的结构与识别　排气温度传感器安装在汽车排气装置三元催化转化器上，用以检测转化器内排放气体的温度。排气温度传感器的外形及结构如图 2-16 所示，其安装位置如图 2-17 所示。这种传感器用于排气装置上三元催化转化器内温度异常高时的报警系统，以防止因过热而使催化剂性能下降，对车辆造成损失。正常工作情况下，该系统不工作，而发生失火等故障，或工作条件极为苛刻时，该系统启动，并以排气温度报警灯点亮的方式，向驾驶员发生警告。

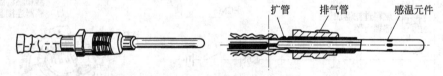

图 2-16　排气温度传感器的外形及结构

（2）工作原理　排气温度传感器的电路如图 2-18 所示，从排气温度报警系统的电路图上可以看出，当发动机启动时，启动信号开关（ST）打开，同时点火开关打开，此时，报警灯点亮，这是制造厂为检查排气温度报警灯灯泡的灯丝是否良好而设置的功能。在行驶过程中，若排气温度超过 900℃时，则排气温度传感器的电阻值降到 0.43kΩ 以下，此时排气温度报警灯点亮；当车厢底板温度超过 125℃时，底板温度传感器的电阻超过 2kΩ，这时在排气温度报警灯点亮的同时蜂鸣器也发生响声；当排气温度在 900℃以下，底板温度也低于 125℃时，排气温度传感器的电阻大于 0.43kΩ，底板温度传感器的电阻值低于 2kΩ，这时排气温度报警系统灯不亮，蜂鸣器也无声响。

2. 检测

（1）就车检测。在接通点火开关时，排气温度传感器指示灯亮，而在发动机启动时指示灯熄灭，表明传感器良好。

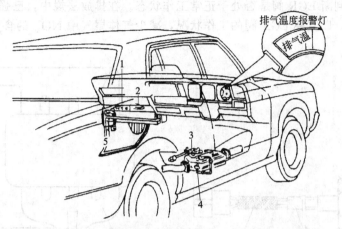

图 2-17 排气温度传感器报警系统装置在汽车上的安装位置
1—蜂鸣器；2—测试端子；3—底板温度传感器；4—排气温度传感器；5—电脑

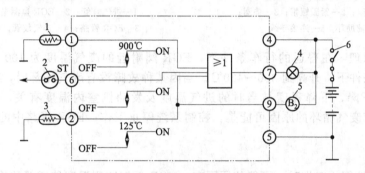

图 2-18 排气温度传感器报警系统电路
1—排气温度传感器；2—点火开关；3—底板温度传感器；4—报警灯；5—蜂鸣器；6—点火开关

(2) 单体检测。排气温度传感器的单体检测是测量电阻值，如图 2-19 所示。用炉子加热传感器的顶端 40mm 长的部分，直到靠近火焰呈暗红色，这时传感器连接器端子间的电阻值应在 0.4～20kΩ 之间。

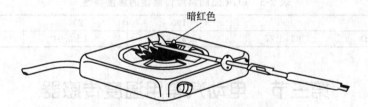

图 2-19 排气温度传感器的单件检测

排气温度传感器引线的橡胶管有损伤时，应当换用新的传感器。

六、EGR 监测温度传感器

1. 传感器的结构与工作原理

(1) 传感器的结构与识别　EGR 监测温度传感器用热敏电阻制成，它的结构如图 2-20 所示。EGR 监测温度传感器安装在 EGR 阀的下游，如图 2-21 所示。在 EGR 系统中排气歧管排放气体中的部分气体再循环到进气歧管中，这一部分就由 EGR 阀控制。要保证 EGR 阀系统工作正常，必须由 EGR 监测温度传感器时刻检测 EGR 阀下游的再循环气体的温度变化情况，以便判断EGR阀是否处于正常工作状态。在排放法规中，已强制要求安装EGR监测温度传感器，以监视EGR阀的工作状况，减少气体尾气中NO_x的含量。

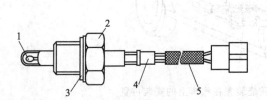

图2-20　EGR监测温度传感器
1—热敏电阻；2—紧固螺帽；3—垫圈；
4—辅助环；5—连接导线

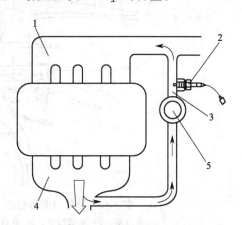

图2-21　EGR监测温度传感器的安装位置
1—进气歧管；2—EGR监测温度传感器；
3—EGR管路；4—排气歧管；5—EGR阀

（2）工作原理　在普通的行车条件下，EGR阀附近的废气温度为100～200℃，在高速、重负荷的条件下，升高到300～400℃。当因某种故障没有废气循环时，EGR阀附近的废气温度立刻下降，下降程度与当时的进气温度及发动机室内温度有关，但大致是降到50℃以下。没有废气循环的原因可能是：控制系统停止工作；EGR管路中的沉淀物堵塞了通路。

2. 检测

当EGR系统停止工作时，可能的原因有：EGR系统监测温度传感器的连接电路短路或断路；EGR控制系统发生故障；管路中的沉淀物堵塞了管路等。此时应对EGR监测温度传感器进行检测，检测方法如下：断开点火开关，拆下EGR监测温度传感器，并将其加热，其电阻值随温度的升高而降低，且应符合表2-3中列出的标准参考值，若相差很大，则应对其进行更换。

表2-3　EGR监测温度传感器的温度特性

温度/℃	50	100	200	400
初始电阻值/kΩ	635±77	85.3±8.8	5.1±0.61	0.16±0.05

第三节　电动汽车用温度传感器

电动汽车指以电机驱动从车载电源获得动力，并且满足道路交通安全法规的车辆。电动汽车按动力电气化水平分为两类：一类是全部或大部分工况下主要由电机提供驱动功率的电动汽车（称为"纯电驱动"电动汽车，例如纯电动汽车、插电式电动汽车、增程式电动汽车以及燃料电池电动汽车）；另一类是动力蓄电池容量较小，大部分工况下主要由内燃机提供驱动功率的电动汽车（称为常规混合动力电动汽车）。

混合动力汽车一般有两个蓄电池，用于驱动电机的HV高能蓄电池和用于普通供电的辅助蓄电池，如图2-22所示。

下面以丰田普锐斯为例进行说明。

(a) HV蓄电池　　　　　　　　　　(b) 辅助蓄电池

图 2-22　HV 蓄电池和辅助蓄电池

一、HV 蓄电池温度传感器

1. HV 蓄电池温度传感器的功用

HV 蓄电池温度传感器检测 HV 蓄电池的温度，HV ECU 根据 HV 蓄电池温度信号控制蓄电池冷却风扇，HV 蓄电池温度高于预定值时，蓄电池冷却风扇旋转。

2. HV 蓄电池温度传感器的安装位置

HV 蓄电池温度传感器一共有 4 个，它们的位置如图 2-23 所示。

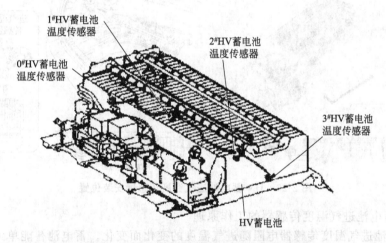

图 2-23　HV 蓄电池温度传感器的安装位置

3. 传感器的工作原理

HV 蓄电池温度传感器是用负温度系数热敏电阻制成，其电阻值根据 HV 蓄电池温度的变化而变化。

4. HV 蓄电池温度传感器的检测

(1) HV 蓄电池温度传感器与蓄电池智能单元连接线路如图 2-24 所示。

(2) 检测。测量各个温度传感器的电阻，应符合图 2-25 的要求。

二、HV 蓄电池进气温度传感器

1. HV 蓄电池进气温度传感器的作用

HV 蓄电池进气温度传感器探测从进气管进入的空气温度，HV-ECU 根据进气温度传感器信号控制电池冷却风扇。

2. HV 蓄电池进气温度传感器的安装位置

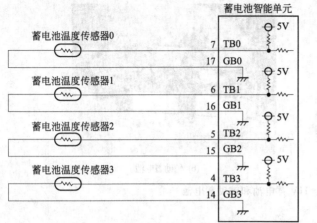
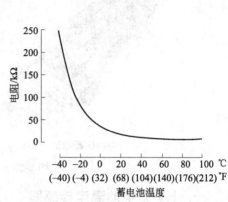

图 2-24　HV 蓄电池温度传感器与蓄电池智能单元连接线路　　图 2-25　HV 蓄电池温度传感器特性曲线

HV 蓄电池进气温度传感器安装在 HV 蓄电池上,其安装位置如图 2-26 所示。

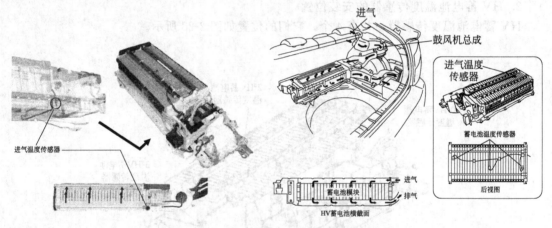

图 2-26　HV 蓄电池进气温度传感器安装位置

3. HV 蓄电池进气温度传感器的工作原理

HV 蓄电池进气温度传感器电阻随进气温度的变化而变化。蓄电池智能单元用来自进气温度传感器的信号控制蓄电池冷却鼓风机总成的气流量。

4. 检测

(1) 蓄电池进气温度传感器与 ECU 的连接电路　HV 蓄电池进气温度传感器与 ECU 的连接电路如图 2-27 所示。

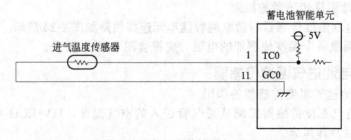

图 2-27　HV 蓄电池进气温度传感器与 ECU 的连接电路

(2) 检测方法 进气温度传感器的特性与蓄电池温度传感器的特性相同（特性曲线参考 HV 蓄电池温度传感器的特性曲线）。

三、辅助蓄电池温度传感器

1. 辅助蓄电池温度传感器的作用

辅助蓄电池温度传感器检测辅助蓄电池温度，HV-ECU 根据辅助电池温度信号调节 DC-DC 转换器（直流-直流）的输出电压。辅助蓄电池温度高时，混合动力车辆控制 ECU 根据此信号减小充电电流以保护辅助蓄电池。

2. 辅助蓄电池温度传感器的安装位置

辅助蓄电池温度传感器的安装位置如图 2-28 所示。

3. 辅助蓄电池温度传感器的工作原理

辅助蓄电池温度传感器是运用负温度系数电阻制成的。内置于辅助蓄电池温度传感器的热敏电阻的电阻值随辅助蓄电池温度的改变而改变。辅助蓄电池温度越低，热敏电阻的电阻就越大。反之，温度越高，电阻越小。

4. 检测

(1) 辅助蓄电池温度传感器与 ECU 的连接电路 辅助蓄电池温度传感器连接到混合动力车辆控制 ECU 上。混合动力车辆控制 ECU 的端子 THB 通过内部电阻器 R 向辅助蓄电池温度传感器施加 5V 的电压。也就是说电阻器 R 和辅助蓄电池温度传感器串联端子 THB 的电压和电阻值随辅助蓄电池温度的变化而变化。辅助蓄电池温度高时，混合动力车辆控制 ECU 根据此信号减小充电电流以保护辅助蓄电池。

辅助蓄电池温度传感器与 ECU 的连接电路如图 2-29 所示。

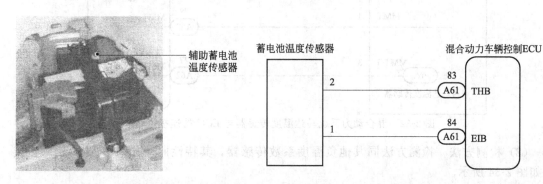

图 2-28 辅助蓄电池温度传感器的安装位置　　图 2-29 辅助蓄电池温度传感器与 ECU 的连接电路

(2) 检测辅助蓄电池温度传感器 关闭点火开关，断开蓄电池温度传感器连接器，用万用表或检测仪连接传感器的两个端子，并测量两个端子间在不同温度下的电阻。电阻应符合规定标准值，见图 2-30。若不符，则须更换辅助电池温度传感器。

四、混合动力系统马达温度传感器

1. 混合动力系统马达温度传感器的作用

在普瑞斯混合动力车辆中，包含两个既可作为电动机又可作为发电机的结构，分别称为 MG1 和 MG2，其中 MG1 以发电为主，称为发电机，MG2 以驱动为主，称为电动机（马达）。混合动力系统马达温度传感器用于检测 MG1 和 MG2 定子的温度。

2. 混合动力系统马达温度传感器的安装位置

混合动力系统马达温度传感器安装位置如图 2-31 所示。

3. 混合动力系统马达温度传感器的工作原理

马达温度传感器由负温度系数电阻制成。内置于马达温度传感器内的热敏电阻的电阻值随 MG2 温度的变化而变化。马达温度越低，热敏电阻的电阻值就越大；反之，温度越高，电阻值越小。

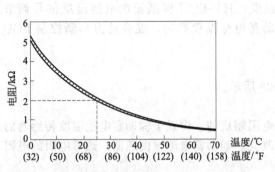

图 2-30　辅助蓄电池温度传感器的特性曲线

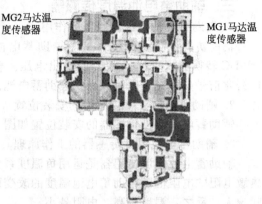

图 2-31　马达温度传感器安装位置

4. 检测

（1）混合动力系统马达温度传感器与 ECU 的连接电路　混合动力系统马达温度传感器与 ECU 的连接电路如图 2-32 所示。

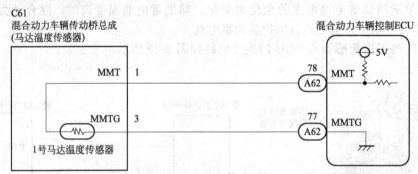

图 2-32　混合动力系统马达温度传感器与 ECU 的连接电路

（2）检测方法　检测方法同其他负温度系数传感器，其特性曲线如图 2-33 所示。连接器如图 2-34 所示。

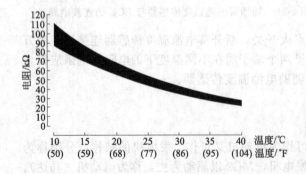

图 2-33　马达温度传感器特性曲线

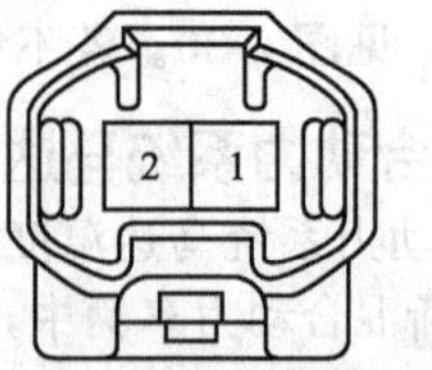

图 2-34　传感器连接器插头形状

五、升压转换器温度传感器

1. 升压转换器温度传感器的作用

升压转换器温度传感器检测升压转换器的温度（上部及下部）。

2. 升压转换器温度传感器的工作原理

安装于带转换器的逆变器总成中的 MG-ECU 使用内置于逆变器总成中的温度传感器检测增压转换器的温度。逆变器冷却系统与 MG2 和 MG1 的冷却系统相同，独立作用于发动机冷却系统进行工作。MG ECU 使用来自增压转换器温度传感器的信号检测冷却系统的效果，防止逆变器过热。并监测增压转换器温度传感器故障。

3. 检测

（1）升压转换器温度传感器与 ECU 的连接电路　升压转换器温度传感器与 ECU 的连接电路如图 2-35 所示。

（2）检测方法　检测方法同其他负温度系数传感器，其特性曲线如图 2-36 所示。

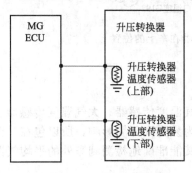

图 2-35　升压转换器温度传感器与 ECU 的连接电路

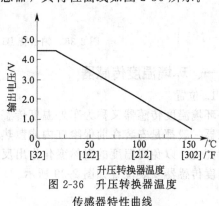

图 2-36　升压转换器温度传感器特性曲线

第四节　空调用温度传感器

自动空调在汽车上的使用越来越普遍，所用传感器主要有环境温度传感器、新鲜空气（进气道）温度传感器、室内（仪表板）温度传感器、脚部出风口温度传感器、中部出风口温度传感器、蒸发器温度传感器等。帕萨特 B5 自动空调的电控组成如图 2-37 所示，传感器在车上的位置如图 2-38 所示。

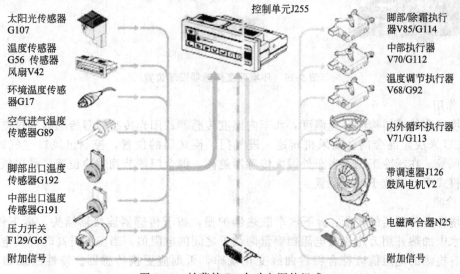

图 2-37　帕萨特 B5 自动空调的组成

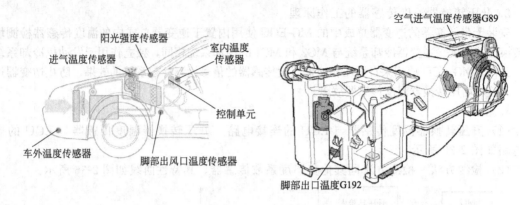

图 2-38　帕萨特 B5 自动空调传感器在车上的位置

一、环境温度传感器

1. 位置

环境温度传感器又称为车外温度传感器、外界空气温度传感器、大气温度传感器。车外传感器一般都是安装在前保险杠内或散热器之前，因为易受到环境影响，所以包在一个注塑树脂壳内，以免对温度的突然变化作出反应。这将使其能准确地检测到车外的平均气温。环境温度传感器安装位置如图 2-39 所示。

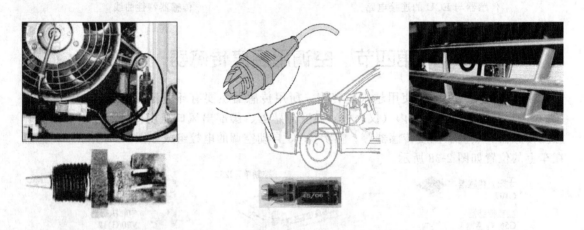

图 2-39　环境温度传感器安装位置

2. 作用

环境温度传感器检测环境温度，和车内温度传感器、阳光传感器等传感器通过空调放大器或 ECU 来决定混合门、鼓风机转速、进气门、模式门的位置，控制出风口空气的温度、出风口风量。在制冷工况，当车外温度传感器越高，混合门调节到越冷位置，鼓风机转速就越高，模式门自动位于吹脸位置。

3. 检测

环境温度传感器的检测：拆下汽车散热器护栅，拔下传感器连接器插头，拆下传感器，放入热水中加热并用万用表的电阻挡测量两端子之间的电阻值，当温度升高时，其电阻应明显下降。检测的电阻值应符合特性曲线变化规律，否则应更换传感器。特性曲线如图 2-40 所示。

二、进气道温度传感器

1. 位置

进气道温度传感器位于自动空调新鲜空气进气道内。其安装位置和外观如图 2-41 所示。

2. 作用

主要用于检测进气温度从而控制压缩机的工作与停止。

3. 检测

如果信号出现故障,用环境温度传感器替代。

进气道温度传感器 G89 电阻值应符合表 2-4 的规定。

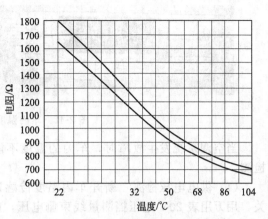

图 2-40 车外空气温度传感器的特性曲线

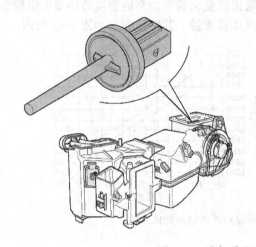

图 2-41 进气道温度传感器位置和外观

表 2-4 进气道温度传感器 G89 电阻值

温度/℃	电阻值/kΩ
10	2
20	1.3
30	0.82

三、车内温度传感器

1. 位置

通常安装在仪表台后面的吸气装置内或空调 ECU 里。如图 2-42 所示。

2. 作用

传感器用负温度系数热敏电阻制成。和车外温度传感器、阳光传感器等传感器来决定混合门、鼓风机转速、进气门、模式门的位置。在制冷工况,当车内温度传感器越高,混合门调节到越冷位置,鼓风机转速就越高,模式门位于吹脸位置。

3. 检测

 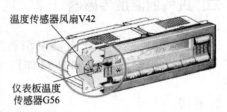

图 2-42 车内温度传感器的安装位置

当空调系统发生故障时，车内的温度不能保持恒定，应对空调系统电路的各部分进行检测。

（1）供电电压检测　断开车内温度传感器接头，打开点火开关和鼓风机开关、空调开关，用万用表 20V 电压挡测量线束侧电压，应为 5V，若无 5V 电压，检查 A/C-ECU 和线路是否断路，若有 5V 电压，进行单体检测。

（2）单体电阻检测　关闭点火开关，拔下传感器的接线插头，把万用表连接在传感器的两端子上，并用吹风机吹热风，检查传感器电阻值的变化情况，车内温度传感器电阻随温度的变化规律应符合特性曲线变化规律，否则应更换传感器。其特性曲线如图 2-43 所示。

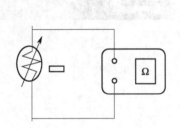 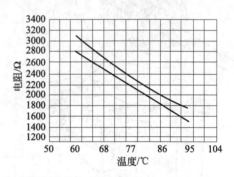

图 2-43 车内空气温度传感器检测方法和特性曲线

四、蒸发器出口温度传感器

1. 蒸发器出口温度传感器的结构、工作原理

蒸发器出口温度传感器安装在空调蒸发器传热片上，有的安装在蒸发器出风口位置，如图 2-44 所示。要注意，并不是每一辆自动空调装车都安装有蒸发器温度传感器。而有些车有两个蒸发器温度传感器，其中一个用来修正混合门位置，另一个用来防止蒸发器结霜。

图 2-44 蒸发器出口温度传感器的位置和结构

蒸发器出口温度传感器由热敏电阻制成。它的结构如图 2-45 所示。

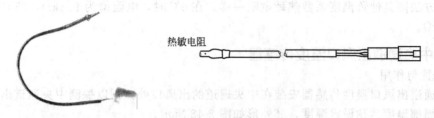

图 2-45　蒸发器出口温度传感器的结构

2. 作用与原理

蒸发器出口温度传感器工作时，出口温度传感器检测蒸发器表面的温度信号，并把它转化为电信号输入给温度控制系统的 ECU，用来测量蒸发器表面温度，修正混合门位置，控制压缩机，在蒸发器表面温度低于一定值时，使压缩机不工作，防止蒸发器表面结霜。

蒸发器温度传感器采用负温度系数热敏电阻，工作温度范围是 20~60℃。

3. 检测

蒸发器出口温度传感器与 ECU 的连接图及电路图如图 2-46 所示。

若空调系统发生故障，蒸发器出现了结冰现象（即冰堵），同时压缩机不能正常工作，则蒸发器出口温度传感器的连接电路可能出现断路或短路的现象，此时应对蒸发器出口温度传感器进行检测，检测方法如下：

（1）检查蒸发器温度传感器和空调控制器总成之间的连接器及各导线的连接情况，检查空调控制器总成的状况。

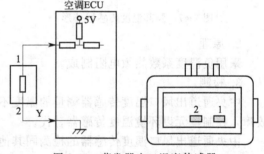

图 2-46　蒸发器出口温度传感器与 ECU 的连接图及电路图

（2）断开点火系统，拆下蒸发器出口温度传感器，用万用表电阻挡测量传感器两接头端子之间在不同温度下的电阻值，应符合一定的标准参考值，且随温度的升高电阻值明显减少，若不符合，则应更换出口温度传感器。表 4-5 为北京现代索纳塔的自动空调蒸发器温度传感器标准电阻值。

表 4-5　北京现代索纳塔的自动空调蒸发器温度传感器标准电阻值

温度/℃	电阻值/kΩ	输出电压值/V	温度/℃	电阻值/kΩ	输出电压值/V
−5	14.23	3.2	15	6.00	2.14
−2	12.42	3.04	20	4.91	1.9
0	11.36	2.93	25	4.03	1.67
2	10.40	2.83	30	3.34	1.47
5	9.12	2.66	35	2.78	1.29
10	7.38	2.4	40	2.28	1.11

五、脚部温度传感器

1. 位置和结构

参看图 2-38，脚部温度传感器一般安装在脚部出风口位置，其外形如图 2-47 所示。

2. 作用与原理

空调 ECU 根据脚部温度风口的温度，控制除霜器和脚部空间的气流分配，并控制新鲜空气鼓风机的转速。脚部温度传感器采用负温度系数热敏电阻。

3. 检测

检测方法同其他负温度系数热敏电阻一样。在0℃时，电阻值为9.1kΩ，25℃时，电阻值为2.8kΩ。

六、中央通道出风口温度传感器

1. 位置与作用

中央通道出风口温度传感器安装在中央通道的出风口处，用以探测中央通道出风口的温度，保证面部温度达到设定温度，其外形如图2-48所示。

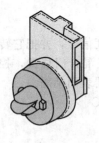

图2-47 脚部温度传感器外形

图2-48 中央通道出风口温度传感器外形

2. 原理

采用负温度系数热敏电阻制成。

3. 检测

中央通道出风口温度传感器测量的温度不是一个点，而是一条测量带上温度。如果发生故障，控制单元以环境温度传感器替代。

中央通道出风口温度传感器的检测同其他负温度系数热敏电阻，其电阻值为：
0℃，29kΩ；20℃，12kΩ；40℃，5.7kΩ。

第五节　其他温度传感器

一、自动变速器油温传感器

1. 位置和功用

自动变速器油温传感器装在自动变速器油底壳内的液压阀体上。如图2-49所示。

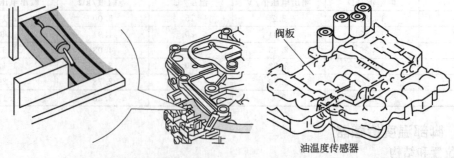

(a) 大众自动变速器油温传感器　　(b) 三菱和现代自动变速器油温传感器

图2-49 自动变速器油温传感器的位置

自动变速器油温传感器用于检测自动变速器液压油的温度，电控单元根据液压油温度信号进行高温控制、换挡控制、油压控制和锁定离合器控制。

如果变速器油温高于 150℃，液力变矩器锁止离合器立即进入锁止工况，30s 后如果变速器油温仍不下降，变矩器解除锁止工况，变速器退出超速挡。另外，油温传感器自身或线束短路，数据流会显示变速器油温高于 150℃，同样，变矩器不进入锁止工况，变速器没有超速挡。

2. 原理

该传感器由负温度系数热敏电阻制成，温度越高，电阻越低。

3. 检测

图 2-50 为自动变速器油温传感器与 ECU 的连接电路。

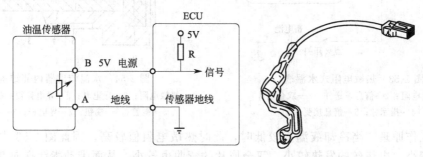

图 2-50　自动变速器油温传感器连接器接头端子与 ECU 的连接电路及外形

（1）故障征兆　当自动变速器油温连接线路发生断、短路故障时，电控单元将无法获得液压油温度信息控制自动变速器换挡，使控制系统出现故障。当故障指示灯点亮时，通过人工方法或使用专用仪器可以读取故障码。

（2）单体检测　当确认自动变速器油温传感器出现故障时，可拆下传感器，放在烧杯中，加热杯中的水，测量不同温度下的电阻值，电阻值与规定值相差较大，则应更换自动变速器油温。方法如图 2-51 所示，电阻特性如图 2-52 所示。

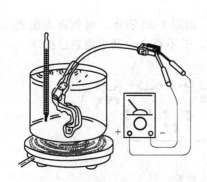

图 2-51　自动变速器油温传感器的检测

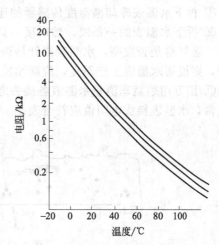

图 2-52　自动变速器油温传感器的电阻特性

二、水温表温度传感器

1. 水温表温度传感器的结构、工作原理

（1）传感器的结构与识别　热敏电阻式水温表由热敏电阻式水温传感器、双金属片及表盘和指针组成的，如图 2-53 所示。其中冷却液温度传感器为水温表的发送部件，它是由一个负温度系数的热敏电阻组成，安装在汽缸的水套中，与水道中的冷却水相接触；双金属片、表盘和指针为水温传感器的接收件，即水温表盘，有低温区和高温区。水温表传感器内部结构如图2-54所示。

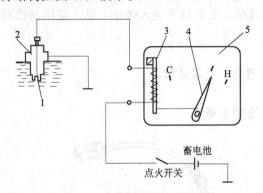

图2-53 热敏电阻式水温表

1—热敏电阻；2—信息发送件；3—双金属片；
4—指示针；5—信息接受件

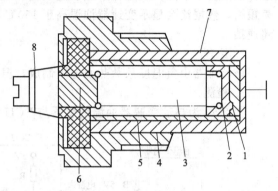

图2-54 水温传感器内部结构

1—热敏电阻；2—导电套；3—导电弹簧；4—铜接头；
5—铜管；6—端钮；7—导电杆；8—导线

(2) 工作原理 当冷却液温度较低时，此时热敏电阻值较高，因此图2-53中所示电路中的电流较小，电热丝的发热较小，双金属片的弯曲也较小，从而带动指针指向低温；当冷却液温度升高时，热敏电阻的阻值迅速减少，使回路电流增大，电热丝的发热量也大，使双金属片的受热弯曲量增加从而带动指针指向高温一侧。

2. 检测

汽车正常行驶时，指针应指在中间位置。若在交通堵塞或关闭发动机的短暂时间内，指示温度升高，行驶或起动后又恢复，则属于正常现象；若正常行驶时，指针指示高温或低温位置，则均应该停车检查，检测方法如下：

(1) 检测水温表性能

① 拆下水温表冷却液温度传感器的连接线，打开点火开关，水温表应指示在低温位置。

② 拆下水温表的一条线，然后接一只4W/12V的灯泡，并使接线一端搭铁，打开点火开关，看灯泡是否发亮，水温表指针是否指向最大位置。如果灯泡不亮或水温表不指示最大位置，则说明水温表工作不良，应继续检查或更换。

③ 用万用表就车测量水温表各接头之间的电阻，如图2-55所示，可判断水温表工作是否正常，水温表接头电阻值应符合表2-6中的规定值，若不符合，则水温表已损坏。

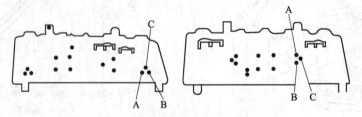

图2-55 水温表各接头位置

表2-6 水温表各接头电阻值

水温表接头	电阻/Ω
A-B	54
A-C	175.7
B-C	229.7

(2) 检测水温表传感器的电阻

① 就车检测。先拔下冷却液温度传感器的连接接头，用万用表电阻挡，测量冷却液在不同温度时传感器的电阻值，按图 2-56 所示的方法，测量水温在不同发动机温度时的传感器电阻值，其值应符合表 2-7 规定。

表 2-7 水温与电阻值的对应关系

冷却水温/℃	电阻值/kΩ	冷却水温/℃	电阻值/kΩ
−20	10～20	40	0.9～1.3
0	4～7	60	0.4～0.7
20	2～3	80	0.2～0.4

② 单体检测。拆下冷却液温度传感器，将其放入水中加热，同时用万用表电阻挡测量传感器接头两端之间的电阻值，测量结果应符合表 2-7 电阻标准值，若与标准值不符，则应更换冷却液温度传感器。测量方法见图 2-57。

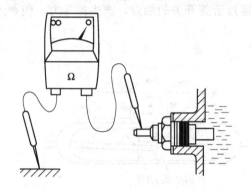

图 2-56 水温传感器电阻就车检测

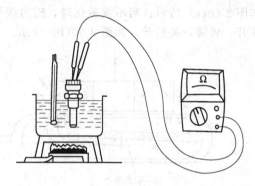

图 2-57 水温传感器电阻单体检测

第六节 热敏铁氧体温度传感器

一、热敏铁氧体温度传感器的结构、工作原理

1. 热敏铁氧体温度传感器的结构与识别

热敏铁氧体温度传感器常安装在散热器冷却水的循环通路上，用于控制散热器冷却风扇的开闭，它由永久磁铁、舌簧开关、热敏铁氧体组成，其结构及安装位置如图 2-58、图 2-59 所示。它的作用是依据冷却液温度信号来控制散热器的冷却风扇工作。

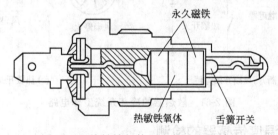

图 2-58 热敏铁氧体温度传感器的结构

2. 热敏铁氧体温度传感器的工作原理

热敏铁氧体是强磁性材料，当超过某温度时，铁氧体的磁导率急剧下降，即具有从强磁性体向常磁性体（弱磁性体）急速转变的性质，这种急变温度称为居里温度。利用居里特性就可以使舌簧开关导通或关断。

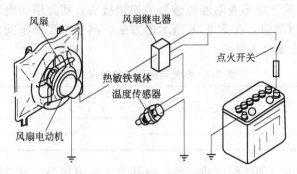

图 2-59　热敏铁氧体温度传感器的安装位置

当其被磁化时，磁力线通过舌簧开关的触点产生吸引力，使触点闭合，舌簧开关闭合，如图2-60(a)所示；当不被磁化时，磁力线平行通过舌簧开关的触点，产生排斥力，使触点张开，舌簧开关断开，如图2-60(b)所示。

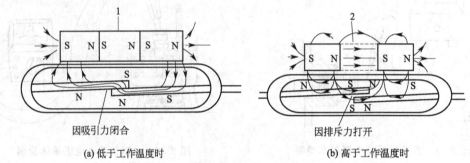

图 2-60　热敏铁氧体温度传感器的工作原理
1—热敏铁氧体（形成一个磁铁）；2—热敏铁氧体（与没有时相同）

在散热器的冷却系统中，舌簧开关的闭合却使冷却风扇的继电器断开，使冷却风扇停止工作；反之，则冷却风扇工作，电路如图2-61所示。热敏铁氧体的规定工作温度为0~130℃。

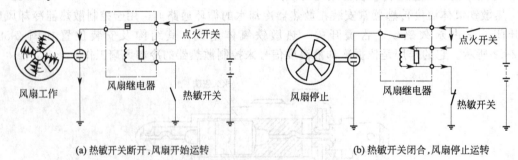

图 2-61　散热器的冷却系统工作电路

二、热敏铁氧体温度传感器的检测

当散热器冷却风扇在发动机的冷却液温度值高于规定温度时仍不运转，则说明散热器冷却风扇的工作电路出现故障。若发现热敏铁氧体温度传感器处短路或断路，则应对热敏铁氧体温度传感器进行检测，检测方法如下：

(1) 将温度传感器拆下，置于玻璃烧杯中并加水进行加热，并将万用表连接好。

(2) 在加热的同时检查传感器的工作情况。当水温低于规定温度时，热敏铁氧体温度舌簧开关闭合、传感器导通、万用表指示 0Ω。

(3) 在冷却液温度高于规定值时，热敏铁氧体温度传感器舌簧开关断开，传感器不导通，万用表指示电阻∞。否则，说明热敏铁氧体温度传感器已经损坏，应当更换。

复习思考题

1. 温度传感器如何分类？各有什么特点？
2. 冷却液温度传感器有什么功用？一般安装在什么位置？采用哪种类型电阻？其阻值随温度怎样变化？若冷却液温度传感器损坏，汽车发动机会产生什么现象？
3. 进气温度传感器常见安装位置有哪些？
4. 蒸发器出口温度传感器安装在什么位置？其作用是什么？若它出现故障，空调系统会出现什么现象？
5. 总结一下，自动空调用传感器有哪些？各有什么作用？传感器原理是否相同？归纳一下检测方法的共性。
6. 排气温度传感器安装在什么位置上？怎么检测？
7. 电动汽车用温度传感器有哪些？了解一下电动汽车的相关知识。
8. EGR 温度传感器有什么作用？
9. 自动变速器油温传感器坏掉，对自动变速器有什么影响？
10. 热敏铁氧体温度传感器常用来做什么工作？它由哪几部分组成？怎么对它进行检测？

第三章

位置和角度传感器

> **学习目标**
>
> ◆ 掌握曲轴位置传感器的功用、分类、工作原理和检测方法
> ◆ 掌握凸轮轴位置传感器的功用、分类、工作原理和检测方法
> ◆ 掌握节气门位置传感器的功用、分类、工作原理和检测方法
> ◆ 掌握液位传感器的功用、分类、工作原理和检测方法
> ◆ 掌握转向盘转角传感器的功用、分类、工作原理和检测方法
> ◆ 掌握加速踏板位置传感器的功用、分类、工作原理和检测方法
> ◆ 掌握离合器和制动器位置传感器的功用、工作原理和检测方法
> ◆ 掌握车高传感器的功用、工作原理和检测方法
> ◆ 掌握座椅位置传感器的功用、工作原理和检测方法
> ◆ 掌握安全带位置传感器的功用、工作原理和检测方法
> ◆ 掌握电动后视镜用位置传感器的功用、工作原理和检测方法
> ◆ 掌握乘员位置传感器的功用、工作原理和检测方法
> ◆ 掌握自动空调翻板伺服电机位置传感器的功用、工作原理和检测方法
> ◆ 掌握 EGR 位置传感器的功用、工作原理和检测方法
> ◆ 掌握怠速电机位置传感器的功用、工作原理和检测方法
> ◆ 掌握电动机/发电机转子角位置传感器的功用、工作原理和检测方法

用来测量元件运转或运动所处位置的传感器称为位置传感器。应用在汽车上的位置传感器有曲轴位置传感器、凸轮轴位置传感器、节气门位置传感器、液位传感器、加速踏板位置传感器、EGR 位置传感器等。用来确定转向盘所处位置的传感器称为转向盘转角传感器，用超声波来确定物体间位置和距离的传感器称为超声波距离传感器。用来确定车身高度的是车身高度传感器，用来确定转向盘转角的是转向盘转角传感器。

第一节 曲轴位置传感器

一、概述

1. 功用

曲轴位置传感器（CKP 或 CPS，Crankshaft Position Sensor），又称为发动机转速与曲

轴转角传感器，其功用是采集曲轴转动角度和发动机转速信号，并输入电子控制单元（ECU），以便确定喷射顺序、喷射正时、点火顺序、点火正时，并根据信号监测到的曲轴转角波动的大小来判断发动机是否有失火现象。

早期电控发动机使用的曲轴位置传感器，只能用于测量曲轴旋转速度和角度，因此又称为发动机转速传感器，而不能确定活塞的位置，即分辨不出什么时候活塞到达上止点。因此必须设置用于确定第一缸活塞上止点（注意：不一定是第一缸的压缩上止点位置）的上止点位置传感器，二者经常单独设置。随着汽车技术的发展，出现了曲轴位置传感器和上止点位置传感器整合的新型曲轴位置传感器，即将曲轴位置传感器的触发元件经过特殊设计（如缺齿设计），逐步使一个感测元件实现了测量曲轴转速、转角和确定活塞上止点多种功能，形成了现代意义的曲轴位置传感器。

没有曲轴位置传感器信号，发动机 ECU 认为发动机没有运转，因此喷油器不能喷油。点火和喷油集中控制的电子控制发动机，还不能点火。所以，曲轴位置传感器是计算机控制点火系统、发动机电子控制系统最重要的传感器之一。

2. 安装位置

曲轴位置传感器一般安装于曲轴前端、分电器内、靠近飞轮的变速器壳体上三个位置，个别的车辆还有安装于发动机缸体中部下侧的情况。曲轴位置传感器的安装位置如图 3-1 所示。

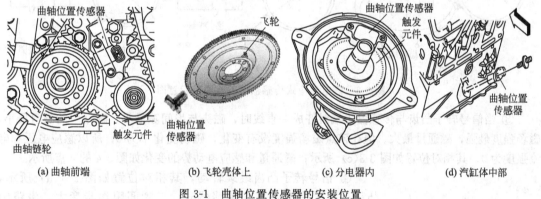

图 3-1　曲轴位置传感器的安装位置

按照其工作原理的不同，曲轴位置传感器可以分为三种类型：磁电感应式曲轴位置传感器、光电式曲轴位置传感器、霍尔效应式曲轴位置传感器。

二、磁电感应式曲轴位置传感器

1. 构造与原理

磁电感应式传感器，又称为磁脉冲式传感器、可变磁阻式传感器。如图 3-2 所示，磁电感应式曲轴位置传感器主要由导磁材料制成的信号转子、永久磁铁、信号线圈等组成，传感器的位置是固定的，软磁铁芯与信号转子齿间隙必须保持一定间隙。

传感器插头接线形式主要有两线制和三线制两种。两线制的两根线为信号回路线，信号正负交替变化，三线制中多出的一根线为屏蔽线。

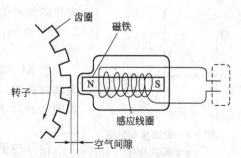

图 3-2　磁电感应式曲轴位置传感器的组成

① 当信号转子凸齿靠近传感器时，磁头与齿间隙逐渐缩小，磁路中的磁阻逐渐减小，传感器的磁场便开始产生集中的现象，磁场强度增

大，磁通量的变化率也逐渐增大，因此产生一个逐渐增大的正的感应电动势，磁场的变化愈大，则感应出的电压也愈强。其相对位置如图 3-3(a) 所示；磁通量和感应电动势的变化如图 3-4 的 $a—b$ 段所示。

② 当凸齿继续靠近磁头时，磁通量仍在增大，但磁通量的变化率在减小，因此产生一个正的、逐渐减小的感应电动势。其相对位置如图 3-3(b) 所示；磁通量和感应电动势的变化如图 3-4 的 $b—c$ 段所示。

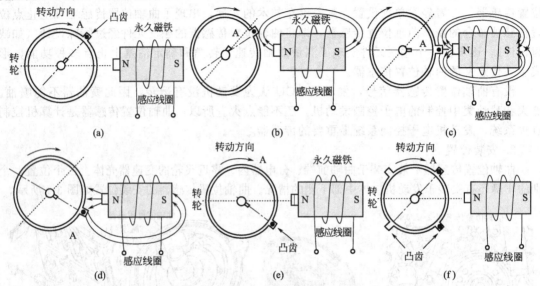

图 3-3 磁电感应式传感器的工作原理示意图

③ 当信号转子凸齿与传感器尖端对齐成一直线时，磁头与齿间隙最小，磁路中的磁阻最小，磁场强度最强，磁通量最大。但在该点磁场强度没有变化，磁场变化率为 0，所以感应电压和电流强度为 0。其相对位置如图 3-3(c) 所示；磁通量和感应电动势的变化如图 3-4 的 c 点所示。

④ 信号转子凸齿继续转动，其相对位置如图 3-3(d) 所示，凸齿远离磁头准备离开传感器时，二者间隙逐步变大，磁路中的磁阻逐渐增大，磁通量逐渐减小，但磁通量的变化率仍逐渐增大，所以产生一个负的但绝对值仍逐渐增大的感应电动势，如图 3-4 的 $c—d$ 段所示。

⑤ 当凸齿继续转动离开磁头时，磁路中的磁阻继续增大，磁通量继续减小，但磁通量的变化率也逐渐减小，因此产生一个负的绝对值逐渐减小直至为 0 的感应电动势，其相对位置如图 3-3(e) 所示；磁通量和感应电动势的变化如图 3-4 的 $d—e$ 段所示。

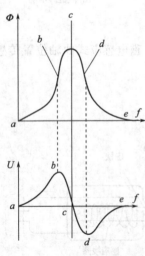

图 3-4 磁通量和感应电动势的变化

⑥ 对于有多个触发齿的信号转子，当两凸齿中间和传感器尖端对齐时，磁场不发生变化，故也无电压输出。其相对位置如图 3-3(f) 所示；磁通量和感应电动势的变化如图 3-4 的 $e—f$ 段所示。

信号转子每转过一个凸齿，传感线圈中就产生一个交变电动势，即一个最大值和一个最小值，因此对于有多个触发齿的信号转子，正弦波波形的多少，就代表旋转过了多少个齿，因此可以计算出信号转子旋转的速度和角度。

2. 实例与检修

下面以捷达车为例,对磁电感应式曲轴位置传感器的检测方法进行介绍。

捷达轿车的磁电感应式曲轴位置传感器安装在汽缸体左侧、发动机后端靠近飞轮处,零件编号 G28,传感器用螺钉固定在发动机缸体上,信号转子为齿盘式,齿数为 60-2 齿。即在原来为 60 齿的圆周上,切掉 2 个齿,形成在其圆周上均匀间隔的 58 个凸齿、57 个小齿缺和一个大齿缺。因为原来的 60 齿在圆周上均匀分布,齿与齿的间隔度数为 360°/60=6°,因此每个凸齿和小齿缺所占的曲轴转角均为 3°。曲轴旋转一圈(360°),将会产生 58 个脉冲信号。大齿缺所占的弧度相当于两个凸齿和三个小齿缺所占的弧度,大齿缺所占总的曲轴转角为 15°(2×3°+3×3°=15°)。大齿缺输出基准信号,对应发动机汽缸 1 或汽缸 4 压缩上止点前一定角度。

因为信号转子上设有一个产生基准信号的大齿缺,所以当大齿缺转过磁头时,信号电压所占的时间较长,即输出信号为一宽脉冲信号,该信号对应于汽缸 1 或汽缸 4 压缩上止点前一定角度。电子控制单元接收到宽脉冲信号时,便可知道汽缸 1 或汽缸 4 上止点位置即将到来,至于即将到来的是汽缸 1 还是汽缸 4,则需根据凸轮轴位置传感器输入的信号来确定。由于信号转子上有 58 个凸齿,因此信号转子每转一圈(发动机曲轴转一圈),传感线圈就会产生 58 个交变电压信号输入电子控制单元 ECU。因此,ECU 每接收到曲轴位置传感器 58 个信号,就可知道发动机曲轴旋转了一圈。依此类推,ECU 根据每分钟接收曲轴位置传感器脉冲信号的数量,便能计算出发动机曲轴旋转的转速和曲轴的位置,其位置如图 3-5 所示,输出波形如图 3-6 所示。

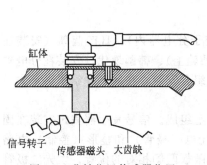

图 3-5　曲轴位置传感器位置

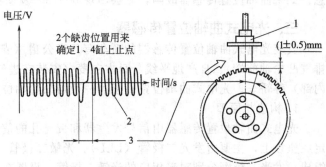

图 3-6　曲轴位置传感器 G28 的结构和输出波形
1—曲轴位置传感器;2—正常齿波形;3—缺齿波形

曲轴位置传感器 G28 插头位置如图 3-7 所示,与 ECU 控制单元 J220 的连接关系如图 3-8 所示。端子 1 为传感器其中一极,与 ECU 的 56 端子相连;端子 2 为传感器另一极,与 ECU 的 63 端子相连;端子 3 为屏蔽线端子,与 ECU 的 67 端子相连。

磁电感应式曲轴位置传感器的检测方法如下。

① 故障征兆检测　在发动机运行中,当曲轴位置传感器出现故障时,会导致信号中断,发动机不能启动或在运行时立即熄火,这时电子控制单元可以诊断到故障并进行代码存储。

② 曲轴位置传感器的电阻检查　关闭点火开关,拔下传感器连接器插头,检查传感器上 1 与 2 端子间电阻,应为 450~1000Ω。若电阻为无穷大,说明信号线圈存在断路,应更换传感器。检查传感器上 1 或 2 端子与屏蔽线端子 3 之间的电阻,阻值应为无穷大,如果电阻不是无穷大,则应更换传感器。

③ 检查传感器与 ECU 之间的连接线束。分别检查 1 与 56 端子,2 与 63 端子,3 与 67 端子间的电阻值,应不超过 1.5Ω。如果电阻为无穷大,说明存在导线断路或接触不良,需进行维修。

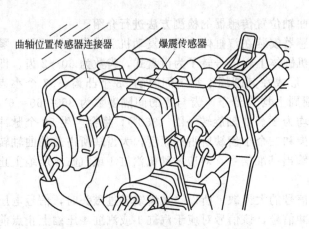

图 3-7 曲轴位置传感器 G28 插头位置

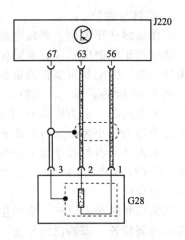

图 3-8 曲轴位置传感器与控制单元的连接

④ 信号转子与磁头间间隙检查。用厚薄规检查信号转子与磁头间间隙,标准值为 0.2~0.4mm。不在标准范围内时,需进行调整。

⑤ 输出电压测量:用万用表的交流电压挡,在线路正常连接、发动机运转时测量 1 与 2 间电压,其电压值在 0.2~2V 波动。

⑥ 利用 V.A.G1551 或 V.A.G1552 故障诊断仪,通过故障诊断插座可以读取故障信息。如果曲轴位置传感器故障,则会出现 00513—发动机转速传感器 (G28) 故障代码。

三、光电式曲轴位置传感器

安装光电式曲轴位置传感器的轿车有日产公爵(安装于分电器内)、日产蓝鸟(安装在排气凸轮轴前端)、日产地平线、日本三菱(安装在进气凸轮上)、韩国现代(安装在分电器内部)等轿车。光电式曲轴位置传感器一般与凸轮轴位置组合安装,在此一并给予讲解。

1. 构造与原理

光电式曲轴位置传感器由信号发生器和带光孔的信号盘组成。信号发生器固定安装在固定底座板上,主要由发光二极管(LED)、光敏二极管(光电二极管)和整形(控制)电路组成。发光二极管分别对着相应的光敏二极管,设置在屏蔽板两侧相对的位置,发光二极管以光敏二极管为照射目标。其原理如图 3-9(a) 所示,线路连接如图 3-9(b)。

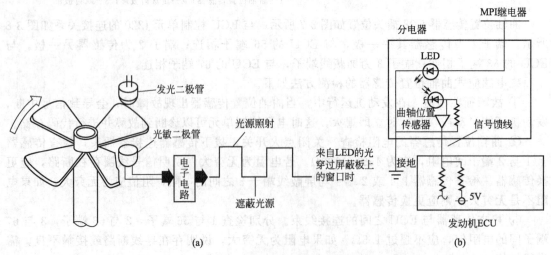

图 3-9 光电式曲轴位置传感器构造和工作原理示意图

如果信号盘的缝隙处于发光二极管和光敏二极管之间,从 LED 发出光照射在光敏二极管上,这使得电流流过光敏二极管,传感器比较器输出端不能把来自发动机 ECU 的 5V 基准电压接地,此时发动机 ECU 将检测到近似 5V 高电位。如果来自 LED 的光被屏蔽板阻断时,光敏二极管未暴露在光照下,不产生电动势,比较器输出端将来自发动机 ECU 的 5V 基准电压接地,发动机 ECU 将检测到 0V 低电位。信号盘连续转动时,信号盘产生透光与遮光的交替变化时,光敏二极管交替产生与不产生电动势,形成 5V 方波脉冲电压信号,发动机 ECU 以此信号作为转速和转角的信号,该信号的频率随着曲轴的旋转速度而改变。

在实际的使用中,信号盘一般固定在凸轮轴或分电器轴上,与凸轮轴或分电器轴一起转动。光电元件设为两组,与之相配合的信号盘光孔也有内外两圈,分别用于检测曲轴位置和凸轮轴位置,光孔数也因各个厂家车型不同设计精度而有所差别,如日产曲轴位置传感器采用 360 条缝隙,凸轮轴位置传感器采用 6 个光孔;现代汽车曲轴位置传感器采用 4 个缝隙,凸轮轴位置传感器采用 1 个光孔。

就光电式传感器本身来讲,应具有三根导线:一根为 LED 提供 12V 工作电压;一根为控制来自发动机 ECU 具有 5V 参考的电压的信号馈线;一根是搭铁线。但由于光电式的曲轴位置传感器与凸轮轴位置传感器经常组合安装,12V 工作电压和地线共用,加上曲轴位置传感器和凸轮轴位置位置传感器各一根信号线,因此常见的搭铁为 4 线。

2. 实例与检测

现代 SONATA 汽车使用光电式曲轴位置传感器。对于带有分电器的汽车,传感器总成装于分电器壳内;对于无分电器的汽车,传感器总成安装在凸轮轴左端部(从车前向后看),如图 3-10 所示。信号盘外圈有 4 个孔,用来感测曲轴转角并将其转化为电压脉冲信号,电控单元根据该信号计算发动机转速,并控制汽油喷射正时和点火正时。信号盘内圈有一个孔,用来感测第 1 缸压缩上止点(在有些 SONATA 车上,设有两孔,用来感测第 1、4 缸的压缩上止点,目的是为了提高精度),并将它转换成电压脉冲信号输入电控单元,电控单元根据此信号计算出汽油喷射顺序。

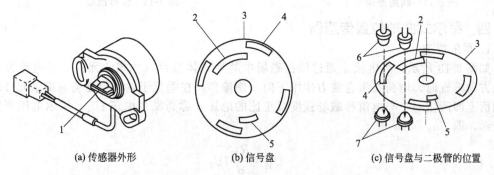

图 3-10 光电式曲轴位置传感器和凸轮轴位置传感器
1—传感器联轴器;2—凸轮轴位置传感器检测孔(1缸上止点);3—信号盘;4—曲轴位置传感器检测孔;
5—第 4 缸上止点检测孔;6—发光二极管;7—光敏二极管

现代 SONATA 光电式曲轴位置传感器和凸轮轴位置传感器与发动机 ECU 的连接线路如图 3-11 所示。

曲轴位置传感器和凸轮轴位置传感器的检测方法如下。

(1) 工作电压和参考电压的检查 检查时,关闭点火开关,脱开曲轴位置传感器的导线连接器,再把点火开关置于"ON",用万用表的电压挡测量线束侧 4 端与搭铁间的电压应为 12V,线束侧 2 端和 3 端与搭铁间电压应为 4.8~5.2V,用万用表的电阻挡测量线束侧 1 端与地间应为0Ω（导通）。

（2）输出信号检测　用万用表电压挡接在传感器侧3端和1端上，在线路连接正常情况下，启动发动机，凸轮轴位置传感器的平均电压应为0.2～1.2V。在启动发动机后的怠速运转期间，用万用表电压挡检测2端和1端曲轴位置传感器平均电压应为1.8～2.5V。若电压不在规定范围内，应更换曲轴位置传感器。

（3）故障代码检测　使用MUT-Ⅱ或MUT-Ⅲ，读取故障码，如果曲轴位置传感器损坏，会出现故障码22，凸轮轴位置传感器不良，会出现故障码23。

（4）示波器检查　光电式曲轴位置传感器输出的为方波频率信号，曲轴每转一圈，将有两个活塞运动到上止点，正常输出波形应与图3-12(a)相同。

光电式凸轮轴位置传感器输出的也为方波频率信号，只是在发动机一个工作循环内，应该产生两个脉冲宽度不同的方波信号，正常输出波形应与图3-12(b)相同。

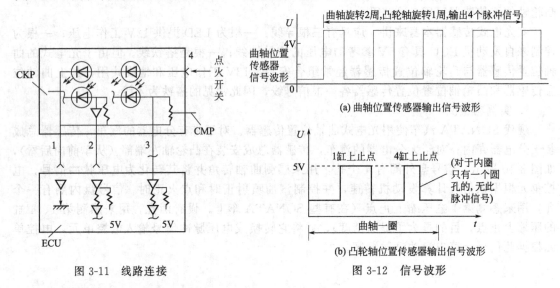

图3-11　线路连接　　　　　图3-12　信号波形

四、霍尔式曲轴位置传感器

1. 霍尔效应

如图3-13所示，当电流 I 通过放在磁场中的半导体基片（称霍尔元件）且电流方向与磁场方向垂直时，电荷在洛伦兹力作用下向一侧偏移，在垂直于电流与磁场的霍尔元件的横向侧面上即产生一个与电流和磁场强度成正比的电压，称为霍尔电压 U_H。霍尔电压可用下式表示，即

$$U_H = \frac{R_H}{d} IB$$

式中，R_H 为霍尔系数；d 为基片厚度；I 为电流；B 为磁场强度。

当结构一定且电流为定值时，霍尔电压与磁场强度成正比。

霍尔式曲轴位置传感器主要使用霍尔开关电路，根据脉冲信号的多少计算曲轴的旋转速度和位置，为了能够输出数字信号，产生的霍尔电压应该能够打开和关闭功率晶体管，如图3-14所示。

按照霍尔器件和工作磁体间的运动方式，可以分为遮断式和变磁通式两种。

在遮断式中，工作磁体和霍尔器件以适当的间隙相对固定，用一软磁（例如软铁）翼片作为运动工作部件，使用翼片的凸起或槽口控制进入霍尔器件上的磁力线，从而控制霍尔电压的产生，如图3-15(a)所示。

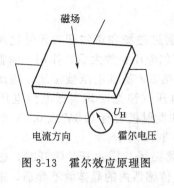

图 3-13 霍尔效应原理图

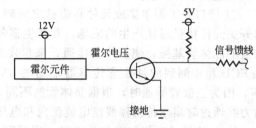

图 3-14 霍尔开关电路

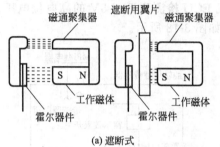

(a) 遮断式

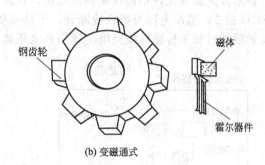

(b) 变磁通式

图 3-15 霍尔器件和工作磁体间的运动方式

变磁通式是将工作磁体固定在霍尔器件背面,通过导磁转子轮齿引起磁通的改变,实现霍尔电压的变化,经放大整形后输出,产生与转角相对应的电脉冲信号,如图 3-15(b) 所示。

汽车上用霍尔式传感器一般为三线:一根为电源线,供给工作电压,一般为 12V(也有用 9V);一根为信号线,需要提供 5V 参考电压,通过三极管的导通或关闭,实现 0V 和 5V 的脉冲变化;第三根为搭铁线。

2. 实例与检测

(1) 构造与原理 三菱 6G72(6 缸)发动机用曲轴位置传感器属于遮蔽叶片霍尔式曲轴位置传感器,曲轴位置传感器固定安装于曲轴前端的发动机缸体上,其位置如图 3-16 所示。

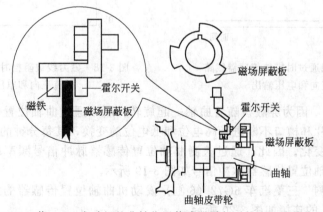

图 3-16 三菱 6G72 发动机的曲轴位置传感器霍尔元件和叶片的位置关系

叶片式磁场屏蔽板安装在曲轴皮带盘后,以键与曲轴相连,并能够随曲轴一起运转。该传感器为 U 形设计,U 形的一条臂为磁铁;另一条臂安装霍尔开关集成电路,U 形的中部缝隙用于叶片旋转时通过。三菱汽车 6G72(6 缸)发动机用的曲轴位置传感器的叶片有 3 个凸起和 3 个缺口,叶片随曲轴旋转,凸起通过时,磁铁的磁通被阻挡,缺口通过时,有磁力线通过霍尔开关。如图3-16所示。

① 槽口处于霍尔集成元件和磁铁之间时　当槽口通过磁场和霍尔开关元件之间时，霍尔开关元件接受磁铁产生的磁场，并产生霍尔电压，霍尔电压经放大后，作用于曲轴位置传感器的晶体管基极，使晶体管导通，来自发动机ECU的5V基准电压被接地，因此，发动机ECU将检测到曲轴位置传感器输出的0V低电位电压（注意：其实低电位电压并非为0V，因为三极管导通时，根据晶体管的不同，集电极和发射极会有0.3V或0.7V的压降），磁力线通过时霍尔传感器线路电流流向和电压输出如图3-17所示。

② 叶片经过磁场与霍尔开关时　当屏蔽板的叶片将磁场与霍尔开关隔开时，磁场被阻断，霍尔开关集成元件不能产生霍尔电压，在曲轴位置传感器内的晶体管不导通，来自发动机ECU的5V基准电压与搭铁线断开，于是发动机ECU检测到近似5V的高电位电压。磁力线被阻挡时霍尔传感器线路电流流向和电压输出如图3-18所示。

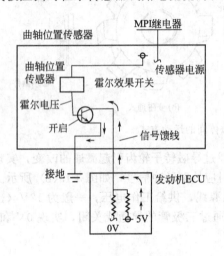

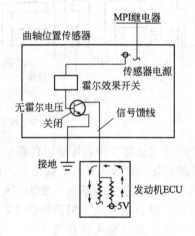

图3-17　磁力线通过时霍尔传感器线路电流流向和电压输出

图3-18　磁力线被阻挡时霍尔传感器线路电流流向和电压输出

③ 连续运转时　因为屏蔽板随着曲轴一起旋转，所以通过曲轴位置传感器的输出信号会随着屏蔽板的叶片和槽口不断进行高电位和低电位的变换，其每分钟的脉冲数目也会随着曲轴的旋转速率而变化。因此，通过检测曲轴位置传感器脉冲信号频率即可测得曲轴的转速。连续运转时曲轴位置传感器脉冲信号如图3-19所示。

(2) 传感器检测　三菱汽车6G72（6缸）发动机曲轴位置传感器的接头形状、接头位置和与发动机ECU的连接如图3-20所示。

① 工作电压的检测　拔掉曲轴位置传感器插头，打开点火开关，用万用表的电压挡测量线束侧3端是否有12V蓄电池电压，如果没有，检查控制继电器的3端与曲轴位置传感器的导通性。

② 参考电压的检测　点火开关置于"OFF"，将曲轴位置传感器接头断开，然后将点火开关置于"ON"，检查曲轴位置传感器2号针脚对地的电压，正常时应为4.8～5.2V。

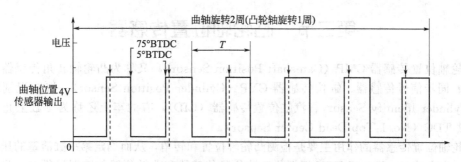

图 3-19 连续运转时曲轴位置传感器脉冲信号

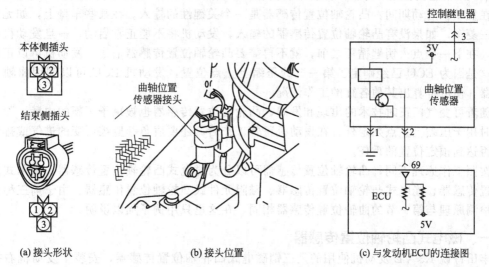

(a) 接头形状　　　　(b) 接头位置　　　　(c) 与发动机ECU的连接图

图 3-20 三菱汽车 6G72（6 缸）发动机曲轴位置传感器的接头形状、位置及与发动机 ECU 的连接

如果没有 4.8～5.2V 电压，将点火开关置于"OFF"，检查曲轴位置传感器线束的 2 号针脚是否与 ECU 的 68 号针脚导通，如果导通，则为 ECU 故障。

③ 检查搭铁性能　检查曲轴位置传感器 1 号针脚是否与地导通，如果不导通，检查线束。

④ 解码器检测　用 MUT-Ⅱ 或 MUT-Ⅲ 检测，如果曲轴位置传感器损坏，会存储故障代码 22—曲轴位置传感器故障。

⑤ 输出信号的万用表检测　使用专用三通接口插头，或在线路完好连接的情况下，将曲轴位置传感器的 2 号信号线引出一条测量线进行测量，使用万用表电压挡检测，应符合表 3-1 规定。

表 3-1　曲轴位置传感器信号标准电压值

测量端子	发动机状态	万用表电压
2 端与搭铁	启动	0.4～4.0V
	急速	1.5～2.5V

⑥ 输出信号的示波器检测　霍尔式传感器一般情况下无法检查电阻，如能检查也是经验数值或对比数值，因此，最好用示波器检查其输出信号波形来准确判断好坏。

使用专用三通接口插头，或在线路完好连接的情况下，将曲轴位置传感器的 2 号信号线引出一条测量线，用示波器进行测量，其波形应与图 3-19 所示标准波形相同。

第二节 凸轮轴位置传感器

凸轮轴位置传感器 CMP（Camshaft Position Sensor），又称为凸轮轴转角传感器、相位传感器、同步信号传感器、缸位传感器 CYP（Cylinder Position Sensor）、汽缸识别传感器 CIS（Cylinder Identify Sensor）、汽缸位置传感器（CID），有的车上还称为1缸上止点传感器 No.1 TDC（No.1 Top Dead Center Sensor）。

凸轮轴位置传感器的作用主要是检测凸轮轴位置和转角，从而确定第一缸活塞的压缩上止点位置。在启动时，发动机 ECU 根据凸轮轴位置传感器和曲轴位置传感器提供的信号，识别出各个汽缸活塞的位置和冲程，控制燃油喷射顺序和点火顺序，进行准确的喷油和点火控制。

在发动机启动期间，凸轮轴位置传感器是一个关键性的输入。在某些车型上，如无分电器的三菱车，如果没有凸轮轴位置传感器的输入，发动机将不能正常启动。一旦发动机正常运转，在下一个点火钥匙循环之前，就不再需要凸轮轴位置传感器信号，发动机可以正常运转。这是因为 ECU 已经确定了第一缸的压缩上止点位置，发动机 ECU 可以利用曲轴位置传感器，便可推算出其他各缸的工作情况。

随着可变气门正时技术的出现和发展，凸轮轴位置传感器也被赋予了新的内涵，除了在启动时用于压缩上止点判定外，在发动机正常工作后，还要肩负起监控可变的进气或排气凸轮是否达到预定位置的重任。

按照工作原理不同，凸轮轴位置传感器可以分为磁电式凸轮轴位置传感器、霍尔式凸轮轴位置传感器、光电式凸轮轴位置传感器、磁阻元件式凸轮轴位置传感器。由于前三种传感器的检测原理与第一节的曲轴位置传感器相同，在这里只用例子加以说明。

一、磁电式凸轮轴位置传感器

丰田特锐 K3-VE 发动机使用的是三销磁电式凸轮轴位置传感器，安装于发动机右排的1号凸轮轴前端。由于该机型配备可变气门系统，因此凸轮轴位置传感器要进行汽缸识别和检测 VVT-i 提前角的值两项功能。其位置与构造如图 3-21(a) 所示。

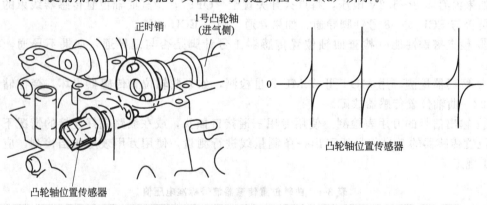

(a) 传感器安装位置与构造　　　　　　(b) 传感器输出波形

图 3-21　丰田特锐磁电式凸轮轴位置传感器安装位置与输出波形

1号凸轮轴上的前端设置有三个正时销，分别代表 360°、180°、180° 曲轴转角，根据正时销的输出信号，ECU 进行实际凸轮轴位置的检测和汽缸识别，凸轮轴转动时，正时销与凸轮转角传感器间气隙发生变化，从而改变通过凸轮转角传感器的磁通量，凸轮轴每转动一圈产生 3 个脉冲，输出波形如图 3-21(b) 所示。根据来自曲轴位置传感器信号，1号凸轮轴相位被检测，根据这个相位，可变气门正时控制器发挥作用。

丰田特锐 K3-VE 发动机凸轮轴位置传感器的线路连接如图 3-22 所示。

其检测方法同其他磁电式传感器相同，主要是电阻检测和短路、断路检测、示波器检测，与其他磁电式传感器相同，这里只给出标准数值。

(1) 电阻检测　冷态时（传感器温度为－10～50℃）凸轮轴位置传感器电阻为 835～1400Ω，热态（传感器温度为 50～100℃）时凸轮轴位置传感器电阻为 1060～1645Ω。

(2) 解码器检测　利用 DS-21 诊断测试仪进行检测，如果凸轮轴位置传感器损坏或相关线路出现故障，会出现故障代码 P0340，或闪码 14，其原因可能有凸轮轴位置传感器故障、凸轮轴位置传感器线路开路或短路，或者 ECU 故障。

(3) 示波器检测　连接示波器，其输出波形应与图 3-21(b) 相同。

二、霍尔式凸轮轴位置传感器

东风悦达起亚车发动机用霍尔式凸轮轴位置传感器为轮齿触发式，安装于凸轮轴上，其结构和接线如图 3-23 所示。凸轮轴的霍尔效应信号盘只有一个凸齿，用来确定一缸上止点信号。当凸轮轴转动，凸轮轴上的凸缘到达霍尔元件感应部分，此时磁场强度最大，在霍尔元件中产生霍尔电压，驱动传感器内的三极管导通，因为信号取自三极管的集电极，因此输出低电位信号。当凸缘不与霍尔元件对齐时，磁场强度较小，霍尔元件产生的电压不足以使三极管导通，输出高电位。因此，通过这一负脉冲，便可确定一缸压缩上止点位置。

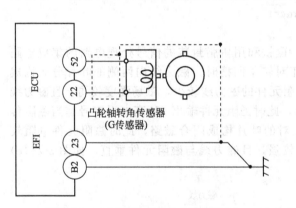

图 3-22　丰田特锐磁电式凸轮轴位置传感器与发动机 ECU 线路连接图

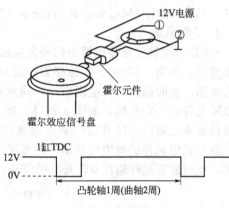

图 3-23　霍尔式凸轮轴位置传感器的构造和输出信号波形

曲轴每旋转 2 周，凸轮轴旋转 1 周，产生 1 个脉冲，并将此信号输入到发动机 ECU。根据此信号检测出一缸压缩上止点，并决定顺序喷射的序号和点火时刻。其输出波形如图 3-23 所示。

其检测方法如下。

① 故障诊断　霍尔式凸轮轴位置传感器有故障时，不能进行正确的燃油顺序喷射。在 MELCO 系统中，霍尔式凸轮轴位置传感器的故障使发动机无法启动，在博世或西门子电控系统中，发动机可以启动，但不能进行正确的燃油次序喷射，因此影响冷态时的废气排放。

万用表检查：当点火开关接通时，可用万用表检查供给传感器的 12V 电压是否正常，搭铁是否良好，可用万用表依照霍尔式曲轴位置传感器的检测方法来进行检测。

② 解码器检测　连接故障诊断仪 HI-DS 读取故障码，当检测到曲轴位置信号而没有检测到凸轮轴位置信号时，发动机控制单元 ECU 会存储 P0340（判缸传感器电路开路）故障码。

③ 示波器检查　用示波器连接信号端，注意能否观察到脉冲信号。其正常输出波形如图 3-23 所示。

三、光电式凸轮轴位置传感器

由于光电式凸轮轴位置传感器与曲轴位置传感器经常一起安装，在第三章第一节中讲述光电式曲轴位置传感器时已对光电式凸轮轴位置传感器的构造、工作原理、检测方法详细论述，在此不再赘述。

四、磁阻元件式凸轮轴位置传感器

1. 磁阻效应（见图 3-24）

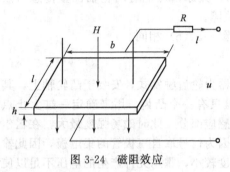

图 3-24 磁阻效应

磁阻效应是指半导体材料的电阻值随与电流相同或垂直方向的磁场强弱而变化的现象。在一个长方形半导体元件的两端面通电，在无磁场时，电流电极间的电阻值取最小电流分布。当长方形元件处于磁场中时，由于两电极间的电流路径因磁场作用而加长，从而使电极间的电阻值增加。利用磁阻效应，可实现磁和电→电阻的转换。对于非铁磁性物质，外加磁场通常使电阻率增加，即产生正的磁阻效应。

利用磁阻效应制成的磁敏电阻元器件叫作磁阻元件，简称 MRE（Magneto Resistance Element）。

2. 检测原理

MRE 凸轮轴位置传感器由信号发生器、磁铁和用树脂封装的信号处理电路的集成电路模块组成，如图 3-25(a)。当传感器的磁头正对转子凹槽时，磁力线向两侧的叶片分布构成闭合磁路，此时磁阻元件电阻较小，通过磁阻元件的磁力线较少，磁场强度较弱，且磁力线与磁阻元件成一定角度，如图 3-25(b) 所示，此时磁阻元件输出 5V 高电平信号；当磁阻传感器的磁头正对转子叶片时，磁力线通过正对的叶片构成闭合磁路，此时磁阻元件电阻较大，通过磁阻元件的磁力线较多，磁场强度较强，且磁力线与磁阻元件垂直，如图 3-25(c) 所示，此时磁阻元件输出 0V 低电平信号。

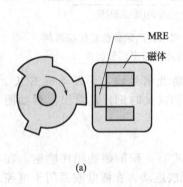
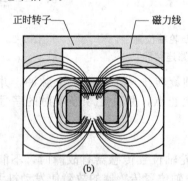
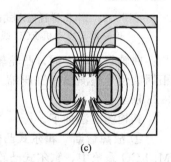

图 3-25 MRE 传感器的工作原理

因此，随着转子的旋转，叶片的凸起与凹槽交替变化，引起通过磁阻元件的磁力线的强弱和角度发生改变，由于磁阻效应的作用，磁阻元件的电阻也发生变化，通过 MRE 装置的电流也随之改变，这种电流的变化由信号放大电路、滤波电路和整形电路转换成二进制数字信号，并输送给发动机 ECU。发动机 ECU 根据此信号判别进、排气凸轮轴位置。

3. 实例与检测

丰田新皇冠车发动机智能可变气门正时系统（VVT-i）采用 MRE 凸轮轴位置传感器，在每一汽缸组上的进/排气凸轮轴上都装有 1 个 MRE 凸轮轴位置传感器（也称为 VVT 传感器，共4个），传感器的安装位置如图3-26所示。

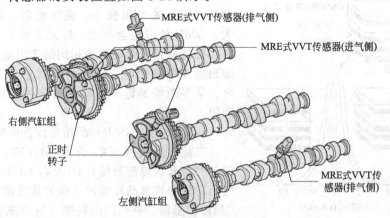

图 3-26　MRE传感器的安装位置

进、排气凸轮轴上凸轮轴位置传感器正时转子有三个凸起，所对应的凸轮轴角分别为90°、60°、30°，即所对应的曲轴转角为180°、120°、60°，曲轴每旋转两周，进、排气凸轮轴旋转一圈，产生三个大小不同的脉冲，智能可变气门正时系统通过凸轮轴位置传感器的检测，由ECU占空比控制油压控制电磁阀，从而把进气和排气凸轮轴分别控制在40°和35°曲轴转角之间，提供最适合发动机工作特性的气门正时，改善发动机所有转速范围内的扭矩，提高燃油经济性，减少污染物的排放。MRE传感器的连接电路如图3-27所示，信号波形如图3-28所示。

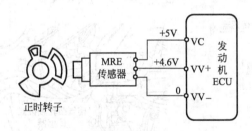

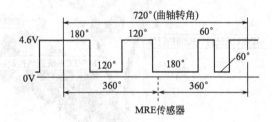

图 3-27　MRE传感器的连接电路　　　　图 3-28　MRE传感器的信号波形

（1）工作电压的检测　关闭点火开关，断开凸轮轴位置传感器，打开点火开关至"ON"位置，用万用表检查VC端子与VV－之间的电压，应为5V，如果没有5V电压，应分别检查与ECU间线路的连接情况，如果线路正常，则发动机ECU有故障。

（2）参考电压的检测　关闭点火开关，断开凸轮轴位置传感器，打开点火开关至"ON"位置，用万用表检查VV＋端子与VV－之间的电压，应为4.6V，如果没有4.6V电压，应检查VV＋与ECU间线路的连接情况，如果线路正常，则发动机ECU有故障。

（3）波形检测　在线路正常连接的情况下，使发动机运转，用示波器检测输出信号，其标准波形应与图3-28所示波形相同。

五、巨磁阻式(GMR)凸轮轴位置传感器

巨磁阻又称特大磁阻，即GMR（Giant Magneto Resistive）。巨磁阻效应是指材料的电阻率在有外磁场作用时较无外磁场作用时大幅度减小的现象。磁场的微弱变化将导致巨磁阻材料电阻值产生明显改变，从而能够用来探测微弱信号。利用GMR材料制作的传感器称为巨磁阻传感器。相对于霍尔传感器，它具有灵敏度高、探测范围宽和抗很坏环境等优点。

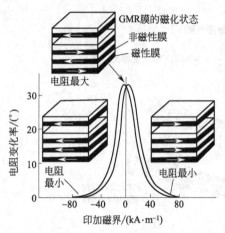

图 3-29 GMR 元件的特性曲线

图 3-29 是 GMR 特性曲线图,可以看出,磁场愈强,元件的电阻变小,磁场愈弱,元件的电阻变大。GMR 效应是全极性,即无论是正向还是反向的外加磁场变化,都能带来相同的磁阻变化。当阻值不随磁场继续变化时,磁性材料就达到了其磁性饱和区。从零磁场到饱和磁场所带来的阻值变化就称为磁阻。

1. 巨磁阻(GMR)凸轮轴位置传感器的位置

三菱蓝瑟翼神 EX,采用 MIVEC(智能可变气门正时与升程控制系统)4B10 和 4B11 发动机,其进气凸轮轴和排气凸轮轴两个位置传感器均采用巨磁阻 GMR 传感器。进气门凸轮轴位置传感器安装在汽缸盖的进气侧上。排气凸轮轴位置传感器安装在汽缸盖的排气侧上,其位置如图 3-30 所示。

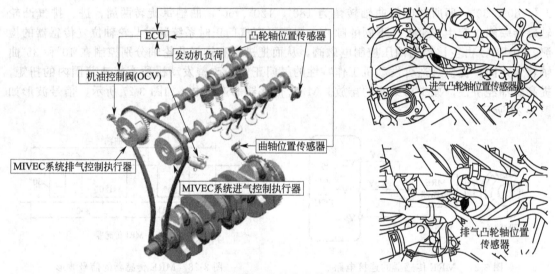

图 3-30 巨磁阻凸轮轴位置传感器的位置

2. 巨磁阻凸轮轴位置传感器的功用

进排气门凸轮轴位置传感器监视半月形传感部分的形状,并将其转换成电压(脉冲信号)发送到发动机-ECU。发动机-ECU 以此反馈控制执行电磁阀以优化进排气门凸轮轴的相位。此外,发动机-ECU 利用凸轮轴位置传感器信号与曲轴角度传感器信号,以确定汽缸是否处于压缩冲程的汽缸。

3. 巨磁阻凸轮轴位置传感器的结构

巨磁阻凸轮轴位置传感器由 IC 片、永久磁铁以及过电流的保护部件构成。传感器的顶端为 GMR 元件,与单片化的双极式 IC、永久磁铁构成了磁路。IC 块就是由高电压、过电压保护用以及电磁兼容性(EMC)芯片部件封装而成。此 IC 封装就固定在嵌件模块部件上,并用树脂制成一个整体。

GMR 元件构成桥式电路,工作时,将桥式电路中的中点电位进行差动放大,再由比较电路输出数字信号。

巨磁阻凸轮轴位置传感器内部结构和基本电路的组成如图 3-31 所示。

第三章 位置和角度传感器

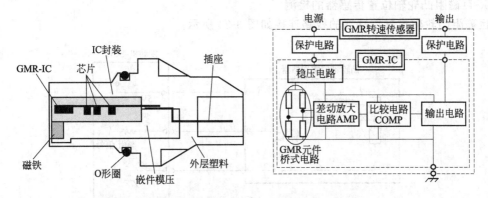

图 3-31 巨磁阻凸轮轴位置传感器内部结构和基本电路的组成

4. 巨磁阻凸轮轴位置传感器的工作原理

以进气凸轮轴位置传感器为例,巨磁阻凸轮轴位置传感器有感应部分为半月形,如图 3-32(a) 所示。

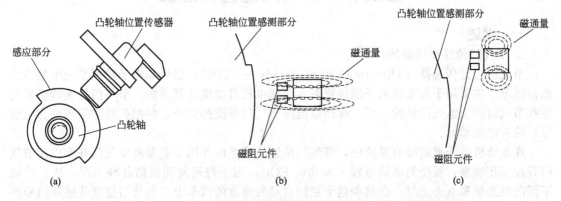

图 3-32 巨磁阻凸轮轴位置传感器基本电路的构成与工作原理

当凸轮轴位置感应部分经过磁阻元件的前表面时,磁铁的磁通量经过磁阻元件 [图 3-32(b)]。这样,磁阻元件的电阻增大。当凸轮轴位置感应部分未经过磁阻元件的前表面时,来自磁铁的磁通量不经过磁阻元件,并且电阻降低 [图 3-32(c)]。进气门凸轮轴传感器将磁阻元件电阻的这种改变转换成 5V 脉冲信号,并将其输出到发动机-ECU。

巨磁阻凸轮轴位置传感器的输出波形及与曲轴位置传感器的波形如图 3-33 所示。

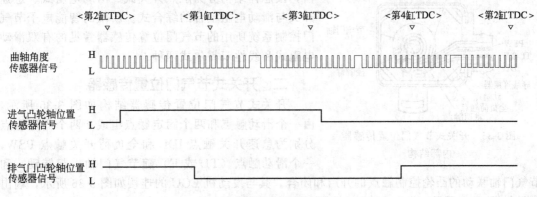

图 3-33 波形

5. 巨磁阻凸轮轴位置传感器的检测

巨磁阻凸轮轴位置传感器的线路连接如图 3-34 所示。

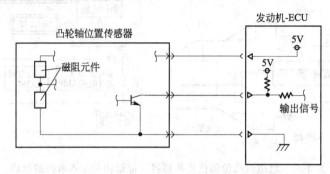

图 3-34 巨磁阻凸轮轴位置传感器的线路连接

巨磁阻凸轮轴位置传感器的检测方法同霍尔式位置传感器，这里不再赘述。

第三节 节气门位置传感器

一、概述

1. 节气门位置传感器的功用

节气门位置传感器（Throttle Position Sensor——TPS），是汽车电子控制系统中最重要的传感器，主要用于发动机电子燃油喷射系统和电控自动变速器系统。节气门位置传感器安装在节气门体上节气门轴的一端，探测或监测节气门开度的大小，并把位置信号转变为电信号后输入电控单元。

在发动机电子燃油喷射系统中，节气门位置传感器的作用主要是将节气门开度以及节气门开度变化快慢，转变为电信号输入发动机 ECU，用于判别发动机的各种工况，从而控制不同的喷油量和点火正时。在装备电子控制自动变速器的汽车上，节气门位置传感器信号是变速器换挡和变矩器锁止时的主要信号。在新型的智能电子节气门控制系统中，节气门开启角度不再由油门踏板拉索直接进行控制，而是由节气门伺服电机根据 ECU 信号进行驱动。电子节气门轴上节气门位置传感器用来检测节气门的实际开度，ECU 以此作为反馈信号，实时控制节气门伺服电机，对节气门开度作出适当的调整。

2. 节气门位置传感器的类型

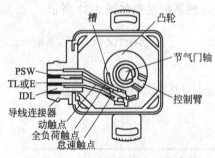

图 3-35 开关式节气门位置传感器内部结构

传统的拉索控制式节气门配备的节气门位置传感器，按总体结构分为触点开关式、滑动电阻式、急速开关与滑动电阻整合的综合式。新型的智能电子节气门控制系统所用的节气门位置传感器常见的有双滑动电阻式和线性双霍尔式两种。

二、开关式节气门位置传感器

开关式节气门位置传感器结构如图 3-35 所示，由一个滑动触点和两个固定触点组成。两个固定触点分别为急速开关触点 IDL 和全负荷开关触点 PSW，一个滑动触点（TL 或 E）随节气门轴一起转动，和节气门轴联动的凸轮控制触点的开启和闭合。其与发动机 ECU 的连接如图 3-36 所示，输出信号如图 3-37 所示。

开关式节气门位置传感器不能检测节气门开启和关闭时的快慢程度，这种传感器只能与已淘汰的翼片式空气流量传感器相配合使用，因此现在基本不再使用。

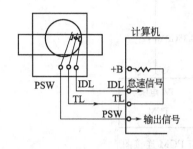

图 3-36　线路连接

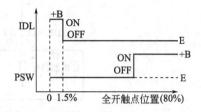

图 3-37　输出信号

三、滑动电阻式节气门位置传感器

1. 结构

滑动电阻式节气门位置传感器，又称线性输出型节气门位置传感器、可变电阻式节气门位置传感器、电位计式节气门位置传感器。滑动电阻式节气门位置传感器的设计避免了开关式节气门传感器只能检测发动机怠速工况和全负荷工况的弊端，因此可以获得节气门从全闭到全开连续变化的信号，从而更精确地判断发动机的运行工况。

滑动电阻式节气门位置传感器为 3 线式传感器，其中两个针脚处于电阻的两端，并作为电源端子和搭铁端子由发动机 ECU 提供 5V 电压，第三个针脚连接于滑动触点，节气门轴与触点（或称触头）联动，节气门转动时，滑动触点可在电阻上移动，引起滑动触点电位的变化，利用电阻的变化将节气门位置信号转换成电压值。这个电压呈线性变化，所以也称为线性输出型节气门位置传感器。根据这个线性电压值，ECU 可感知节气门的开度，使 ECU 进行喷油量修正。图 3-38 所示为滑动电阻式节气门位置传感器的安装位置、线路连接和输出特性。

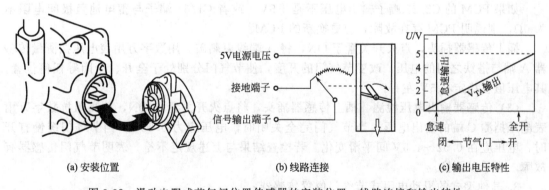

(a) 安装位置　　　　　　　(b) 线路连接　　　　　　　(c) 输出电压特性

图 3-38　滑动电阻式节气门位置传感器的安装位置、线路连接和输出特性

2. 传感器检测

不同型号节气门位置传感器，其电阻值及输出电压信号值也不完全相同，下面以上海别克发动机节气门位置传感器为例说明其检测方法。图 3-39 为上海别克发动机 TPS 与 PCM 连接图。

（1）阻值和连续性检测

① 阻值检测　将点火开关置于 OFF 位置，拔下传感器插头，用欧姆表测量 A-B、C-B、A-C 间电阻值，应符合表 3-2 规定。如果测量值不在此范围内，则更换节气门位置传感器。

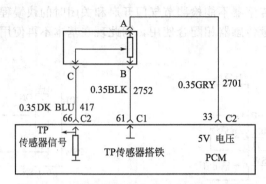

图 3-39　上海别克发动机 TPS 与 PCM 连接图

表 3-2　滑动电阻式节气门位置传感器电阻值　　　　　　　　　　　　单位：kΩ

节气门状态	节气门全闭	节气门全开
A-B	3.98~4.50	3.98~4.50
C-B	1.13~1.36	4.25~4.88
A-C	4.25~4.88	1.13~1.36

② 连续性检测　用万用表电阻挡测量传感器信号端 C 与接地端 B 间的电阻，其电阻值应随节气门开度逐渐开大而由小到大平滑地连续变化。否则，表明节气门位置传感器有故障，应予以更换。

(2) 供电电压及搭铁检测　将点火开关置于 OFF，拔下传感器插头，再将点火开关置于 ON，用高阻抗数字万用表电压挡测量传感器电束侧 A 端与搭铁之间的电压，应为+5V。

用高阻抗数字万用表欧姆挡测量电束侧 B 端与蓄电池负极之间的电阻，应为 0Ω。如果测量值不符合要求，则应进一步检查 PCM 端子，如果 C2/33 端子输出电压为+5V，C1/61 端子与蓄电池负极间电阻为 0Ω，说明 PCM 工作正常，故障发生在 PCM 与传感器连接线束上，应对线束进行检修。

如果 PCM 的 C2/33 端子输出电压不是+5V，或者 C1/61 端子与蓄电池负极间电阻不为 0Ω，则说明 PCM 存在故障，应更换新的 PCM。

插上传感器插头，点火开关置于 ON，将 A 端线束刺破，用数字万用表电压挡测量传感器 A 端与搭铁之间的电压，改变节气门的开度，使节气门分别处于全开、全闭等任何位置，其电压值应稳定在 5V 左右。

(3) 传感器输出电压检测　插上传感器插头，将点火开关置于 ON，用高阻抗数字万用表电压挡测 C 端的输出电压。当节气门完全关闭时，电压应为 0.53V；当节气门缓慢打开时，电压应在 0.52~4.5V 间平滑变化。若检查结果与上述规定不符，表明节气门传感器有故障，应予以更换。

3. 其他型式的滑动电阻式节气门位置传感器

在汽车上，利用滑动电阻制成的节气门位置传感器，由于组合方式的不同，衍生出以下不同形式。

(1) 综合式节气门位置传感器　综合式节气门位置传感器是在滑动式节气门传感器的基础上加装了一个怠速开关。在节气门全关闭时与怠速触点 IDL 接触，怠速触点闭合，输出怠速工况信号，IDL 信号用来使电脑控制异步喷射、急减速断油、点火提前角以及怠速空气电磁阀、步进怠速电机的控制等。传感器构造和与发动机 ECU 的线路连接如图 3-40 所示。

(2) 双可变电阻式节气门位置传感器　在电子控制节气门系统和电控柴油机系统中，一般使用冗余设计的两个节气门位置传感器。两个传感器一般都是组合安装，当一个传感器发

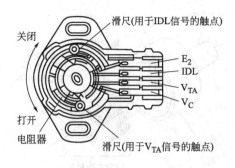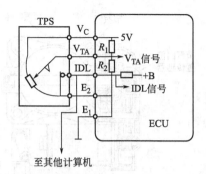

图 3-40 综合式滑动电阻式节气门位置传感器的结构与线路连接

V_C—电源；V_{TA}—节气门位置传感器输出信号；IDL—急速触点，E_2—接地

生故障时能及时被识别，增加了系统的可靠性。从两个传感器输出信号的变化关系来看，有反相式、同相式两种，同相式又可分为同斜率线性变化和不同斜率线性变化两种。

爱丽舍1.6L轿车装备的16气门TU5JP4型发动机采用了BOSCH公司ME7.4.4电喷系统的智能电子节气门。电子节气门轴上的双轨道节气门位置传感器用来监控节气门准确开度，节气门位置传感器（2个电位计）的滑片与节气门同轴。当节气门转动时，电位计滑片同步转动，当加上5V工作电压后，变化的电阻转化为电压输出信号，电位计的输出电压随节气门的位置变化而改变，可使控制单元准确知道节气门的开度。由于两个电位计是反相安装，因此当节气门位置发生变化时，两路信号电压均线性变化，其中一个增加，同时另一个减小。图3-41是电子节气门位置传感器端子布置，图3-42所示是反相输出电压波形。

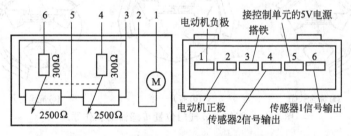

图 3-41 电子节气门位置传感器端子布置

综合式节气门位置传感器和双可变电阻式节气门位置传感器的检测，都可以依照滑动电阻式节气门位置传感器的方法来进行，这里不再赘述。

四、霍尔式节气门位置传感器

1. 构造

在三菱格蓝迪车电子节气门系统中，使用双霍尔式线性节气门位置传感器。位于节气门体的节气门位置传感器的功能是测量节气门的位置，向发动机ECU输出与节气门轴转角成正比的电压信号。根据该传感器输出的电压，发动机ECU控制节气门控制伺服电机进行反馈控制。

非接触式的霍尔传感器包括一个固定在踏板轴上的永磁铁、一个输出电压与磁通量成正比的线性霍尔集成电路，一个有效地将永磁铁的磁通量转入霍尔集成电路的定子。内部构造如图3-43所示。

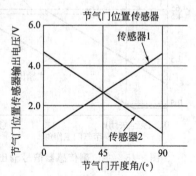

图 3-42 两路传感器的反相输出电压波形

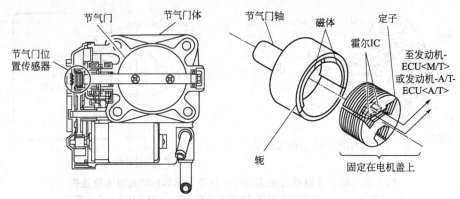

图 3-43　三菱格蓝迪车电子节气门系统用节气门位置传感器内部构造

当节气门全闭时，即如图 3-44(a) 所示，磁场方向向上，流入霍尔集成电路的磁通量最大，此时，节气门位置传感器电压输出最小。当节气门全开时，如图 3-44(c) 所示，磁场方向反向向下，流入霍尔集成电路的磁通量最大。此时，节气门位置传感器电压输出最大。当节气门半开时，即如图 3-44(b) 所示，磁通量为零。节气门位置传感器输出电压在中间值。

节气门位置传感器通过两个系统（主、副）输出，这就提高了系统测量故障的准确性，增强了故障保护功能，确保了可靠性。其输出特性如图 3-45 所示。

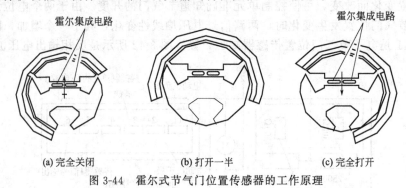

(a) 完全关闭　　　　(b) 打开一半　　　　(c) 完全打开

图 3-44　霍尔式节气门位置传感器的工作原理

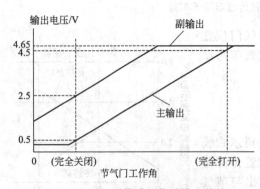

图 3-45　主、副传感器信号输出特性

2. 检测

图 3-46 是节气门位置传感器的线路连接图，依据线路连接图进行检测。

（1）输入电压检测　关闭点火开关，断开节气门位置传感器插头，打开点火开关，用万用表的电压挡测量线束侧 5# 端子，检查是否有 5V 电压输入。如果没有，应检查传感器 5# 端子与 ECU C-113 中的 106# 端子是否导通，如果不导通，检查线路线束，如果导通，说明 ECU 没有 5V 电压输出，应更换 ECU。

（2）搭铁检测　关闭点火开关，断开节气门位置传感器插头，打开点火开关，用万用表的电压挡测量线束侧 3# 端子与蓄电池负极是否导通。正常情况下，应该导通，如果不导通，应检查线路、接头、ECU。

（3）输出电压检测　由于在使用万用表检测输出电压时，需要配备专用线束三通接头，或刺破信号线，因此，三菱公司推荐使用其专用解码器 MUT-Ⅲ，通过读取数据流从而进行

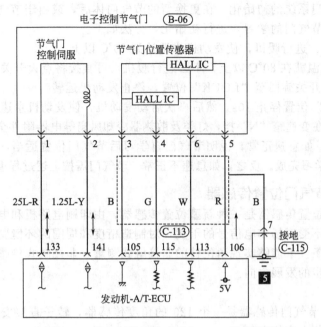

图 3-46 节气门位置传感器与 ECU 线路连接

输出电压的检测。

将点火开关置于"ON",应用 MUT-Ⅲ,断开进气软管,用手慢慢打开节气门,从数据流读出 14 项——节气门位置传感器(副)和 79 项——节气门位置传感器(主)的电压数值,看电压数值是否可以随节气门的打开而同步变大,如果变化不同步或中间有断点,则节气门位置传感器线路或本体有故障。有关节气门位置传感器的数据流见表 3-3。

表 3-3 有关节气门位置传感器的数据流

8A	节气门位置传感器(主)	点火开关"ON",用手指完全封闭节气门	0~12%
		点火开关"ON",用手指完全打开节气门	75%~100%
9A	节气门位置传感器(主)中间开度学习值	点火开关"ON",不论节气门是打开还是关闭	0.8~1.8V
79	节气门位置传感器(主)	点火开关"ON",用手指完全封闭节气门	0.3~0.7V
		点火开关"ON",用手指完全打开节气门	≥4.0V
14	节气门位置传感器(副)	点火开关 ON,用手指完全封闭节气门	2.2~2.8V
		点火开关:ON,用手指完全打开节气门	≥4.0V

(4) 故障码检测 在维修过程中,用三菱专用解码器读出电控节气门系统的故障代码,从而准确、快速地判断故障部位。故障代码见表 3-4。

表 3-4 电控节气门系统的故障代码表

DTC	故障代码含义	DTC	故障代码含义
P0122	节气门位置传感器(主)电路输入过低	P0123	节气门位置传感器(主)电路输入过高
P0222	节气门位置传感器(副)电压过低	P0223	节气门位置传感器(副)电压过高
P0638	节气门控制伺服电路范围/性能故障	P0642	节气门位置传感器电源
P0657	节气门控制伺服继电器电路故障	P1121	节气门控制伺服电机电源系统
P1122	节气门控制伺服电机连接器系统	P2100	节气门控制伺服电路(断路)
P2101	节气门控制伺服电机故障	P2102	节气门控制伺服电路(低压短路)
P2103	节气门控制伺服电路(高压短路)	P2135	(主传感器和副传感器)范围/性能故障

(5) 电控节气门系统的初始化　在更换新的节气门体后，或由于节气门阀片区有油污被清洁后，都要进行节气门的学习，进行初始化，方法如下。

　　a. 启动发动机，进行暖机，使发动机水温达到80℃以上。

　　b. 如发动机水温就在80℃以上，不必进行暖机，可直接将点火开关置于"ON"位置。

　　c. 之后把点火开关旋回至"LOCK"位置，停止发动机运转。

　　d. 在"LOCK"位置停止10s，然后再次启动发动机，使发动机怠速运转。

　　e. 10min后，在变速箱"N"挡，灯类及散热器冷却风扇等电器附件全关条件下，检查发动机怠速是否正常。如怠速正常，说明节气门自学习后节气门位置适当，怠速节气门开度正常。至此，节气门学习完成。反之，如怠速不正常，节气门需按上述过程重新进行学习操作。

五、感应式节气门位置传感器

　　感应式节气门位置传感器是一种新型位置传感器，由印刷电路板和电子芯片组成，不需额外的磁性材料；不受磁场和电信号的干扰，对制造精度和周围的环境要求较低。它在一个简单、紧凑的空间条件下能够实现角位移的非接触式测量，非接触式传感器替代电压计式传感器代表着技术进步的发展方向。

1. 位置与结构

　　图3-47所示的节气门传感器是一个120°的角度传感器，转子直接安装集成在齿轮的轴端上，定子直接安装在壳体上。

图3-47　节气门传感器

2. 工作原理

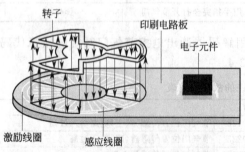

图3-48　感应式节气门位置传感器工作原理

同其他角传感器一样，感应式位置传感器也是由定子和转子组成的。在PCB（印刷电路板）上的定子由激励线圈、3个感应接受线圈和其他信号处理电子元件组成，转子是一块简单的冲压金属片。如图3-48所示。

　　感应耦合的原理如图3-49所示。激励线圈中电流产生的电磁场在转子中产生感应电流。第一次感应耦合与角位置无关，其作用仅是通过感应耦合将能量传递给转子。传感器的相关信息是通过转子与接受线圈之间的第二次感应耦合来实现的，第二次感应耦合感应与转子相对于定子的相对位置有关。在第二次感应中，定子上的电压幅值随相对位置而变化，信号处理单元接受线圈的电压信号，进行整流、放大并成对地将其按比例输出。这种将输出电压与角度按比例测量的原理在很大程度上不会受到机械公差（如空气间隙的变化、轴线偏心和倾斜）的影响。同时，电信号和电磁干扰在很大程度上也得到了抑制。

与静电磁场原理不同的是，感应式位置传感器里面没有与温度相关的磁性材料，如铁芯、铁氧体或磁铁芯，无需设计专门的温度补偿回路，所有因尺寸变化和电信号处理过程中产生的温度漂移都可通过比例测量技术加以消除。

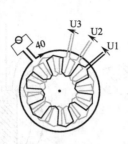
定子和感应线圈

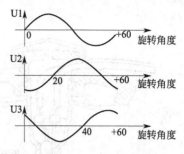
根据旋转角度而变化的三相电压曲线

图 3-49 感应耦合原理

出于安全的考虑，电控系统需要冗余的电信号。由于使用处理芯片，其输出可以为模拟信号和脉宽调制信号。

第四节 液位传感器

液位传感器是用来探测各种液体的高度位置，作为仪表指示、警告的输入信号。汽车上的液位传感器主要有发动机机油液位传感器、燃油油位传感器、冷却液液位传感器、制动液液位传感器、清洗液液位传感器等。按照传感器的性质类型来分，可以分为模拟量输出型和开关输出型两种。模拟量输出型主要用于仪表指示，主要有浮子式和电热式、电容式等，开关输出型主要用于仪表报警，主要有热敏电阻式、舌簧开关式等。

一、浮子舌簧开关式液位传感器

浮子舌簧开关式液位传感器主要用于制动液液位、冷却液液位的报警、洗涤液液位的报警检测。

1. 构造

浮子舌簧开关式液位传感器由树脂圆管制成的轴和可沿其上下移动的环状浮子组成，如图 3-50 所示。在管状轴内装有强磁性材料制成的触点，即舌簧开关，浮子内嵌有永久磁铁。舌簧开关内部是一对很薄的触点，随浮子位置的不同，触点闭合或断开，可以判定液量多于规定值还是少于规定值。

当液位低于规定值时，带永久磁铁的浮子在重力的作用下下移，正好和舌簧开关中部对齐，如图 3-51 所示。浮子内嵌有永久磁铁，使舌簧开关内的两个触点磁化，一个磁化生成 N 极，另一个磁化生成 S 极，二者相互吸引克服舌簧的弹性而使开关闭合，报警灯点亮，表明液位已低于规定值。

当液位达到规定值时，浮子上升，永久磁铁产生的磁场偏离于开关中心，两个舌簧触点被接近的磁极磁化为同性极，因相互排斥而使触点打开，报警灯熄灭，表示液位在正常位置。

图 3-52 所示为洗涤液液位传感器液位正常和不足时触点的开闭情况，图 3-53 为浮子舌簧开关式液位传感器的线路连接。

2. 检测

浮子舌簧开关式液位传感器常见故障是浮子损坏、舌簧弹性丧失不能工作。可用万用表测量传感器的两接线端子电阻来判断传感器的好坏：当浮子上下移动时，确认开关是否随之通断变化。当传感器工作正常，浮子向下移动时，两端子电阻为 0Ω，表示导通；浮子向上移动时，两端子电阻为∞，表示不导通。如果不符合要求，表示液位传感器已损坏，应当更换。

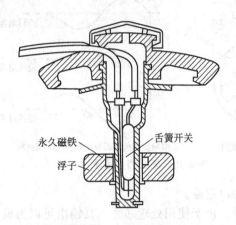
图 3-50 浮子舌簧开关式液位传感器的结构

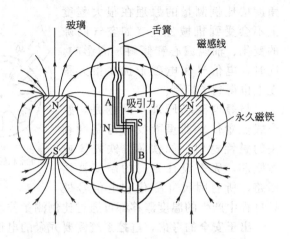
图 3-51 液位低于规定值时舌簧开关的作用

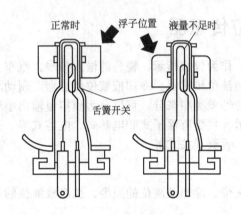
图 3-52 洗涤液液位传感器

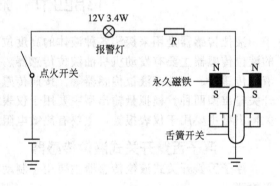
图 3-53 浮子舌簧开关式液位传感器的线路连接

二、浮子可变电阻式液位传感器

浮子可变电阻式液位传感器由浮子、内装滑动电阻的本体以及连接这两者的浮子臂组成，如图 3-54 所示。这种液位传感器的浮子可以随液位上、下移动，滑动臂可在电阻上滑动，从而改变了搭铁与浮子间电阻值，利用这一特性控制电热式燃油表回路中电流大小，或者将电阻变化的信号输入到发动机 ECU，最后在仪表上显示出来，表示液位高低。

浮子可变电阻式液位传感器可以与电热式燃油表配合使用，也可以将电阻转变为电压信号直接输入发动机 ECU，由发动机 ECU 控制仪表显示。由于二者在工作原理和检测方法上有所不同，下面分别给予介绍。

1. 电热式燃油表用浮子可变电阻式液位传感器的检修

浮子可变电阻式液位传感器用在汽油油量表中，如图 3-55 所示。仪表与浮子串联，当满油箱时，浮子升到最高位置，滑动臂滑向低电阻方向，通过回路中电流增大，双金属片弯曲程度大，指针指向 F(Full) 侧。当油箱内油量较少时，浮子升到较低的位置，电阻增大，汽油表电路中电流减小，仪表内双金属片稍有弯曲，指针指向 E(Empty) 侧。

下面以丰田皇冠轿车浮子可变电阻式液位传感器为例，说明检测方法。

(1) 供给电源的检查　断开点火开关，切断燃油表插接件在线束侧的插接，使用专用工具，连接 12V、3.4W 测试灯，然后将点火开关置于 ON，正常情况测试灯应点亮。如图 3-56 所示。

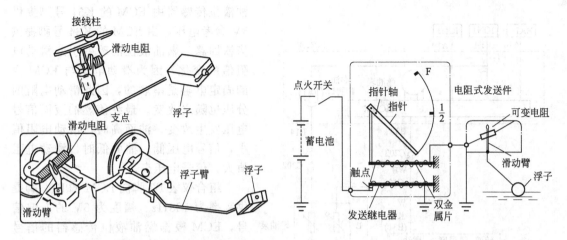

图 3-54　浮子可变电阻式液位传感器的结构　　图 3-55　浮子可变电阻式液位传感器的应用

（2）浮子位置的检查　丰田皇冠轿车使用的浮子可变电阻式液位传感器，在检查时，首先按照图 3-57 所示检查浮子各个位置是否符合规定。

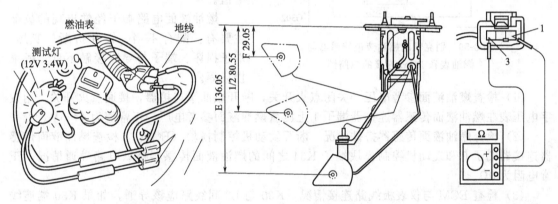

图 3-56　供给电源的检查　　图 3-57　浮子位置的检查　　图 3-58　电阻检查

（3）电阻检查　如图 3-58，用万用表测定浮子在不同位置时，F 与 E 两点的电阻，即传感器连接器插头 1、3 端子间电阻，测量结果应符合规定。当 E 处电阻值大于 F 处电阻值，而且从 E 到 F 变化过程中电阻值连续变化，说明传感器性能良好。测量结果如果不符合规定或不连续，应更换浮子可变电阻式液位传感器。搭铁端子间的电阻值见表 3-5。

表 3-5　搭铁端子间的电阻值

浮子位置/mm		电阻值/Ω
F	29.05±3	3±2.1
1/2	80.55±3	32.5±4.8
E	136.05±3	110±7.7

2. 由发动机 ECM 接收信号的燃油液面传感器

别克凯越用燃油液面传感器也为两线制滑动电阻式传感器，就传感器本身来说，它与其他浮子可变电阻式燃油液面传感器工作原理相同，但不同点在于燃油表的显示信号来自于发动机 ECM，而不是传感器本身。

图 3-59 是别克凯越燃油液位传感器与燃油表和 ECM 连接的电路图。

燃油液位传感器为浮子可变电阻式传感器，滑动电阻臂随浮子的上升和下降而变化，燃

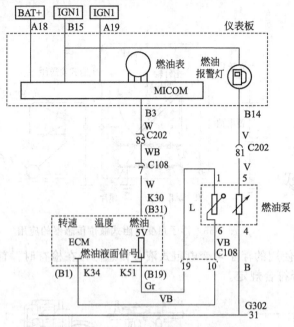

图 3-59 别克凯越燃油液位传感器与
燃油表和 ECM 连接的电路图

油液位传感器由 ECM 的 K51 号脚提供 5V 参考电压，由 ECM 的 K34 号脚提供搭铁回路。燃油液位的改变引起滑动电阻值的变化，因为滑动电阻与 ECM 内的固定电阻是串联的，因此滑动电阻的分压也随之改变。最终使燃油液面信号电压发生改变。油面高时，滑动电阻值小，信号电压低；油面低时，滑动电阻值大，信号电压高。

组合仪表 B3 脚向 ECM 的 K30 脚提供频率为 128Hz、幅度为 5V 的方波信号，ECM 根据燃油液位传感器的信号电压高低，控制方波的占空比，即控制搭铁时间，也就控制了供给燃油表的平均电压，从而驱动燃油表指示不同的值。

燃油液面电路端子经常出现的故障主要有：配合不当、锁片折断、变形、端子损坏、端子与导线接触不良、线束损坏等。

(1) 检查燃油液面参考电压　关闭点火开关，断开燃油泵连接器，接通点火开关，用数字电压表在燃油液面传感器连接器端子 1 上测量燃油液面参考电压，正常值为 4～5V。

(2) 检查燃油液面传感器搭铁状况　断开发动机控制模块（ECM），检查燃油液面传感器连接器端子 6 和发动机控制模块端子 K34 之间的燃油液面传感器搭铁电路导通情况，正常电阻为 0Ω。

(3) 检查 ECM 与仪表板线路连接情况　K30 与 B3 间线路应该导通，如果 K30 端连线断路或接地，燃油信号变为 100% 或 0，燃油表不确认，也不动作。

(4) 检查燃油液面传感器电阻　断开燃油液面传感器插接器，用万用表的电阻挡测量传感器本体 1 与 6 间电阻，随着浮子位置的变化，燃油液面传感器电阻应符合表 3-6 规定。

表 3-6　燃油液面传感器标准电阻值

状　况	电　阻
空	280Ω 或以上
半满	约 90Ω
满箱	38Ω 或以下

(5) 解码器检测　用解码器检测时，如果燃油液面传感器出现故障，会出现以下故障码：P0461—燃油液面传感器卡滞；P0462—燃油液面传感器电压过低；P0463—燃油液面传感器电压过高；P0464—燃油液面传感器间歇性干扰。

三、热敏电阻式液位传感器

1. 原理

液面报警灯用传感器主要是当液面低于某一位置时，点亮报警灯，以警告驾驶员注意。例如燃油油面报警灯就是当燃油箱内燃油减少到某一规定值时灯亮进行报警。液面报警系统一般由热敏电阻式液位传感器和报警灯组成。热敏电阻式液位传感器一般采用负温度系数

(NTC)的热敏电阻制成,利用热敏电阻元件温度高时电阻下降,温度低时电阻变大的特性,改变线路电流的大小,从而控制液面报警灯的关闭和点亮。其电路连接如图3-60(a)所示。

当点火开关接通时,热敏电阻上加上蓄电池电压,传感器内就有电流通过,在电流的作用下,热敏电阻本身发热。当燃油没有到报警位置时,热敏电阻处于燃油液面以下,但因其热量易散发,所以热敏电阻的温度不会升高,其电阻值较大,所以电路中电流很小,报警灯处于熄灭状态;反之,当燃油量减少,热敏电阻式液位传感器处于燃油液面以上,热敏电阻暴露在空气中时,因为其热量难以散发,所以热敏电阻的阻值降低。当热敏电阻的阻值下降到一定值时,线路中流过的电流增大,则报警灯发亮。或者用此电流控制继电器,使继电器触点闭合,而使低油面报警灯发亮报警,使用继电器控制燃油液面报警灯的电路连接如图3-60(b)所示。通过指示灯的亮、灭,就可判断燃油量的多少。

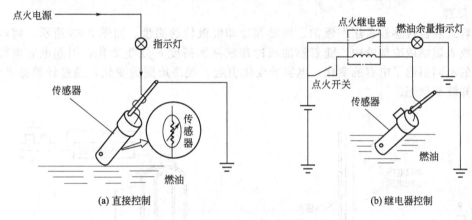

图 3-60 热敏电阻式燃油报警电路

2. 检测

(1) 电源的检测　从燃油表上拔下连接插头,打开点火开关,把报警灯一端搭铁,这时指示灯应点亮。

(2) 传感器本体检测　取出燃油油量表的外壳,然后在报警端与搭铁端连接一个12V、3.4W的小灯泡,作报警灯,当接上蓄电池时,如图3-61(a)所示,报警灯应当亮。当将液位传感器放入水中时,如图3-61(b)所示,报警灯应该熄灭。

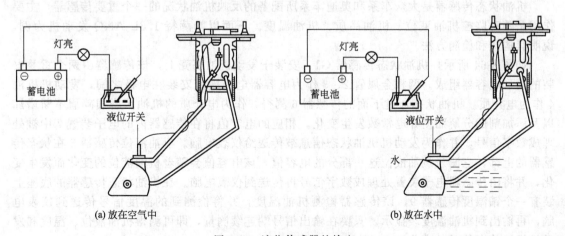

图 3-61 液位传感器的检查

四、电热式液位传感器

电热式液位传感器是利用电阻率温度系数大的材料制成的电阻,在其两端施加电压或电流来检测液位的变化。温度越高,电阻温升越高。当把电阻浸入油液中时,其温度会下降,电阻也随着下降,检测出电阻的变化,即可获得燃油的变化。这种传感器是在金属箔上附着Fe-Ni薄膜,做成薄膜电阻,制成电热式液位传感器,如图3-62所示。

东风汽车有限公司 DCI-11 发动机采用电热式机油液位传感器,液位的测量只在发动机停机时进行。机油液位探针安装在机油箱底部,停机时,ECU 每间隔 15s 在 1.75s 内送出 200mA 电流,热电阻的阻值会随着温度上升而发生变化。由于探针在机油和空气中散热能力的不同,所以热电阻的温度变化又与热金属丝探针浸在机油油液中的深度有关系,即与机油油面位置有关。ECU 根据阻值的变化即可确定发动机机油液位。

五、电容式液位传感器

1. 原理

电容式液位传感器常用作燃油、机油和冷却液液位的测量。如图 3-63 所示,将电容式传感器放入燃油或冷却液中,随着燃油或冷却液液面高度 h 发生变化,引起电容电极间的电介质的不同引起了电容的变化,电容的变化引起了振荡周期的变化,通过计算振动频率,就能获知液面状态。

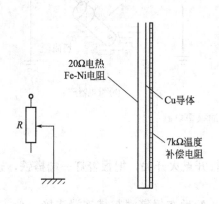

图 3-62 电热式液位传感器

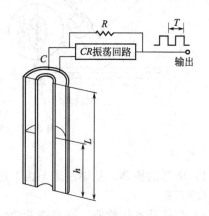

图 3-63 电容式液位传感器的构造示意图

2. 实例与检测

机油状态传感器是大众车系和奥迪车系所配备的反映机油状况的一个重要传感器,主要作用是随时监控机油液位、机油品质、机油温度。下面以帕萨特 1.8L ANQ 发动机为例,说明其构造和检测方法。

如图 3-64 所示,机油状态传感器 G1,安装于发动机油底壳上,该传感器由两个重叠安装的筒形电容器组成。两根金属管 2、3 作为电容器电极嵌套安装在电极之间,发动机机油 4 作为电介质。机油状态通过下面的传感器 6 测得,作为电介质的机油因磨损碎屑不断增加以及添加剂的分解而使介电常数发生变化,相应的电容值将在传感器内的电子装置 7 中被处理成数字信号,并作为发动机机油状态信息被传送给仪表电脑。机油液位传感器 5 在状态传感器的上部,它测量机油液位这一部分的电容值,该电容值会随着机油液位的变化而发生变化,并将由传感器电子装置处理成数字信号再传送到仪表电脑。在机油状态传感器的底座上装有一个铂温度传感器 9,该传感器检测机油温度,并将检测到的温度信号传送到仪表电脑,再输出到机油温度表显示。只要在输出信号端连续测量,即可测得机油液位、温度和发动机机油状态信号的变化。

机油状态传感器 G1 是一个三线式数字信号传感器,电路连接如图 3-65 所示。

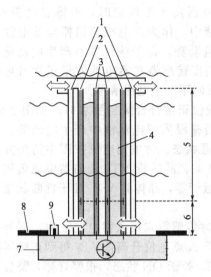
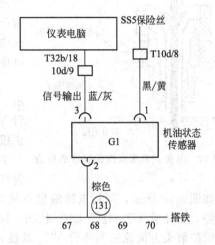

图 3-64 机油状态传感器构造与原理示意图
1—壳体；2—外部金属管；3—内部金属管；
4—发动机机油；5—机油液位传感器；
6—机油状态传感器；7—传感器电子装置；
8—油底壳；9—温度传感器

图 3-65 机油状态传感器 G1 的电路连接图

① 供给电源检测 用数字式万用表对传感器 1 号端子进行工作电压检查。用数字万用表直流 20V 挡检测机油状态传感器 1 号端子,点火开关打开时,其电源端电压应是蓄电池电压。

② 搭铁线检测 检测 2 号线与搭铁间电阻,正常值应为 0Ω,否则说明搭铁不正常。

③ 信号线参考电压检测 检测 3 号线信号电压应在 9.8～10.5V 范围内。在急速时测量电压值应基本不变化。

④ 解码器检测 使用 V.A.G1551 可以查询故障代码,如果机油液位传感器本身或线路出现问题,会出现故障代码 00562。

⑤ 波形检测 运用示波器对机油状态传感器输出端的信号进行波形分析,可以进一步确定该传感器信号特征。该信号是一个脉冲矩形方波信号。机油状态传感器波形如图 3-66 所示。

图 3-66 机油状态传感器波形

六、电极式液面高度传感器

1. 结构与原理

蓄电池液面报警系统利用电极式液面高度传感器测量液面高度,当蓄电池液面下降低于规定量时,蓄电池液面报警灯点亮,向驾驶员报警,以便对蓄电池进行维护。

如图 3-67 所示,该传感器主要由装在蓄电池盖板上作为电极的铅棒构成。当把传感器的电极置于蓄电池电槽中时,在该电槽中具有与蓄电池阴极板相同的作用,该电极也将产生

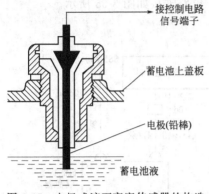

图 3-67 电极式液面高度传感器的构造

电动势。如使其电极长度与用液规定液面位置下限处吻合，则实际液面高于该位置时，铅棒起电极作用，它浸在蓄电池液中，作为正电极的铅棒与蓄电池负极将产生电压和电动势。低于该位置不产生电动势。因此电极式液面高度传感器在蓄电池液量正常时可产生电压信号，异常时不产生电压信号。

当蓄电池液位正常符合规定要求时，如图 3-68 所示，传感器即铅棒浸入蓄电池液中产生电动势，晶体管 VT_1 处于导通状态。蓄电池电流按图中箭头方向从正极经过点火开关、晶体管 VT_1 流向蓄电池负极。由于 A 点电位接近于零，晶体管 VT_2 处于截断状态，报警灯不亮。

如图 3-69 所示，当蓄电池液量不足时，由于此时传感器未浸入蓄电池液中，不能产生电动势，晶体管 VT_1 处于 OFF 状态。同时，又由于 A 点电位升高，VT_2 得到正偏压而导通电流按箭头方向流过晶体管 VT_2 基极，从而使 VT_2 处于 ON 状态，报警灯亮，警告驾驶者蓄电池液量不足。

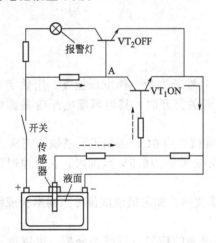

图 3-68 蓄电池液位正常时电路

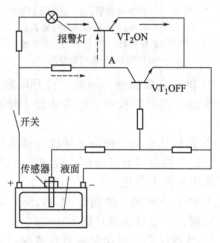

图 3-69 蓄电池液量不足时电路

2. 检测

电极式液面高度传感器由于是利用电极产生电动势来对液面进行监控，因此，如果蓄电池液面报警灯点亮，首先检查蓄电池液面，如果液面正常，可以用下述方法对传感器和线路哪一部分损坏进行判定：拔掉传感器单线插头，将通向控制电路的线束侧接头与蓄电池正极直接相连，如果蓄电池液面报警灯熄灭，说明传感器故障。

七、半导体型液位传感器

别克 G/GL/GS 系列轿车的传感器使用半导体型发动机冷却液液位传感器，其电路连接如图 3-70 所示。

当点火钥匙处于"RUN"位置时，水位传感器的 B 端有蓄电池电压供给，传感器电极浸入发动机冷却液中，而发动机冷却液作为电介质被传感器电路视为电阻。

发动机冷却液位传感器的内部电路类似于三极管的工作原理，水位传感器的 B 端"+"电压不仅是发动机冷却液液位警告灯电路的一部分，同时也是水位传感器的内部电路的工作电压，C 端为搭铁端。

当发动机冷却液液位正常时，发动机冷却液导电能力相对较强，电阻较小，根据分压原理，基极电位（A点电位）较低，三极管截止，水位传感器的内部电路将使C端处于开路状态，则液位警告灯不亮。

反之，当发动机冷却液液位较低时，发动机冷却液电阻较大，根据分压原理，A点电位较高，三极管导通，水位传感器的内部电路使水位传感器的B端和C端导通，则液位警告灯点亮。

检测时，关闭点火开关，断开水位传感器接头，打开点火开关，首先检测B端是否有蓄电池电压，检查C端搭铁是否正常。如果不正常，应检查线路。

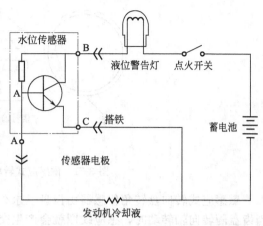

图 3-70　半导体型液位传感器线路示意图

检查发动机冷却液液位传感器B端与C端的线路是否有短路现象。传感器的B、C端之间并非电阻信号，因此在水位正常的情况下，传感器本体的B、C间不应导通。拔出水位传感器，则B、C间应导通，检测时应注意表笔的正负极不要接反。

在发动机冷却液液位正常的情况下，发动机液位警告灯依旧点亮，此时应检查液位警告灯至液位传感器B端的线路是否有短路现象。

第五节　转向盘转角传感器

转向盘转角传感器主要用于车辆稳定控制系统、电子助力转向系统和电子悬挂系统中，用于检测转向盘的中间位置、转动方向、转动角度和转动速度等转向信息，从而使相关控制单元实施不同的控制策略。

早期的转向盘转角传感器主要安装在转向轴管上来检测转向轴的旋转角度，如今的转向盘转角传感器，一般与时钟弹簧集成安装。

转向盘转角传感器主要有滑动电阻式、磁感应式、光电式、霍尔式、各向异性磁阻式，应用最广泛的是光电式转向盘转角传感器。

一、滑动电阻式转向盘转角传感器

滑动电阻式转向盘转角传感器与线性节气门位置传感器工作原理相同，在电阻器的两端施加5V直流电压，一个滑动接触点随着转向盘的转动在电阻器两端内运动，转向盘转动到两个端点位置时，滑动接触点刚好运动到电阻器两端。测量接触点和电阻器一端的电压即可求得转向盘的绝对转角位置。

还有的转向盘转角传感器采用双滑动电阻的两路输出电压信号，传感器由两个相差90°精密电位滑环组成，除了用于判断转向盘的旋转方向外，这两路输出电压信号还可相互补充，实现出错诊断。

由于电阻分压式绝对值转角传感器是接触式传感器，在滑动触点和电阻器的相互运动过程中，二者会产生磨损，影响了传感器的使用寿命。

滑动电阻式转向盘转角传感器的检测方法可以参照节气门位置传感器来进行。

二、磁感应式转向盘转角传感器

磁感应式转向盘转角传感器的原理如图3-71所示。

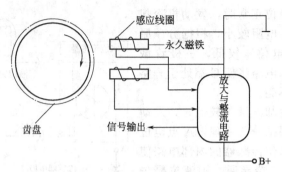

图 3-71 磁感应式转向盘转角传感器的原理

磁感应式转向盘转角传感器由齿盘、永久磁铁、两个感应线圈及信号处理电路等组成。当齿盘随转向轴转动时,感应线圈就会产生交变的感应电动势,经信号处理电路放大、整流及整形后输出。控制器根据传感器输入的信号脉冲个数就可确定转向盘的转角,设置两个感应线圈的目的同样是为了控制器判断左右转向的需要。

磁感应式转向盘转角传感器可以用测量电阻的方法来检测。

三、光电式转向盘转角传感器

1. 原理

光电式转向盘转角传感器又称为光栅式转向盘转角传感器,安装于转向柱管上的转向盘转角传感器如图 3-72 所示。在压入转向轴的圆盘中间,装有带窄缝的窄缝圆盘。传感器的光电元件(由发光二极管和光电晶体管组成)以两个为一组,从上面套装在窄缝圆盘之上。窄缝圆盘上等距离均匀排列着窄缝。

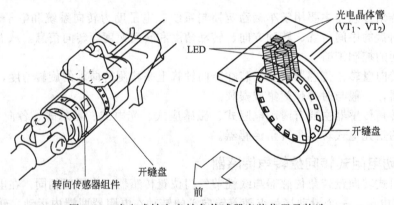

图 3-72 光电式转向盘转角传感器安装位置及构造

图 3-73 所示为转角传感器的电路原理图。

转动转向盘时,窄缝圆盘随之转动,使遮光器之间的光束通/断变化,遮光器的这种反复开关动作产生与转向轴转角成一定比例的一系列数字信号,ECU 根据两遮光器输出端 ON、OFF 变换的速率,即可检测出转向轴的转动速率;通过计数器统计 ON、OFF 变换的数量,即可检测出转向轴的转角。另外,传感器在结构上采用两组光电耦合器,设计时将两个遮光器 ON、OFF 变换的相位错开 90°,根据检测到的脉冲信号的相位差来判断转向盘的转动方向。如图 3-74 所示,汽车直线行驶时,信号 A 处于 OFF 状态(高电平)的中间位置。转向时,根据信号 A 下降沿处信号 B 的状态,即可判断出转向的方向:当信号 A 由 OFF 状态变为 ON 状态(低电平)时,如果信号 B 为 ON 状态,则为左转向;如果信号 B 为 OFF 状态,则为右转向。

第三章 位置和角度传感器

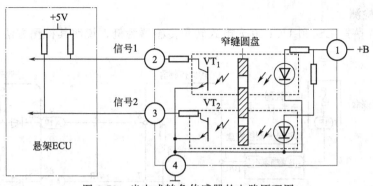

图 3-73 光电式转角传感器的电路原理图

与时钟弹簧集成的转向盘转角传感器的工作原理与之相类似。当驾驶员转动转向盘时,转向柱带动转向盘转角传感器的转子随转向盘一起转动,当转向盘转角传感器转子叶片处于发光二极管和光电晶体管之间时,光源被隔断,光电晶体管接收不到光源,不能产生电压,形成低电位,如图 3-75(a) 所示;当转向盘转角传感器转子缝隙处于发光二极管和光电晶体管之

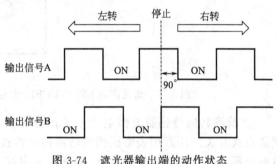

图 3-74 遮光器输出端的动作状态

间时,光源就会通过转子缝隙照在传感器的感光元件上产生信号电压,形成高电位,如图 3-75(b) 所示;由于转子缝隙间隔大小不同,故产生的信号脉冲宽度也不同,根据信号的脉冲频率和宽度变化,就可以判断出其方向和转角的变化,如图 3-75(c) 所示。

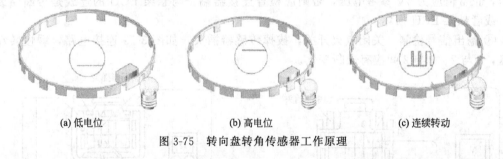

图 3-75 转向盘转角传感器工作原理

图 3-76 是安装在宝来车上、与时钟弹簧组合安装的光电式转向盘转角传感器的位置和内部构造。

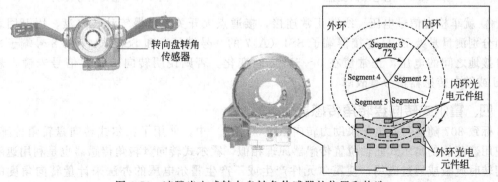

图 3-76 速腾光电式转向盘转角传感器的位置和构造

75

2. 实例与检测

下面以雷克萨斯 LS400-UCF10 光电式转角传感器为例，说明其检测方法。图 3-77 为其电路连接图。

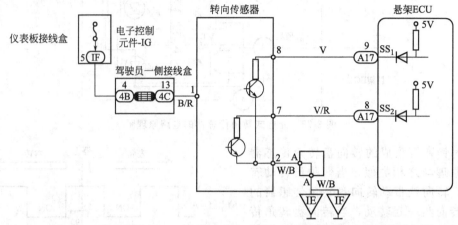

图 3-77　雷克萨斯 LS400-UCF10 光电式转向盘转角传感器电路连接图

① 检测转向传感器工作电压　关闭点火开关，拆下转向盘，脱开转向传感器连接器，接通点火开关。用万用表电压挡测转向传感器连接器端子 1、2 之间的电压。正常值应为蓄电池电压，否则应检查悬架 ECU 熔丝是否完好，转向传感器与熔丝盒之间的连线是否断路或短路，如图 3-78 所示。

② 检测转向传感器参考电压　关闭点火开关，拆下转向盘，脱开转向传感器连接器，接通点火开关。用万用表电压挡测转向传感器连接器线束侧端子 7 与 2 之间、8 与 2 之间的电压，正常值应为 5V 参考电压，否则应检查连接器端子与悬架 ECU 的连线是否断路或短路，或者悬架 ECU 损坏。

③ 输出信号检测　关闭点火开关，拔掉传感器插头，如图 3-79 连接电路，缓慢转动转向盘，8 与 2、7 与 2 间应有通断变化。

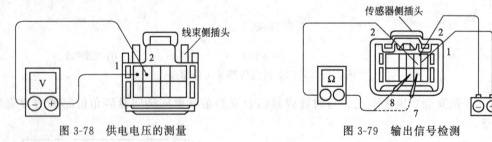

图 3-78　供电电压的测量　　　　　图 3-79　输出信号检测

④ 就车检查信号电压　线路正常连接，接通点火开关，慢慢转动转向盘，用万用表电压挡分别测量悬架 ECU 连接器端子 SS1（A17 的 9 号端子）和 SS2（A17 的 8 号端子）与车身接地之间的电压，正常值应在 0～5V 之间变化。否则说明转向传感器信号未输入悬架 ECU 或转向传感器信号有故障。

四、霍尔式转向盘转角传感器

标致 307 随速可变电子泵助力转向系统（GEP）中，使用了霍尔式转向盘转角传感器，同使用遮蔽板的霍尔式曲轴位置传感器原理相似，霍尔式转向盘转角传感器也是利用遮蔽转盘旋转时遮蔽或通过磁场，使霍尔元件产生或不产生霍尔电压的办法来计量转向角度的大小。转向盘转角传感器需要使用一根 12V 工作电压线，一根搭铁线和两根用于转向盘转动

信号 S_1 和 S_2 的信号线。转向盘角度信息以两个方波信号传给助力转向 GEP 控制单元，GEP 控制单元通过这两个信号确定转向盘转动的速度和方向。霍尔式转向盘转角传感器的结构如图 3-80 所示。

由于霍尔式转向盘转角传感器产生的也是脉冲方波信号，如图 3-81 所示，因此判断转向盘转角的方式和光电式相似。两个霍尔式传感器从相位上错开 90°±30°，能够确定转向盘的旋转方向，转向时，控制器可根据 S_1 信号和 S_2 信号的相对位置确定旋转方向，其检测方法也可参照光电式转向盘转角传感器来进行。

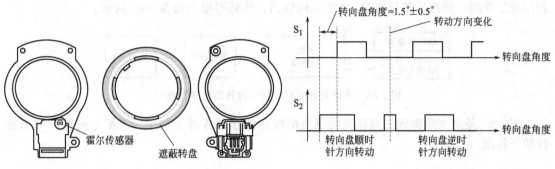

图 3-80 霍尔式转向盘转角传感器的结构   图 3-81 输出脉冲信号图

五、各向异性磁阻式转向盘转角传感器

1. 各向异性磁阻效应

磁性薄膜在平行于膜面的外磁场作用下达到饱和磁化时，薄膜的电阻率将随外磁场方向和电流方向的变化而变化，这种效应就是各向异性磁阻（Anisotropic Magneto Resistance，AMR）效应。

AMR 效应通常出现在坡莫合金等含铁材料中，坡莫合金是 81% 镍和 19% 铁的合金，图 3-82 是电流流过一块坡莫合金薄膜时的情形。在给坡莫合金外加磁场时，其阻抗变化正比于角度 θ 正弦值的平方。外部磁场会使这个磁向量的指向从电流方向开始产生旋转，从而导致阻抗变化。阻抗变化的大小取决于坡莫合金的特性，在出现磁场时其阻抗会发生 2%～3% 的变化。

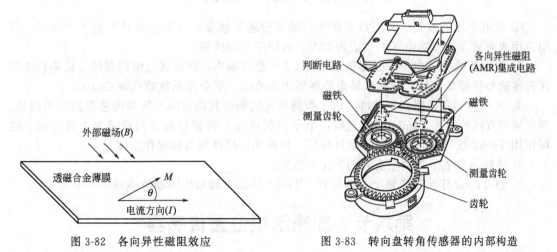

图 3-82 各向异性磁阻效应   图 3-83 转向盘转角传感器的内部构造

2. 实例与检测

别克荣御 ESP 系统使用各向异性磁阻式转向盘转角传感器，转向盘转角传感器位于转向盘下面，内部结构如图 3-83 所示。驾驶员转动转向盘时，由键与转向盘连接的齿轮带动

两个中心部分是磁铁的测量齿轮转动。磁铁上方 AMR 传感器的电阻随着测量齿轮的转动而改变，电阻的变化反映了测量齿轮的位置，进而反映了转向盘角度的变化，即能产生一个可表示±760°转向盘旋转角度的输出信号。传感器的模拟输出信号通过一个 A/D 转换器输入到微处理器中，结合两个测量齿轮转动后的位置可以求出总的转动角度。由于两个测量齿轮的齿数不同，它们的转动速度也不同，故产生不同相位的两个转角信号，电子控制单元利用这个信息计算出驾驶员所要求的方向。

这种传感器的一个特点是在发动机点火时刻就可以立即得到转向盘绝对转角位置，无需利用算法推断。传感器信号通过 CAN 总线输出。传感器框图如图 3-84 所示。

图 3-84 各向异性磁阻式转向盘转角传感器框图

图 3-85 是别克荣御转向盘转角传感器的线路连接和各端子功用。根据电路图，可以进行如下检测。

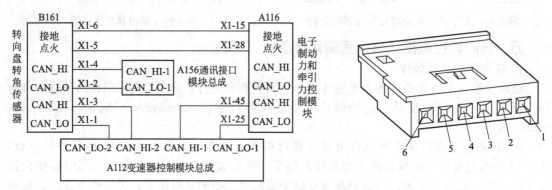

图 3-85 转向盘转角传感器的线路连接和各端子功用
1—CAN 低位 1；2—CAN 低位 2；3—CAN 高位 1；4—CAN 高位 2；
5—12V 点火电压供电电路；6—低参考电压电路

① 供电电压的检测 关闭点火开关，脱开传感器插头，再将点火开关置于"ON"，使用万用表测量 5 与 6 端电压，应该为 12V，否则应检查线路。

② 解码器检测 由于传感器信号通过 CAN 总线输出，因此通过解码器的自诊断检测是比较准确和快捷的方法。转向盘转角传感器出现故障，则会显示故障代码 C0460。

③ 转向盘转角传感器的校准 电子控制单元监测并判断转向盘转角传感器的输出信号，当车辆沿直线行驶了 15min 或以上时，电子控制单元会将该行驶方向设定为正前方向。也可使用 Tech2 进行转向盘转角传感器校准，初始化传感器的具体操作步骤是：

a. 将转向盘置于车辆笔直向前的正中位置；

b. 将 Tech2 连接到车辆上，并执行"Tech2 转向盘转角传感器校准程序"即可。

第六节 加速踏板位置传感器

加速踏板位置传感器，又称为油门位置传感器，简称 APP（Accelerator Pedal Position Sensor）。它是随着智能电子节气门、柴油共轨系统而出现的一种新的位置检测装置。其功用是将驾驶员踩下油门的速度和移动量转换成电子信号输入发动机 ECU，ECU 根据此信号进行期望扭矩需求计算,结合其他运行条件,控制节气门伺服电机进行节气门开度的非线性调节。

加速踏板位置传感器通常采用两种形式:双电位计式加速踏板传感器和线性双霍尔式加速踏板传感器。新型的加速踏板位置传感器有以大众速腾使用的感应式传感器。根据双传感器产生的主、副信号的差异,输出信号相互关系主要有三种类型,如图3-86所示。

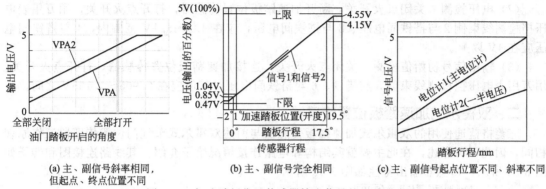

图 3-86 加速踏板位置传感器输出信号的三种形式

电位计式和霍尔式的基本工作原理同前,下面主要介绍这两种类型传感器在具体使用车型上的应用和检测方法。

一、电位计式加速踏板位置传感器

04款三菱V73使用了安装在加速踏板总成内部的加速踏板位置传感器,传感器为双电位计式传感器,如图3-87所示。两个电位器输出信号为同相,当电子加速踏板位置发生变化时,其电阻同时线性增加或减小。传感器由计算机供5V参考电压,这样就能将电阻值变化转变为电压输出信号。加速踏板位置传感器的线路连接如图3-88所示。

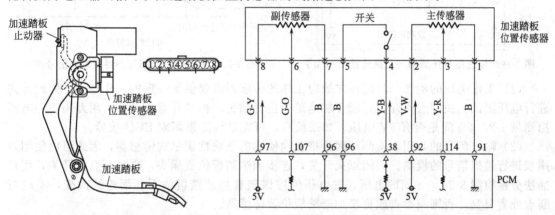

图 3-87 加速踏板位置传感器的安装位置　　图 3-88 加速踏板位置传感器的线路连接

(1)电阻检测　关闭点火开关,断开加速踏板位置传感器,用万用表电阻挡测量元件侧,端子间电阻值应符合表3-7规定。

表 3-7　标准电阻值

端子	标准电阻值
1-2	3.5~6.5kΩ
7-8	
2-3	将加速踏板由急速位置直至完全压下,其电阻值应随加速踏板的下压而平稳光滑地变化
6-8	
5 与搭铁间电阻	2Ω 以下

续表

端子		标准电阻值
4-5	放松加速踏板	0
	压下加速踏板	∞

（2）电压检测　关闭点火开关，断开加速踏板位置传感器，打开点火开关，用万用表电压挡检测线束侧 2 与搭铁间电压、8 与搭铁间电压，应在 4.9~5.1V 范围内，4 与搭铁间电压应在 4V 以上。

（3）输出信号初始值检测　关闭点火开关，连接加速踏板位置传感器，打开点火开关，用万用表电压挡检测线束侧 3 与搭铁、6 与搭铁间电压，其值应在 0.905~1.165V 之间。

二、双霍尔式加速踏板位置传感器

三菱格蓝迪使用的双霍尔式加速踏板传感器与前述双霍尔式节气门位置传感器工作原理相同，因此不再详述，在此主要就其结构和电路连接情况给予介绍。其线路连接图和端子如图 3-89 所示，传感器输出特性如图 3-90 所示。

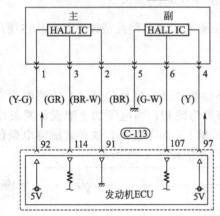

图 3-89　加速踏板传感器的线路连接图和端子

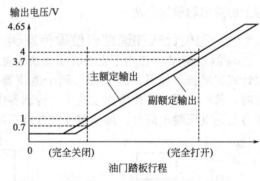

图 3-90　主传感器和副传感器的输出信号曲线

（1）工作电压的检测　利用霍尔效应工作的传感器需要供给一定的工作电压，因此首先进行电压测试。关闭点火开关，断开加速踏板位置插头，再打开点火开关，用万用表的电压挡测量 1-2、4-5 间是否有 5V 电压。如果没有，可能是线路损坏或 ECU 故障。

（2）输出信号的万用表检测　因为格蓝迪使用的是线性霍尔式传感器，因此可以使用万用表进行模拟信号的检测。关闭点火开关，连接加速踏板位置插头，再打开点火开关，用背插法分别检测 3-2、5-6 间的电压，其电压值应该随着加速踏板的下压而连续改变，不应有断点或者突变，否则应检查或更换加速踏板位置传感器。

（3）解码器检测　在维修过程中，利用三菱专用解码器 MUT-Ⅲ读出电子控制节气门系统的数据流和故障代码，从而准确、快速地判断故障部位。

① 加速踏板位置主传感器和副传感器的检查　点火开关至"ON"位置，应用 MUT-Ⅲ，慢慢踩压油门，从数据流读出 77 项—加速踏板位置传感器（副）和 78 项—加速踏板位置传感器（主）的电压数值，看电压数值是否可以随加速踏板的下压而同步变大。如果变化不同步或中间有断点，则加速踏板位置传感器线路或本体有故障。表 3-8 为传感器标准参数值。

表 3-8　传感器标准参数值

序号	MUT-Ⅲ显示项目	条　件	正常值
78	加速踏板位置传感器（主）	点火开关 ON，松开加速踏板	0.9~1.2V
		点火开关 ON，完全踩下加速踏板	≥4.0V

续表

序号	MUT-Ⅲ显示项目	条 件	正 常 值
77	加速踏板位置传感器（副）	点火开关 ON,松开加速踏板	0.4～1.0V
		点火开关 ON,完全踩下加速踏板	≥3.6V

② 故障码检测 利用 MUT-Ⅲ的诊断功能，读出故障码，见表3-9。

表 3-9 故障码

DTC	故障码含义	DTC	故障码含义
P2122	加速踏板位置传感器（主）电路输入电压过低	P2123	加速踏板位置传感器（主）电路输入电压过高
P2127	加速踏板位置传感器（副）电路输入电压过低	P2128	加速踏板位置传感器（副）电路输入电压过高
P2138	加速踏板位置传感器（主传感器和副传感器）范围/性能故障		

三、感应式加速踏板位置传感器

大众-速腾使用了感应式加速踏板位置传感器。感应式加速踏板位置传感器与感应式节气门位置传感器基本工作原理是一样的。结构上的不同之处在于：节气门位置传感器采用的是旋转机构，而加速踏板位置传感器采用直线位移结构。感应式浮动传感器无摩擦，寿命长。

1. 位置

大众-速腾感应式加速踏板位置传感器安装于加速踏板下部。如图 3-91 所示。

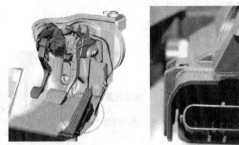

图 3-91 大众-速腾感应式加速踏板位置传感器的安装位置

2. 结构

感应式加速踏板位置传感器由机械部件、薄金属盘、盖板、印刷电路板 PCB 组成。如图 3-92 所示。

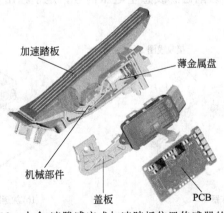

图 3-92 大众-速腾感应式加速踏板位置传感器的结构

机械部件将油门踏板的杠杆运动转换为金属片的直线运动，当驾驶员踩下油门踏板时，薄金属盘沿直线运动。由一块金属片组成的薄金属盘（转子）贴在靠近回位弹簧的滑动元件上，能够实现100mm内的位移测量。加速踏板位置传感器的运动情况如图3-93所示。

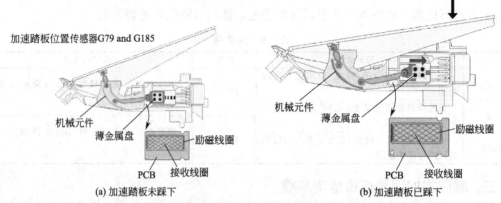

图 3-93　大众-速腾感应式加速踏板位置传感器的运动情况

感应式加速踏板位置传感器被设计成线性结构。在PCB（印刷电路板）上的定子由激励线圈、3个感应接受线圈和其他信号处理电子元件组成，如图3-94所示。

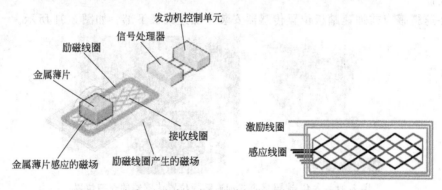

图 3-94　大众-速腾感应式加速踏板位置传感器的线性结构

3. 原理

感应式加速踏板位置传感器与感应式节气门位置传感器工作原理一样，利用定子与转子相对位置发生变化时，转子切割磁感线感生电压信号，定子输出与旋转角度成比例的电压信号。如图3-95所示。

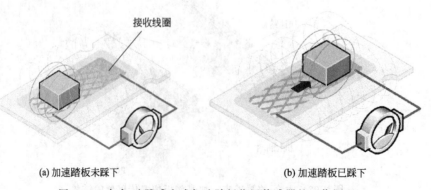

图 3-95　大众-速腾感应式加速踏板位置传感器的工作原理

发动机控制单元提供5V工作电压给加速踏板电子装置，使激励线圈上产生激励磁场，这个交变电磁场作用在移动的金属片上，此时围绕该金属片形成另外一个交变磁场，这个取决于位置的交变场作用在三个接收线圈上，并以感应方式形成相应的交流信号，经过加速踏板电子装置的整流、放大，将其位置信号按比例输出。速腾感应式加速踏板位置传感器使用冗余设计，设置G79和G185两个传感器和输信号，图3-96为传感器的输出信号。

4. 检测

大众-速腾感应式加速踏板位置传感器的电路图如图3-97所示。

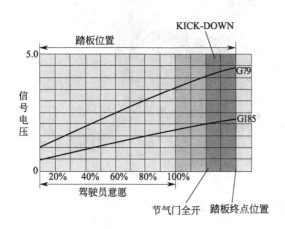

图3-96 感应式加速踏板位置传感器的输出信号

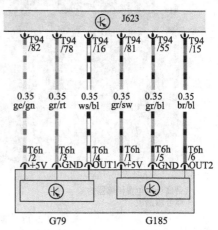

图3-97 大众-速腾感应式加速踏板位置传感器的电路图

（1）故障征兆 一个传感器信号失真或中断，如果另一个传感器处于怠速位置，则发动机进入怠速工况；如果是负荷工况，则发动机转速上升缓慢。若两个传感器同时出现故障，则发动机高怠速（1500r/min）/怠速运转。一个或两个都失效后，系统会有故障记忆，同时仪表上的EPC故障警报灯也会亮起。

（2）供电电压的检查 用万用表直流20V挡检测T6h线束侧的1脚和2脚与电池负极的电压，在点火钥匙开关打开的情况下，应有5V电压。

（3）搭铁的检查 用万用表电阻挡检测T6h线束侧的3脚和5脚与搭铁间的电阻，应在低电阻下导通。

（4）信号电压检查 用万用表直流20V挡检测T6h在连接情况下4脚和6脚与电池负极的电压，在点火钥匙开关打开的情况下，应符合图3-100感应式加速踏板位置传感器的输出信号。

（5）解码仪检查 用VAS5051进入数据块062，在怠速状况下，油门踏板位置传感器G79标准数值是12%～97%，G185的标准数值为4%～49%，并且其比例应随加速踏板踩下的深度而变化。

第七节 离合器和制动器位置传感器

一、离合器踏板位置传感器

为保证安全，在离合器踩下时才可以启动发动机，因此必须知道离合器的状态；为保证换挡平顺，换挡时发动机须短暂地减少燃油喷射量，防止在换挡过程中发动机震动，因此也必须知道离合器的状态；对于定速巡航系统，必须在离合器踩下切断定速巡航，因此识别离合器的接合状态。对于安装手动变速箱的 EPC（电子驻车系统）车型，控制单元要综合离合器踏板位置、所选挡位、道路坡度以及发动机扭矩等因素才能确定制动启动点的位置。所有这些功能，需要离合器位置传感器探测确定离合位置。

1. 离合器位置传感器的位置

离合器位置传感器用卡箍固定在主缸上。该传感器监测离合器踏板的动作。如图 3-98 所示。

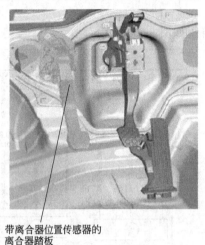
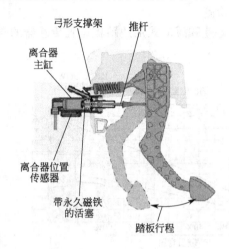

图 3-98　离合器位置传感器的位置

2. 结构与工作原理

离合器位置传感器的结构如图 3-99 所示。主缸通过一个卡扣，安装在轴承支撑架上。在活塞的最前端是一块永久磁铁。集成在离合器位置传感器极板中的是一排三个霍尔传感器。当踩下离合器踏板时，推杆推动主缸的活塞，推杆头和推杆一起沿离合器位置传感器方向被推动。永久磁铁一经过霍尔传感器，电子机构就会向相应的控制单元发送信号。

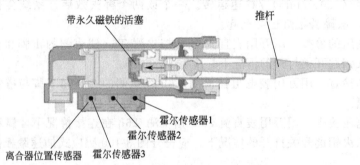

图 3-99　离合器位置传感器的结构

霍尔传感器 1 是一个数字传感器。它将电压信号发送到发动机控制单元，用于功率控制、定速巡航控制和启动控制。

霍尔传感器 2 是一个模拟传感器。它将一个频宽可调脉冲信号（PWM 信号）发送到电子驻车控制单元（J540），用于动态启动辅助功能和坡道起步。作用是检测离合器踏板的精确位置控制单元可在动态起步时计算出驻车制动的最佳解除时间点。

霍尔传感器 3 是一个数字传感器。它将电压信号发送到车载电网控制单元。控制单元监测是否踩下了离合器踏板。仅在踩下离合器踏板后，才可启动发动机（互锁功能）。

离合器位置传感器的信号输出如图 3-100 所示。

3. 检测

第三章 位置和角度传感器

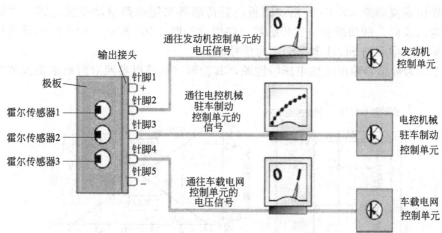

图 3-100 离合器位置传感器的信号输出

迈腾的离合器位置传感器的线路连接如图 3-101 所示。

(1) 电源和搭铁的检查　脱开迈腾的离合器位置传感器插头，测量线束段，在点火开关打开的情况下，针脚 1 和针脚 5 应有 12V 蓄电池电压。

(2) 输出信号的检查　在线束连接完好的情况下，打开点火开关，测量各个信号输出端信号电压的变化。2 针脚和 4 针脚在放开和踩下离合器踏板时，电压值应该在 0~2V 之间转换，4 针脚应随踏板行程的变化而线性变化。

(3) 数据流检测

① 读取发动机数据流的 66 组，正常情况下踩下离合器踏板后 66 组数值应由 0 变为 1。

② 进入电子驻车控制单元 J540、读取数据流 08 组第 1 区离合器轨迹，正常情况下应在 30~256 步之间，未踩下离合器踏板时为 30 步，将离合器踏板踩到底时为 256 步。

以上数据若不正确，应更换离合器位置传感器。

二、制动踏板位置传感器

丰田雷克萨斯 RX 400h 的 ECB 电子制动控制系统中安装有制动踏板位置传感器，安装于制动踏板上部，如图 3-102 所示。制动踏板位置传感器一般使用滑动电阻传感器，滑动触点跟随制动踏板的摆动而旋转，使输出电压发生变化，根据输出电压的大小和变化的速率，可以反映驾驶员所需求的制动强度和制动的速率。

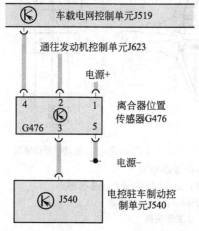

图 3-101　迈腾的离合器位置传感器的线路连接

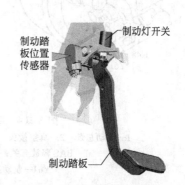

图 3-102　制动踏板位置传感器的位置

新型丰田雷克萨斯 RX 400h 制动踏板位置传感器采用两路滑动变阻电路，主传感器与副传感器输出反向，制动踏板位置传感器电路组成如图 3-103 所示。两个传感器共用一个电源和搭铁回路，中间的 SKS1 和 SKS2 为信号输出。

图 3-103 为传感器输出线性电压特性图，其检测方法可以参照双滑动电阻式节气门位置传感器。

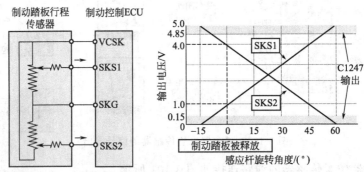

图 3-103　制动踏板位置传感器的电路组成和输出线性电压特性

三、制动行程传感器

制动行程传感器用于 BAS（制动辅助系统），当驾驶员在紧急制动的情况下，BAS 控制模块根据传感器的信号控制制动系统制动压力，增加制动行程，使之在紧急制动时更加安全。

制动踏板位置传感器和制动行程传感器主要有两点不同：一是安装位置的不同，制动踏板位置传感器安装于制动踏板处，制动行程传感器安装于制动总泵处的真空助力器内，用于感测膜片的运动；二是感测的运动部位不同，制动踏板位置传感器感测制动踏板的位置和运动，而制动行程传感器感测的是制动总泵的动作。

BAS 制动行程传感器 b1 是感测膜片的运动，因此也称为膜片行程传感器，它使用滑动电阻式传感器，需要输入 5V 参考工作电压，滑动触点根据制动助力器膜片的移动而滑动，因此滑动电阻的输出信号就反映了制动总泵动作的幅度和速度。BAS 系统的制动行程传感器的位置和电路如图 3-104 所示。

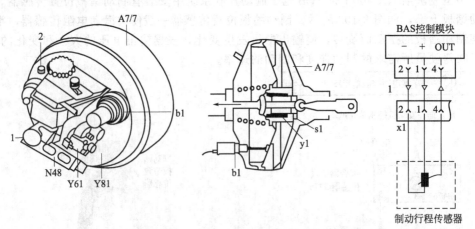

图 3-104　制动行程传感器的位置和电路
1—制动总泵；2—真空接头；A7/7—BAS 制动鼓；b1—BAS 制动行程传感器；
s1—BAS 释放开关；y1—BAS 电磁阀；N48—BAS 控制模块；
Y61—制动主缸转换阀；Y81—总泵开关阀

其检测方法可以参照 EGR 位置传感器。

第八节 车高传感器与水平传感器

一、概述

1. 主动悬架系统

主动悬架系统能够根据车身高度、车速、转向盘转角及转动速率、制动等信号，由 ECU 控制悬架的执行机构，控制悬架的刚度、减振器的阻尼力及车身高度等，使汽车具有良好的乘坐舒适性和操纵稳定性。

车高传感器用来传感悬架摆臂元件与车身间在垂直方向上的关系，其信号可使悬架电控单元 ECU 根据汽车载荷的大小，通过有关执行元件随时调节车身高度，维持车身高度基本不随载荷变化而变化；在汽车起步、转向、制动及前、后、左、右车轮载荷发生变化时，随时调整有关车轮悬架的刚度，提高汽车抗俯仰、抗侧倾能力，保证其良好的操纵稳定性；在汽车各轮载荷不同时，分别调节各轮悬架的高度，维持车身姿势基本不变。

为了检测汽车高度因道路不平而引起的悬架位移量，按照车辆所用高度传感器的多少，可分为三传感器式和四传感器式；三传感器式安装使用三个车高传感器，左、右前轮各安装一个，后桥中部安装一个。四传感器在每个悬架上都装有一个车高传感器，用来连续监测车身与悬架下摆臂之间的距离。

车高传感器一般安装在左右前轮胎的挡泥板上或后桥的中部，一般是将车身高度的变化（悬架的位移变形量）转变成传感器轴的转角的变化并检测出此轴的旋转角度，类似于节气门传感器结构，把它转变成电信号输入 ECU。固定部件固定在车架（非承载车身）或车身（承载式车身）上，活动部件与悬架下摆臂或车桥相连。

2. 大灯自动调平装置

车身因为前后负载的不同和加速、减速等情况下，会改变车辆纵倾的角度，安装在车身上的车灯射出光线的角度也会发生改变，对夜间行车安全产生不利的影响。前照灯角度和照明范围随车辆纵向倾角（俯角或仰角）的变化如图 3-105 所示。

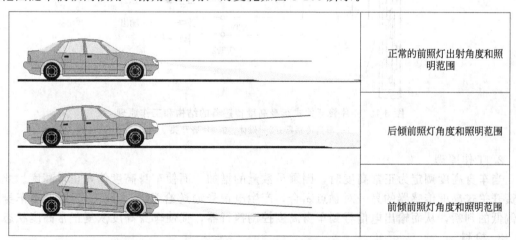

图 3-105　前照灯角度和照明范围随车辆纵向倾角的变化

车灯自动调平装置采用安装在悬架和车身上的一个或两个同一侧的车身高度传感器，获取前轴和后轴的高度变化量，并依据轴距计算车身纵倾角度，车身纵倾角度的变化量，就是前灯光轴角度的变化量，通过调光电机的运作，反向调整此角度变化，就可以使光轴回复到原先的状态，保持水平。因此，车灯自动调平装置上的车身高度传感器在有的维修手册中也被称为水平传感器。安装位置和工作原理如图 3-106 所示。

图 3-106　车灯自动调平装置上的车身高度传感器

车身高度传感器一般有如下几种：片簧开关式车身高度传感器、滑动电阻式车身高度传感器、霍尔集成电路式车身高度传感器、线性霍尔车身高度传感器、光电式车身高度传感器、感应式车身高度传感器。片簧开关式车身高度传感器、霍尔集成电路式车身高度传感器属于直接测量型，滑动电阻式车身高度传感器、线性霍尔车身高度传感器、光电式车身高度传感器、感应式车身高度传感器属于旋转转换测量型。

二、片簧开关（舌簧开关）式车身高度传感器

1. 片簧开关式车身高度传感器的结构

片簧开关式车身高度传感器的结构如图 3-107 所示。片簧开关式车身高度传感器有四组触点式开关，它们分别与两个晶体管相连，构成四个检测回路。用两个端子作为输出信号与悬架 ECU 连接，两个晶体管均接受 ECU "输出"端子的控制。该传感器将车身高度组合成四个检测区域，分别是低、正常、高、超高。

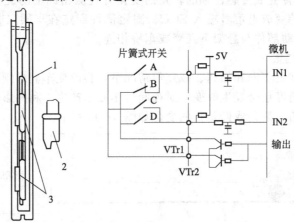

图 3-107　片簧开关式车身高度传感器的结构和工作原理
1—车高传感器；2—磁体；3—片簧开关

2. 工作原理

当车身高度调定为正常高度时，因乘员数量的增加，而使车身高度偏离正常高度。此时片簧开关式高度传感器的另一对触点闭合，产生电信号输送给 ECU，ECU 随即做出车身高度偏低的判断，从而输出电信号到车身高度控制执行器，促使车身高度恢复正常高度状态。

3. 检测

片簧开关式车身高度传感器在福特车型上应用较多。检测时，可以根据片簧开关的开关特性，在不同的位置，使用万用表，检验四组片簧开关的导通和断开。

三、霍尔集成电路式车身高度传感器

1. 构造

霍尔集成电路式车身高度传感器分别由两个霍尔集成电路、磁体等组成。霍尔集成电路

式车身高度传感器的结构和工作原理如图 3-108 所示。

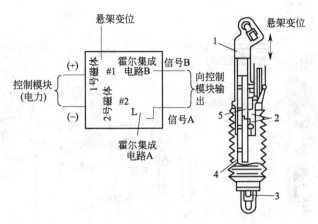

图 3-108　霍尔集成电路式车身高度传感器的结构和工作原理
1—传感器体；2—霍尔集成电路；3—弹簧夹；4—滑轴；5—窗孔

2. 基本工作原理

当两个磁体因车身高度的改变而产生相对位移时，将在两个霍尔集成电路上产生不同的霍尔电效应，形成相应的电信号。两个霍尔信号的不同组合，形成三种方式，分别代表车身高度的三个区域。悬架的电控装置根据这些电信号做出车身高度偏离调定高度的情况判别，从而驱动执行器做出有关调整。

四、滑动电阻式车身高度（车高)传感器

1. 构造与原理

凌志 LS400-UCF10 采用的是滑动电阻式车高传感器，其安装位置如图 3-109 所示。

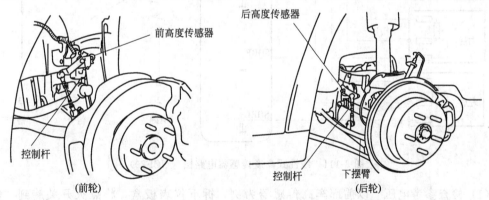

图 3-109　凌志 LS400-UCF10 滑动电阻式车高传感器安装位置

线性式高度传感器利用因悬架位移量的变化而造成电阻器阻值的变化，得到线性式的输出，这种传感器检测精度较高。各传感器内部有一只与传感器转子轴连接在一起的电刷，该电刷在电阻器上滑动，产生线性输出。电刷和电阻器端子之间的电阻值与转子轴的转动角呈正比例变化。也即与车身高度的变化成正比。因此，当悬架 ECU 把一个恒定电压加到整个电阻器时，电刷电位产生变化取决于转板的转动角度。这一电压信号送到悬架 ECU，悬架 ECU 即可从电压的变化中检测出车身高度的变化，如图 3-110 所示。

2. 检测

线性式高度传感器电路图（UCF20）如图 3-111 所示。

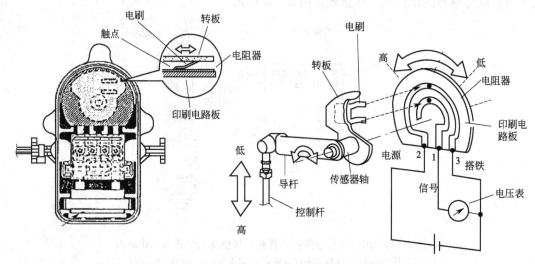

图 3-110 凌志 LS400-UCF210 滑动电阻式车高传感器结构和工作原理

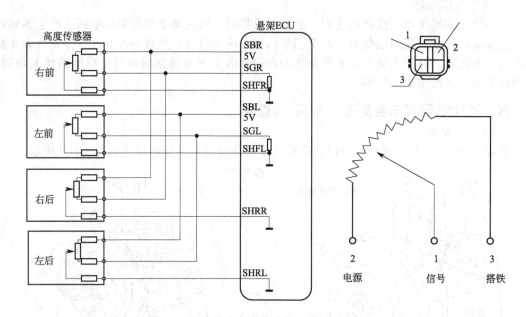

图 3-111 线性式高度传感器电路图（UCF20）

(1) 检查参考电压　以前部车高传感器为例，拆下仪表板盒，将点火开关旋到"ON"位，将电压表正极、负极分别接到传感器的 2 和 3 之间，电压表的读数应约为 5V。若读数不符合要求，应检查悬架的 ECU 和线路。

(2) 模拟检查传感器　以前部车高传感器为例，拆卸前轮，拆出前翼子板衬里，脱开高度传感器连接器，拆下高度传感器。将 3 只 1.5V 的干电池串联起来，将端子 2 与干电池正极连接、端子 3 与干电池负极连接，在端子 2 与 3 之间施加约 4.5V 的电压，使控制杆缓慢地上、下移动，检查端子 1、3 之间的电压。正常位置时，电压为 2.3V，低位置时为 0.5～2.3V，高位置时为 2.3～4.1V。后前部车高传感器与前部车高传感器检查方法相同。图 3-112(a) 为滑动电阻式车身高度传感器的检测示意图。

(3) 示波器检测　使用示波器检查信号端输出电压，应与图 3-112 所示波形一致。

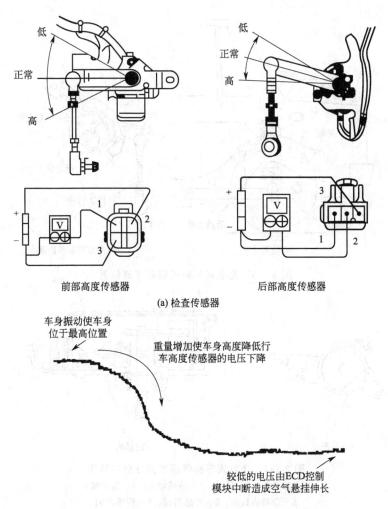

图 3-112 检测

五、光电式车高传感器

光电式车高传感器用来把车身高度的变化（悬架的位移变形量）转变成传感器轴的转角，并检测出旋转角度。

1. 安装位置

在实际应用中，光电式车高传感器固定在车架上，传感器轴的外端装有摆杆，摆杆的另一端通过连杆与独立悬架的下摆臂连接。当车身高度发生变化时，独立悬架的下摆臂通过连杆带动摆杆摆动，从而使转轴转动。如图 3-113 所示。

2. 构造

光电式车高传感器的外形如图 3-114(a) 所示。主要由传感器轴、光电元件及遮光板组成。其中传感器轴通过连杆与拉紧螺栓的一端锻连（拉紧螺栓的另一端与后悬架臂相连），结构如图 3-114(b) 所示。

3. 工作原理

在光电式车高传感器的内部，有一个靠连杆带动的传感器轴，在传感器轴上固定一开有许多窄槽的圆盘，称为遮光器。传感器的光电元件由发光二极管和光敏三极管组成，且二者分别分布在遮光器的两侧，当车身高度发生变化时，悬架变形量即发生变化，圆盘在传感器

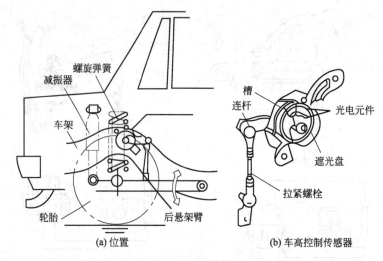

图 3-113 光电式车高传感器安装位置

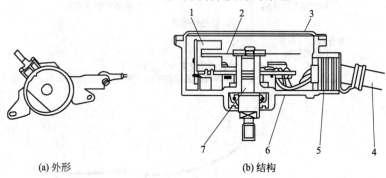

图 3-114 光电式车高传感器的外形与结构
1—遮光器；2—回盘；3—传感器盖；4—信号线；
5—金属油封环；6—传感器壳；7—传感器轴

轴带动下转动，圆盘的转动使发光二极管和光敏三极管之间时而透光，时而被遮光板挡住，从而使光敏三极管导通与截止，进而使电路接通（ON）或断开（OFF），最终传感器将这种电路的通断信号通过信号线输入给悬架 ECU，悬架 ECU 装置根据输入的信号检测出遮光板的转动角度就可以检测出圆盘的转动角度，从而使悬架 ECU 检测出车身高度的变化。

图 3-115 为光电式车高传感器的工作原理，图 3-116 为车高传感器的电路图。

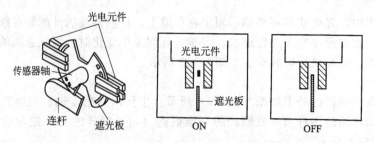

图 3-115 光电式车高传感器的工作原理

ECU 利用 4 组光电耦合元件进行 ON、OFF 的组合，就可以把车身高度的变化范围分为 0～15 共 16 个区域进行检测，如图 3-117 和表 3-10 所示。ECU 根据一定的时间间隔检测一次车高传感器输出的信号，并对一定时间内各区域所占的百分比做出判断，以此决定是否对车高

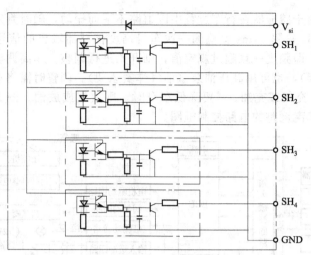

图 3-116 光电式车高传感器的电路图

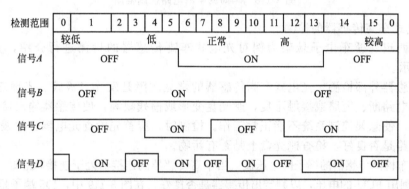

图 3-117 传感器输出波形

进行调整。当百分比一旦超过规定值，即开始进行调整。对于空气悬架系统，控制空气压缩机和排气阀的开启，以增加或减少空气悬架主气室中的空气量，保持车身高度为一定值。

表 3-10 传感器不同组合时的车身高度区域范围

车高	光耦合组件的状态				车高数值（无单位）	计算结果
	1	2	3	4		
高↑↓低	OFF	OFF	ON	OFF	15	过高
	OFF	OFF	ON	ON	14	
	ON	OFF	ON	ON	13	
	ON	OFF	ON	OFF	12	高
	ON	OFF	OFF	OFF	11	
	ON	OFF	OFF	ON	10	
	ON	ON	OFF	ON	9	普通
	ON	ON	OFF	OFF	8	
	ON	ON	ON	OFF	7	
	ON	ON	ON	ON	6	
	OFF	ON	ON	ON	5	
	OFF	ON	ON	OFF	4	低
	OFF	ON	OFF	OFF	3	
	OFF	ON	OFF	ON	2	
	OFF	OFF	OFF	ON	1	过低
	OFF	OFF	OFF	OFF	0	

汽车行驶中，由于减振器在行车过程中因道路不平而振动，随时判定车高所属的区间较困难，所以悬架 ECU 每隔 10ms 就检测一次车身高度传感器输出的信号，据此来决定是否需要进行车高调整，即频度一旦超过规定值，则开始进行调整。车高调整的实施，可用高压空气（空气弹簧悬架），也可用高压油泵（油气弹簧悬架）。调整时需将车身提高时，可向弹性元件（或减振器）充气或充油；需要降低车身时，则放气或放油。图 3-118 为通过减振器充气或放气来进行车高调整的电路控制框图。

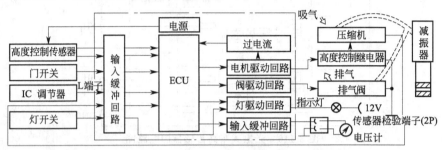

图 3-118　车高调整的电路控制框图

4. 光电式车高传感器的检测

以三菱西玛牌轿车电子悬架为例对光电式车高传感器的检测进行介绍，其电路图如图 3-119 所示。

（1）传感器外部检测　光电式车高传感器的常见故障是发光二极管、光敏三极管脏污、损坏；内部电路断、短路或接触不良，遮光盘变形或槽残缺等，使传感器输出信号减弱以致无信号输出，使悬架控制系统不能正常工作。检测时，应首先检查光电耦合件表面是否有污物，连接线路是否良好，检查遮光盘上是否有污物。

（2）就车检测传感器的端子间电压值　当车高传感器的连接器处于连接状态时，在 ECU 的连接器部位测出 ECU 的电压，以判定出传感器是否良好。在图 3-119 中，105 端子是传感器的电源端子，当 ECU 工作时，该端子若能显示 4.8V 则为良好。154～157 端子是车高信号端子，当传感器内的光电元件接通（ON）时，该信号电压应为 0V；当光电元件处于断开（OFF）时，该信号电压若能显示 4.8V，则传感器为良好。116 端子是处于接地状态，平时应为 0V。

（3）单体检测传感器端子电压值　对车高传感器的单体检测就是把车高传感器单体与车辆侧电线束连接起来，点火开关处于接通（ON）时，对信号端电压的检测。

① 固定位置检测。前车传感器连杆的位置如图 3-120 所示。旋转传感器的环形板，在不同位置测量各端子间的电压，其电压值应符合表 3-11 中所列出的规定值。

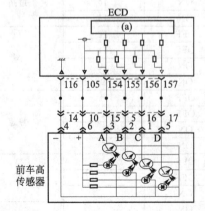

图 3-119　三菱光电式前车高传感器的电路图

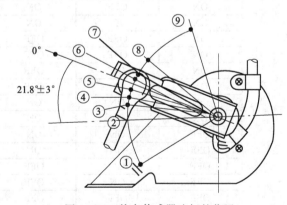

图 3-120　前车传感器连杆的位置

表 3-11 传感器端子电压值　　　　　　　　　　V

车高标准	传感器位置	端子			
		3	2	1	5
最高	①	0～0.5	4.5～5.0	0～0.5	4.5～5.0
较高	②	0～0.5	4.5～5.0	0～0.5	4.5～5.0
高	③	0～0.5	4.5～5.0	0～0.5	4.5～5.0
比正常高	④	0～0.5	4.5～5.0	4.5～5.0	0～0.5
正常车高	⑤	0～0.5	0～0.5	4.5～5.0	0～0.5
比正常低	⑥	0～0.5	0～0.5	4.5～5.0	0～0.5
低	⑦	4.5～5.0	0～0.5	4.5～5.0	0～0.5
较低	⑧	4.5～5.0	4.5～5.0	4.5～5.0	0～0.5
最低	⑨	4.5～5.0	4.5～5.0	4.5～5.0	4.5～5.0

② 连续检测。打开点火开关，慢慢转动传感器轴，用万用表测量插头上信号插孔输出的电压。如果电压在 0～1V 之间变化，说明传感器工作性能良好，否则，应更换车高传感器。

(4) 解码仪检测　车高控制传感器利用遮光器通/断信号的输出组合，用 16 个选择脉冲检测汽车高度，并将它转换成串行数据送至悬架 ECU。一旦悬架 ECU 的存储器中存入故障代码 11、12、13、14 后，即终止车高控制和悬架刚度与阻尼的控制。代码 11 表示右前车高传感器电路；代码 12 表示左前车高传感器电路；代码 13 表示右后车高传感器电路；代码 14 表示左后车高传感器电路。

(5) 车身高度传感器初始高度的设定值的调整　拆下拉紧螺栓，拧松拉紧螺栓的锁紧螺母，旋转拉紧螺栓的螺旋接头，可以改变拉紧螺栓的长度，从而可以调整车身高度的设定值。车身高度传感器的安装位置及工作状态如图 3-121 所示。

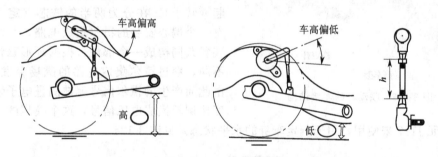

图 3-121　车身高度传感器的安装位置及工作状态

六、霍尔线性车高传感器（水平传感器）

宝来的大灯水平自动调节装置也称为照程自动调节装置，使用霍尔线性车高位置传感器来确保前照灯照射位置和水平，因此在此系统中车身高度传感器又被称为水平传感器，传感器位置和系统组成如图 3-122 所示。

奥迪 A6 安装有空气悬架，可实现车身水平调节，不论载荷多大，均可以保证回弹和压缩的整个行程不变；不论载荷多大，均可保证相应的离地间隙。因此奥迪 A6 的车身高度传感器也被称为水平传感器。奥迪 A6 的水平传感器 G84，也采用霍尔线性水平传感器，用于车身的水平状态的检测。

下面以奥迪 A6 的水平传感器 G84 为例进行讲解。

1. 位置

奥迪 A6 水平传感器 G84，通过一根连接于前后轮间的稳定杆来判定后桥相对于车身的弹簧压缩量。稳定杆的连接结构见图 3-123。由于稳定杆只连接前后轮，因此传感器只能反

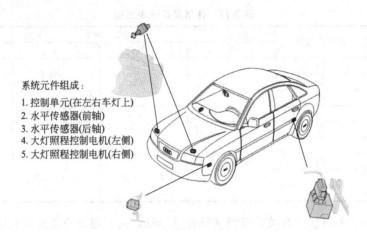

图 3-122 宝来照程自动调节装置的组成

系统元件组成:
1. 控制单元(在左右车灯上)
2. 水平传感器(前轴)
3. 水平传感器(后轴)
4. 大灯照程控制电机(左侧)
5. 大灯照程控制电机(右侧)

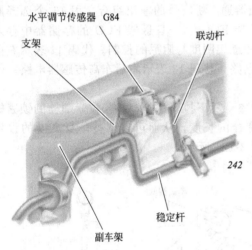

图 3-123 联动杆的连接结构

映车身前后高度的变化。这种连接结构可以实现车身前后的水平调节,但无法调节车身左、右的水平差。

2. 原理

水平传感器 G84 是一种非接触式的转角传感器,所使用的转角传感器也是根据霍尔原理来工作的。

有一块环形磁铁与传感器曲拐轴连接在一起(转子)。在分为两半的铁芯(定子)之间有一个偏心安装的霍尔集成电路,与测量电子装置共同构成一个部件。根据环形磁铁的位置不同,穿过霍尔集成电路的磁场会发生变化。由此而产生的霍尔信号就被测量电子装置按角度比例转换成电压信号,这个模拟的电压信号由控制单元 J197 来使用,用于判定车身的水平状态。见图 3-124。

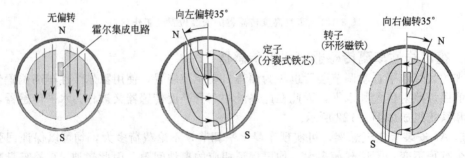

图 3-124 霍尔线性传感器工作原理

3. 检测

奥迪 A6 的水平传感器 G84 线路连接如图 3-125 所示。水平传感器 G84 上的针脚布置:1 脚为接地,4 脚为模拟信号输出,5 脚为 5V 电压供给,其他 2、3、6 脚未为使用。

(1) 检测供电电压 断开水平传感器 G84 接头,打开钥匙开关,用万用表直流电压挡测量线束端 5 针脚和 1 针脚的电压,应为 5V。

(2)检测输出信号 水平传感器 G84 接头连接的情况下,打开钥匙开关,采用引出线法用万用表直流电压挡测量 4 针脚和 1 针脚的电压,在车身正常高度时,输出电压应为 2.5V,压下或抬起车身时,电压应下降或上高。

其输出电压特性如图 3-126 所示。

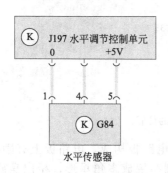

图 3-125 水平传感器 G84 线路连接　　图 3-126 水平传感器 G84 的输出电压特性

七、感应式车身高度传感器

奥迪全驱车上安装有感应式车身高度传感器,可用于空气悬架高度调节,也可用于大灯照程调节,如图 3-127 所示。

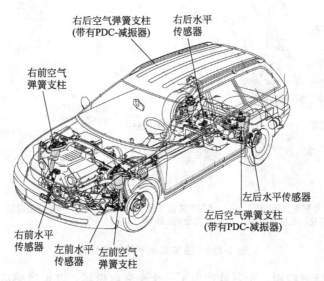

图 3-127 奥迪全驱车调节系统

奥迪全驱车采用四个水平传感器 G76、G77、G78、G289,左前 G78、左后 G76、右前 G289 和右后 G77。左侧的水平传感器(左前 G78 和左后 G76)既用于大灯照程调节,也用于空气悬架的车身水平调节,右侧的水平传感器(右前 G289 和右后 G77)只用于空气悬架的车身水平调节。

1. 感应式水平传感器的位置

感应式水平传感器的位置如图 3-128 所示。

2. 结构与原理

水平传感器采用所谓的非接触式的转角传感器,这些水平传感器。借助一个连杆机构可将车身水平变化转换成角度变化。

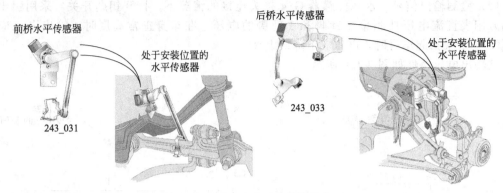

图 3-128 感应式水平传感器的位置

转角传感器主要是由定子和转子组成。定子由多层电路板构成，电路板上有励磁线圈、三个接收线圈以及控制/分析电子装置。这三个接收线圈布置成多角星形，相位是彼此错开的。励磁线圈装在电路板的背面。转子由一个封闭的线匝构成，线匝上连着传感器臂（匝与传感器臂一同转动）。线匝的形状与接收线圈的形状是一样的。如图 3-129 所示。

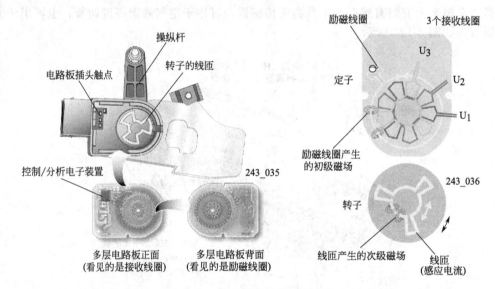

图 3-129 感应式水平传感器结构

交变电流流过励磁线圈，于是就产生了一个交变电磁场，其电磁感应会穿过转子。转子中感应出的电流又会在线匝（转子）周围感应出一个次级交变磁场。这两个交变磁场（分别由励磁线圈和转子产生的）共同作用在接收线圈上，在接收线圈内感应出交流电压。

转子中的感应与角度位置无关，但接收线圈的感应取决于它与转子之间的距离和其角度位置。由于角度位置不同，转子与接收线圈的重合度就不同，因而对应于角度位置的感应电压幅值也就不同。电子分析装置会对接收线圈的交变电压进行整流并放大，并使得三个接收线圈的输出电压成比例（相对比例测量）。在分析完电压后，分析结果转化成水平传感器的输出信号，送至控制单元做进一步处理。

电压幅值取决于传子相对于接收线圈的位置。以一个转子位置为例，电压幅值如图 3-130 所示。

四个传感器的连接电路如图 3-131 所示。

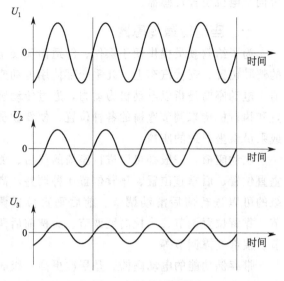

图 3-130 电压幅值　　　　　　　图 3-131 四个传感器的连接电路

　　左侧的水平传感器（左前 G78 和左后 G76）是由大灯照程调节控制单元 J431 来供电的，它可产生两个不同的且与转角成比例的输出信号：其中一个输出信号提供一个与角度成比例的电压，用于大灯照程调节；另一个输出信号提供一个与角度成比例的 PWM 脉宽调制信号，用于四级空气悬架车身控制。

　　右侧的水平传感器（右前 G289 和右后 G77）是由四级空气悬架控制单元 J197 来供电的，只产生 PWM 脉宽调制信号。这四个传感器产生的 PWM 脉宽调制信号用于空气悬架的车身水平调节。这样可保证：在 J197 水平高度调节单元出现故障时，大灯照程调节功能仍能正常工作。

　　这四个水平传感器结构是相同的，只是支架和连杆根据左右和车桥的不同而有所不同。左、右传感器臂的偏转方向是相反的，所以输出的信号也是相反的。例如：车身一侧的传感器输出信号在空气悬架压缩时如果是增大的话，那么在车身另一侧该输出信号则是减小的。

　　水平传感器上的针脚布置见表 3-12。

表 3-12　针脚布置

针脚	布　　置
1	接地（左侧来自 J431，右侧来自 J197）
2	未使用
3	未使用
4	模拟信号输出，电压信号（只用于左侧大灯照程调节）
5	5V 供电（左侧来自 J431，右侧来自 J197）
6	数字信号输出，PWM 信号（右和左用于 J197）

第九节　舒适系统用位置传感器

　　舒适系统用位置传感器是指为了方便驾驶员或乘员进行舒适性操作而使用的传感器。在智能座椅、智能安全带、智能后视镜等系统中，一般带有自动记忆、自动设定等功能，因此都要安装用于定位的位置传感器，这些位置传感器包括座椅位置传感器、安全带系紧位置传感器、后视镜位置传感器等。智能安全气囊、自动空调用位置传感器有乘员位置传感器、翻板伺服电机位置传感器。

一、座椅位置传感器

为了给驾驶员提供便于操作、舒适而又安全的驾驶位置，现代汽车上，几乎全部使用电动座椅。电动座椅是指以电动机为动力，通过传动装置和执行机构来调节座椅的各种位置，使驾驶员或乘员乘坐舒适的座椅。

电动座椅，一般都可以进行座椅的前后、前垂直位置、后垂直位置、靠背位置4种调整，高级的可以进行前后滑动调节、前后垂直位置调节、靠背位置调节、头枕高度调节、头枕前后调节、腰部支撑调节等。

带存储功能的电动座椅，是层次更高一级的电动座椅，它采用微机控制，能将选定2或3种不同的理想座椅调节位置进行存储，使用时只需按指定按键开关，即能自动地调节到预先选定的位置。其结构如图3-132所示。

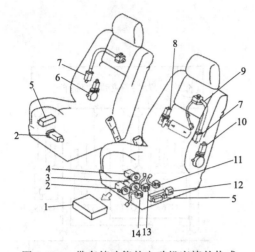

图 3-132　带存储功能的电动机座椅的构成
1—电动座椅 ECU；2—滑动电机；3—前垂直电机；
4—后垂直电机；5—电动座椅开关；6—倾斜电机；
7—头枕电机；8—腰垫电机；9—位置传感器（头枕）；
10—倾斜电机和位置传感器；11—位置传感器
（后垂直）；12—腰垫开关；13—位置传感器
（前垂直）；14—位置传感器（滑动）

为了能够获得存储功能，必须有感测座椅位置的传感器来确定座椅的位置，即座椅位置传感器。

1. 滑动电阻式座椅位置传感器

（1）结构与原理　座椅的前后位置、前垂直位置、后垂直位置、靠背位置4种调整的存储装置，通过四个电位计来控制座椅的调定位置，驾驶员一按开关即可获得。

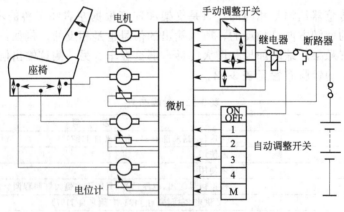

图 3-133　座椅位置传感器的线路连接

座椅位置传感器主要由壳体、螺杆、滑块、电阻组成。它的作用是将座椅的位置转变成电压信号输送给电子模块存储起来。其基本原理是：当调节座椅时，电动机将动力传给螺杆使螺杆转动，螺杆又带动滑块在电阻丝上滑移，于是改变了电阻值。根据欧姆定律，电阻值的变化引起电压的变化，当座椅的位置调定后将电压输送给电子模块，驾驶员只要按下存储按钮，就能将选定的调节位置进行存储作为重新调节的基准。使用时只要按指定的按键，座椅就会调节到预先选定的座椅位置上。座椅位置传感器的线路连接如图3-133所示。座椅位置传感器的结构如图3-134所示。

(2) 检测　由于座椅位置传感器使用滑动滑动变阻式，因此可以用检测一般滑动电阻的方法来进行检查。首先检查供给参考电压和搭铁线路是否正常，然后检测滑动变阻的总阻值，以及在滑动的过程中电阻是否有短路、短路现象，在此不再详细叙述。

2. 霍尔式座椅位置传感器

(1) 原理　电动座椅的电子控制系统电路如图 3-135 所示，主要由电动座椅开关（头枕、靠背、腰部、滑动、前垂直、后垂直）、转向柱倾斜与伸缩 ECU、位置传感器（头枕、靠背、滑动、前垂直、后垂直）、电动座椅 ECU 及电动机等组成。在驾驶员将座椅调整到驾驶员所期望的适当位置后，由头枕位置传感器、靠背位置传感器、腰部位置传感器、滑动位置传感器、前垂直位置传感器、后垂直位置传感器、靠背位置传感器感测头枕、靠背、腰部、滑动、前垂直、后垂直位置，然后送进电动座椅 ECU 进行储存。

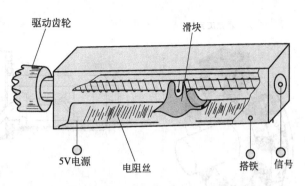

图 3-134　座椅位置传感器的结构

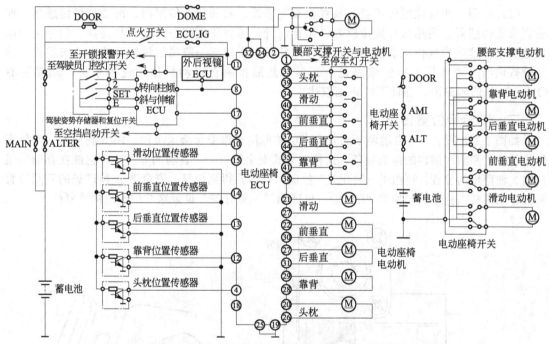

图 3-135　使用霍尔式座椅位置传感器的电动座椅电子控制系统电路

使用霍尔式的座椅位置传感器，通过霍尔元件将座椅位置的变化（即永久磁铁的变化位置）引起的磁通密度变化检测出来，产生霍尔电压，以脉冲信号的形式输入控制电脑。

靠背位置传感器安装在靠背电动机的驱动齿轮的外壳上，主要由永久磁铁和霍尔集成电路（Hall IC）组成。如图 3-136 所示。永久磁铁安装在由电动机驱动的轴上，永久磁铁和蜗轮一起旋转，由于转轴上磁铁的转动引起通过霍尔元件中磁通量的变化，并根据霍尔效应从霍尔元件产生霍尔电压，霍尔集成电路将检测由永久磁铁旋转所引起的磁通变化，并将其转换成脉冲电信号（20 个/周），然后再送给电动座椅 ECU，电脑通过此信号来控制各电动机，对座椅的位置进行调节。

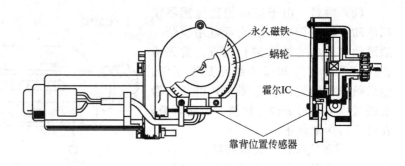

图 3-136 靠背位置传感器的结构

滑动、垂直、头枕位置传感器如图 3-137 所示,这些位置传感器均被安装在每个调节装置的壳体内。它们都有一个永久磁铁,并直接与电动机相连接。这些传感器的功用及原理与靠背位置传感器相同,所不同的是永久磁铁每转一周只产生 1 个脉冲信号,而不是 20 个。

(2) 检测 头枕位置传感器、靠背位置传感器、腰部位置传感器、滑动位置传感器、前垂直位置传感器、后垂直位置传感器、靠背位置传感器使用同一个电源和搭铁,信号由中间位置输出。这些位置传感器使用霍尔式,因此可以用检测一般霍尔传感器的方法来进行。首先检查供给参考电压和搭铁线路是否正常,然后检测在电动机移动过程中信号端是否有 ON、OFF 信号输出,在此不再详细叙述。

二、安全带位置传感器

如图 3-138 所示,可自动调节的安全带已被海湾合作委员会成员国、澳大利亚及一般国家作为驾驶员和前座乘客的标准装备。这种助力式安全带有一个自动调节系统,它能在存储器里存储 2 种理想的位置,可由"一触开关"控制,并容易得到恢复。安全带 2 种理想的系紧位置能被存储到转向柱倾斜与伸缩 ECU 中,也能由"一触开关"设置这 2 种理想的系紧位置。

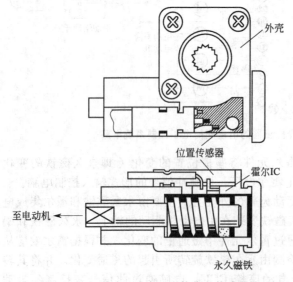

图 3-137 滑动、垂直、头枕位置传感器

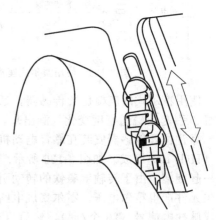

图 3-138 可自动调节的座椅安全带

如图 3-139 所示，该安全带自动调节系统主要有调节装置总成、位置传感器、调节开关、存储和复位开关、转向柱倾斜与伸缩 ECU 等。

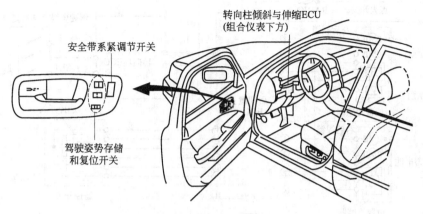

图 3-139　安全带自动调节系统

调节装置总成用于使电动机旋转，将动力经钢索传送至螺杆，并使螺母作上、下移动（系紧），座椅安全带位置传感器根据螺母的位置改变电阻值的大小，将安全带系紧位置以电信号的形式发送至转向柱倾斜与伸缩 ECU；安全带系紧调节开关将安全带调节到理想的系紧位置而不考虑点火开关的 ON 与 OFF，驾驶姿势存储和复位开关用于命令 ECU 存储或将安全带置于系紧位置（只限驾驶员安全带）；转向柱倾斜与伸缩 ECU 的作用是存储安全带系紧的位置并根据所存储的安全带系紧位置信号来调节系紧装置。

驾驶员安全带系紧控制系统基本电路如图 3-140 所示。

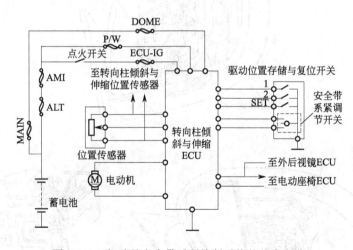

图 3-140　驾驶员安全带系紧控制系统的基本电路

由于座椅安全带位置传感器使用的是根据位置而改变的滑动电阻式，因此可以参照滑动电阻式传感器的检测方法来进行检测。

三、电动后视镜用位置传感器

带有存储功能的汽车电动后视镜，该系统能在每个后视镜的存储器里存储 2 个理想的位置供驾驶员选择，并可通过"一触开关"简单地操作就能复位。后视镜电子控制系统电路如图 3-141 所示，主要由左、右后视镜电动机、位置传感器（H—水平，V—垂直）、后视镜

ECU、遥控开关等组成。

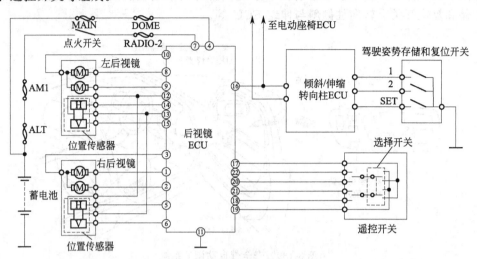

图 3-141 后视镜电子控制系统电路

带有记忆功能的电动后视镜，每个后视镜里装有 2 个位置传感器——水平位置传感器和垂直位置传感器，其主要功用是检测后视镜所处的位置。其结构如图 3-142 所示，包括霍尔

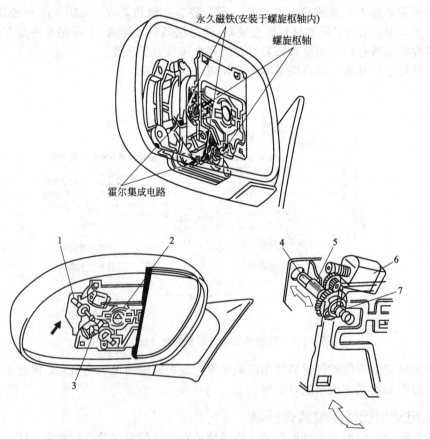

图 3-142 存储式后视镜用传感器的结构

1—左右方向位置传感器；2—后视镜支架；3—上下方向位置传感器；
4—永久磁铁；5—霍尔元件；6—电动机（左右调整用）；7—驱动轴螺钉

集成电路和安装于螺旋枢轴内的永久磁铁两大部分。工作时，由后视镜 ECU 给霍尔集成电路提供 5V 电源电压，当后视镜的转动引起螺旋枢轴前、后移动时，螺旋枢轴的相对位置就发生改变。安装在螺旋枢轴上永久磁铁磁场的磁场相应变化，引起位置传感器的输出信号改变。根据后视镜的位置，ECU 能检测出位置传感器的输出电压，并将此信号作为基准电压储存到存储器里。电动后视镜复位时，ECU 将所收到的位置传感器的输出电压与 ECU 所设定的基准电压进行比较，直至后视镜的位置与所存储的位置相适合，后视镜的调节系统才结束调节。位置传感器的输出电压与后视镜的调节范围如图 3-143 所示。

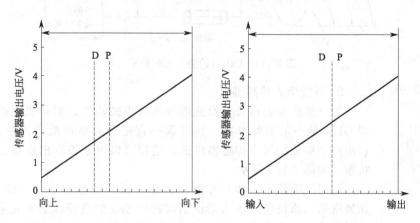

图 3-143　电动后视镜用位置传感器的输出电压与后视镜的调节范围
D—驾驶员侧外后视镜的空挡位置；P—乘客侧外后视镜的空挡位置

四、乘员位置传感器

智能安全气囊系统区别于以前一般的安全气囊系统重要的一点，就在于智能安全气囊系统采用了乘客位置感知系统。对于乘客位置感知系统，不同的厂家叫法不同，例如丰田的 OPDS（乘员位置侦测系统）、德尔福的 POD 系统、凯迪拉克的 PPS 系统等，但它们的功用基本相同，即探测前排座椅是否坐有乘客，以及乘客的坐姿、体形和体重等状况，从而对气囊爆出的时间和阶段作出必要的调整。

1. OPDS 传感器系统

OPDS 系统由 OPDS 传感器和 OPDS 装置组成，其结构见图 3-144。在乘客座椅内暗藏了 7 个传感器，即 6 个高度传感器和 1 个位置传感器，这些传感器和 OPDS 装置一起隐藏在前排乘员座椅内部。OPDS 传感器中有座椅靠背内的 6 个传感器负责观察乘员的坐姿高度，来判断坐着的是儿童还是大人，靠背侧边的一个传感器则专门检查儿童是不是侧着头打瞌睡，判断儿童的头部是不是处于侧气囊展开的范围内。

OPDS 传感器的感测原理是检测放射电波因电介质的存在而发生输出电流增加或减少。在 OPDS 装置内有高频振荡回路，发射频率为 120kHz，并设有输出监视回路。高度传感器（天线）则位于前排乘员座椅的靠背中央，座椅和乘员都可以看成是特定的电介质，具有一定的导电体量。

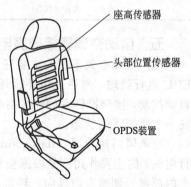

图 3-144　OPDS 系统的构成

由于儿童的导电体量比大人少，所以乘坐儿童时，传感器的输出电流也会减少。另外，当乘员远离传感器时，虽然乘员本身没有变化，但是乘员的实际导电体量变少，因而传感器的输出电流也会减少。这样，OPDS 传感器就把乘员的导电体量转化成电信号。OPDS 装置根据输出电流的变化，判断出乘客的大小和位置的身高、坐姿和头部位置，从而知道乘员是大人还是儿童或幼儿，知道其头部是否处于侧气囊的引爆范围。OPDS 的感知原理简图如图 3-145 所示。

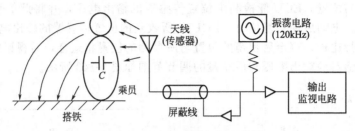

图 3-145　OPDS 的感知原理简图

2. 座椅坐人传感器

部分速腾车副司机处设置座椅坐人识别功能，副司机座椅坐人传感器 G128 是一张塑料薄膜，该薄膜一直延伸到副司机座椅的后部区域，它由多个单独的压力传感器组成，这样可以保证识别出座椅表面各处的状态，如图 3-146 所示。

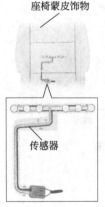

图 3-146　座椅坐人传感器位置

副司机座椅坐人传感器对压力作出反映并根据负荷来改变电阻值。如果副司机座椅坐人传感器识别出高于 5kg 的负荷，那么安全气囊控制单元就认为"座椅已坐人"。只要副司机座椅上未坐人，那么座椅坐人传感器就处于高阻值状态；如果有人坐，那么阻值就会下降。如果电阻值超过 480Ω，安全气囊控制单元就认为是断路了，并会在故障存储器内记录一个故障码。安全气囊控制单元通过分析座椅坐人传感器的信号和安全带开关的信号来判断乘员是否系上了安全带。座椅坐人传感器标准电阻值如表 3-13 所示。

表 3-13　标准电阻值

G128 的电阻值	分析结果
约 430~480Ω	座椅上未坐人
120Ω 或更小	座椅上已坐人
大于 480Ω	故障，断路

五、自动空调翻板伺服电机位置传感器

汽车自动空调系统的主要任务是根据设置在车内外的各种温度传感器的输出信号，由 ECU 进行处理，对进气内外循环方式、混合风门位置、压缩机离合器、鼓风机转速等进行自动控制，按照操作者的输入指令，调节车厢内的温度、湿度、风力、风向等，使车舱保持在一个最舒适的状态。

空调风门执行器（flap actuator、flap motor、actuator motor，或称伺服电机、风门执行电机）的主要作用则是根据空调 ECU 的指令作相关的运动，改变风门位置，以达到调节车内温度、调整车内风向、转换内外循环等目的。伺服电机位置传感器又称电位计，对伺服电机的位置进行检测和跟踪，用以反映电机运动是否到达 ECU 所要求的位置。

1. 分类和位置

自动空调电机需要检测电机位置。传感器监测的有温度调节执行器及位置传感器、脚部/除霜执行器及位置传感器等，其位置如图 3-147 所示。

第三章 位置和角度传感器

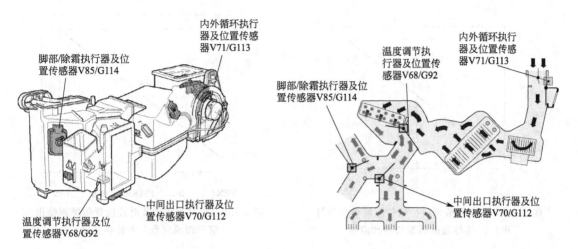

图 3-147 自动空调系统电机与电位计的位置

2. 结构

电机与电位计组合式结构的外观和其电路如图 3-148 所示。风门执行器大多应用于大众与奥迪车型中，如：Passat B5、Polo、Audi A4 / A6 / A8 等。

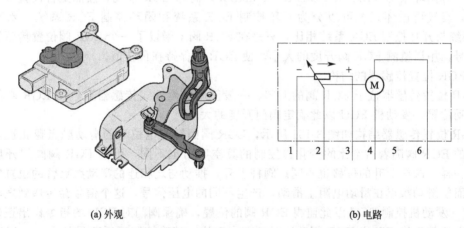

(a) 外观　　　　　　　　　　　　(b) 电路

图 3-148 电机与电位器组合式结构的外观和其电路

3. 检测

（1）伺服电机电位计的电阻值电阻检查　触点 1 和 3 之间的电阻应为 3.6～5.7kΩ。

（2）伺服电机电位计的电阻值电阻检查　伺服电机电位计 1 和 2、3 和 2 之间的电阻值决定于伺服电机的位置，不同位置，电阻值不同。但其值应在 0.1～5.7kΩ 范围。

（3）电机的电阻值检查　用电阻挡 200Ω 测量电机的电阻值，电机的电阻值应为 20～1000Ω。

（4）伺服电机电位计的参考电压值检查　断开插接器插头，打开点火开关，3 脚与 1 脚间电压 5V。

（5）伺服电机电位计的输出电压值检查　在插接器插头连接好的情况下，运转空调，2 脚与 1 脚间电压应在 0.2～4.8V 之间。图 3-149 为温度调节电机位置传感器输出信号电压随热冷温度调节的特性曲线。图 3-150 为吹风模式调节电机位置传感器输出信号随风向变化的特性曲线。

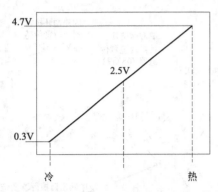

图 3-149 温度调节电机位置传感器输出信号电压随热冷温度调节的特性曲线

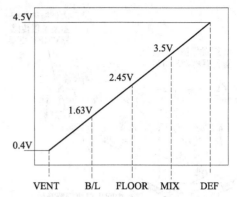

图 3-150 吹风模式调节电机位置传感器输出信号随风向变化的特性曲线

第十节 其他位置传感器

一、EGR 位置传感器

废气再循环系统（Exhaust Gas Recirculation）简称 EGR 系统。按照是否设置有反馈监测元件，废气再循环系统可以分为开环控制 EGR 系统和闭环控制 EGR 系统。闭环控制 EGR 系统与开环控制 EGR 系统相比，只是在 EGR 阀上增设了一个 EGR 阀位置传感器作为反馈信号，用以监测 EGR 阀开度的大小，使 EGR 率保持在最佳值。

1. EGR 位置传感器的结构

EGR 位置传感器位于 EGR 阀的上部，一般使用电位计式传感器来检测 EGR 阀阀杆的上下移动位置，发动机 ECU 以此确定阀门开度的大小。

EGR 位置传感器结构如图 3-151 所示，EGR 阀阀针与电位计的滑动触点臂相连，占空比控制的 EGR 阀随着占空比的变化，控制的真空吸力也不同，引起 EGR 阀阀门开启的大小也不一样，阀杆上升的位移也不同。阀杆上升，推动与之相连的滑动触点臂的位置发生变化，从而使滑动触点在滑动电阻上滑动，产生不同的电压信号，这个信号会传递到发动机控制 ECU，发动机控制 ECU 以此监视 EGR 阀的位置，确保阀门对 ECU 的指令作出正确的响应，从而调整和修正开启 EGR 阀开启时刻和占空比，精确控制再循环量的大小，以减小排放、改善性能。

部分本田轿车、别克轿车、丰田轿车都安装有 EGR 阀位置传感器。

2. EGR 位置传感器的检测

图 3-152 为上海别克废气再循环系统 EGR 位置传感器的电路连接图。废气再循环真空控制电磁阀和废气再循环 EGR 位置传感器共用一个 5 针插头，灰色连接的端子 A、白色连接的端子 E 分别和发动机控制单元 PCM 连接，采用正极驱动器和 PCM 中的搭铁电路控制，用于废气再循环真空控制电磁阀的驱动，另外 3 条为电位计式的废气再循环 EGR 位置传感器所使用，它能够监视 EGR 阀的位置，确保阀门对 PCM 的指令作出正确的响应。电位计的 D 端子为 5V 参考电源、B 端子为搭铁端子、C 端子为信号输出端子。

（1）故障征兆判断法 当发动机在怠速、低速小负荷及冷机时，发动机控制单元控制废气不参与再循环，避免发动机性能受到影响。因此，一旦发动机的 EGR 系统出现故障，特别是在发动机怠速、低速、小负荷及冷机工况时，使得废气参与再循环，将会影响发动机混合气的正常燃烧，导致发动机怠速不稳、加速不稳、汽车行驶无力等故障现象，从而影响发

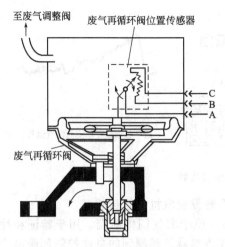

图 3-151 EGR 位置传感器结构

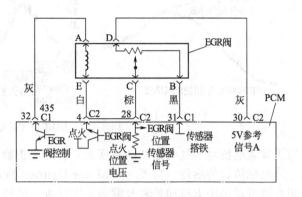

图 3-152 上海别克废气再循环系统 EGR 位置传感器的电路连接图

动机的动力性。

(2) 电阻检测 电阻检测时,首先关闭点火开关,拔掉 EGR 位置传感器线束插头,对传感器本体进行电阻测量:插座端子"B"与"D"之间的电阻应为 4.92kΩ;插座端子"B"与"C"之间的电阻应随 EGR 阀开度的变化而变化。

(3) 外部电压和信号电压检测 在检查传感器外部供电电压时,打开点火开关至"ON"位置,断开 EGR 位置传感器线束插头,用数字万用表电压挡检查 D 端子与搭铁端电压,应有 5V 参考电压,检查 B 端子与搭铁端电压,应为 0V。连接 EGR 位置传感器线束插头,测量 C 端子信号电压,在 EGR 阀全关时为 0.14~1.0V,用手动打开 EGR 阀,其信号电压随着 EGR 阀开度的变化而变化,全开时为 4.5~4.8V。如果测量结果不符合要求,则应更换 EGR 阀。

(4) 解码器检测法 如果废气再循环系统 EGR 位置传感器有故障,会出现下述故障码。

① 故障码 P0403-EGR 阀控制线路故障 如果电路功能失效,驱动器向 PCM 发送信号,设置 DTC P0403（EGR 电磁阀控制电路不良）故障码。

② 故障码 P0404-EGR 阀打开位置不正确 在 EGR 阀打开时,PCM 将真实的 EGR 位置与要求的位置比较,如果真实位置小于要求位置 15%,将设置 DTC P0404（EGR 打开位置性能）的故障码。造成此故障一般为 EGR 枢轴或轴座积炭过多引起。

③ 故障码 P0405-EGR 阀位置传感器信号电压低 如果 PCM 检测到 EGR 位置传感器反馈的电压低于 0.14V,将设置 DTC P0405（EGR 位置传感器电压过低）的故障码。

④ 故障码 P1404-EGR 阀关闭不严 如果 PCM 指令 EGR 阀关闭时真实的 EGR 位置仍指示 EGR 阀处于打开的位置,将设置 DTC P1404（EGR 阀卡滞）的故障码。

(5) 输出波形检测 将示波器信号测量线探针插入传感器信号线中,启动发动机并加速,观察波形变化情况,如图 3-153 所示。当 EGR 阀打开时波形上升,这时废气排放;当 EGR 阀关闭时,波形下降,这时限制废气排出。汽车急速时,EGR 阀是关闭的,不需要废气再循环;汽车正常加速时,EGR 阀开大;汽车减速时,EGR 阀也是关闭的。

二、怠速电机位置传感器

1. 滑动电阻式电机位置传感器

节气门直动式怠速控制机构需要直流双向电机将节气门推开一定的角度进行怠速控制。

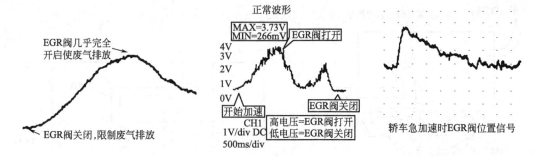

图 3-153 EGR 位置传感器输出波形

为了确定电机将节气门推开的角度是否合适和正确,需要设置电机位置传感器。

电机位置传感器(MPS——Motor Position Sensor)位于节气门体前端,用于验证和检测直流可逆伺服电机伸长和收缩的长度位置。电机位置传感器把感测到的怠速控制伺服电机柱头伸缩位置转化为电压信号,并把它输送到电子控制装置,电子控制装置根据此输入信号反馈控制怠速直流电机,由发动机 ECU 对怠速进行反馈控制电机的伸长与收缩,从而控制怠速及急加速、急减速以及开空调时的旁通进气量。

电机位置传感器一般使用滑动电阻式,其工作原理和检测方法类似于节气门位置传感器。其安装位置如图 3-154 所示,电路连接如图 3-155 所示。

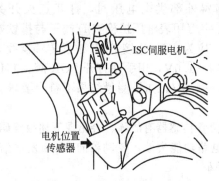

图 3-154 电机位置传感器安装位置

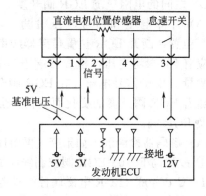

图 3-155 电机位置传感器电路连接图

2. 霍尔式电机位置传感器(ISC 阀位置传感器)

三菱太空 4G63 发动机采用了双向直流可逆电机怠速控制系统(ISC 系统),双向直流可逆电机采用 5V 电压的可逆式直流电机,直流 ISC 电机不是直接推动节气门打开,而是控制怠速旁通空气道的大小。电机位置传感器用于检测电机的实际位置,并向发动机 ECU 提供反馈信号,以判断电机是否正常工作。电机位置传感器的结构如图 3-156 所示,电机位置传感器与 ECU 的连接如图 3-157 所示。

霍尔式电机位置传感器由两个霍尔效应传感器组成,两个霍尔效应传感器的 5V 参考电压由发动机 ECU 提供,每一个霍尔效应传感器的工作原理与其他霍尔式传感器相似。当电机旋转时,正齿轮 B 上的磁体在齿转传动下也旋转。这些磁体向 ISC 阀位置传感器提供脉冲。电磁脉冲由霍尔效应传感器接收,根据电机位置的变化将 5V 参考电压接地或不接地时,被转化为 5V 或 0V 脉冲信号,该信号被发动机 ECU 用于监测 ISC 阀位置。正齿轮 B 每旋转一周,每一个霍尔效应传感器产生 4 个 5V 方波输入脉冲,被输送至发动机 ECU。但由于两个霍尔效应传感器存在相位上的差异,第一个被触发的霍尔效应传感器使发动机

ECU能够确定电机的方向。其输出脉冲信号如图3-158所示。

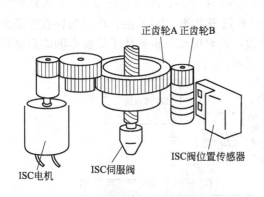

图3-156 电机位置传感器的结构

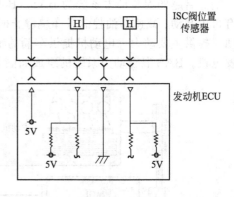

图3-157 电机位置传感器与ECU的连接

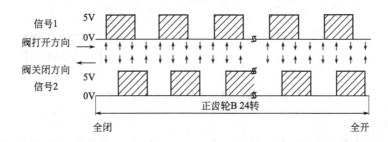

图3-158 输出脉冲信号

正齿轮的运行范围为24转，可使伺服阀从全闭状态转变为全开状态。该24转运行范围可换算为96步运行范围（24转×4个脉冲/转）。所以，ISC电机的运行范围为0（全闭）~96步（全开）。

霍尔式电机位置传感器的检测方法如下。

(1) 一般工作性能检测　在打开和关闭点火开关时，应能在急速电机处有动作响声，然后停止，这是急速电机在找寻开度最大和最小位置。如果无反映，则电机有故障。

(2) 故障检测　如果发动机出现急速不稳、急速过高、急速过低、加速或减速熄火，开空调和开大灯、转向时发动机不提速等现象，估计是ISC电机有故障。

(3) 供电电源的检测　由于三菱太空采用双霍尔式位置传感器，而霍尔式传感器在工作时需要提供工作电压和参考电压，因此需要对传感器的工作电压线路和参考电压进行测量。

(4) 解码器检测　通过使用三菱专用检测仪MUT可对阀位置传感器信号进行监测。检测工具的显示单位为步，并且在急速的情况下应该随发动机负荷的变化而变化。

若发动机ECU要求改变急速马达的位置，而发动机ECU在电机位置传感器的反馈中并未检测到该变化，或者位置传感器未提供正确的反馈，那么发动机ECU将设置一个诊断故障代码25。电机或电机位置传感器所产生的故障均会导致出现这种情况。

若ISC电机位置传感器出现故障，检测工具上可能显示0步或者120步。

(5) 示波器检测　可以使用示波器验证电机位置传感器工作是否正常。正常输出波形如图3-158所示。使用双通道示波器检测，可以在点火开关打开、线路连接正常的情况下，将示波器探针从两个信号端分别拾取信号，信号输出波形应该是5V高电位和0V低电位交替出现，正齿轮B旋转一周，两个传感器都应有4个高电位脉冲出现。

三、电动机/发电机转子角位置传感器

别克君越的混合动力系统为 BAS（Belt Alternator Starter，驱动皮带-发电机-启动机），具有再生制动、减速断油控制及车辆静止时发动机停机等功能。BAS 混合动力的特点就是由发动机提供主要动力，电动机提供车辆的辅助动力，同时电动机也替代了传统车辆的启动机和发电机。BAS 混合动力系统的组成如图 3-159 所示。

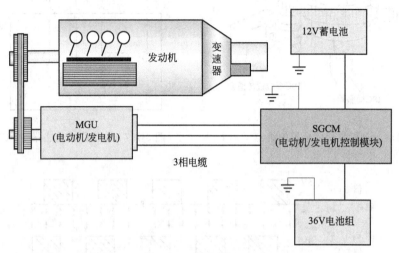

图 3-159 BAS 混合动力系统的组成

1. 功用和结构

当电动机/发电机总成 MGU（Motor/Generator Unit）作为启动机使用时，启动机/发电机控制模块 SGCM（Starter/Generator Control Module）需要知道转子的位置和角度，以确定转子的旋转方向，以便通过控制三相交流电通电的顺序控制转动的方向，并通过控制三相交流电电流的大小控制旋转磁场的大小，来控制启动机的转速。转子的位置和角度使用角位置传感器，传感器安装于 MGU 的内部，其位置如图 3-160 所示。

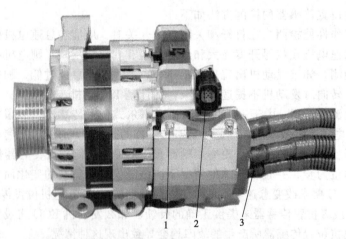

图 3-160 电动机/发电机转子角位置传感器的位置
1—角位置传感器；2—传感器插接器；3—三相电缆

2. 工作原理

电动机/发电机转子角位置传感器使用单相激励双相输出无刷旋转变压器，使用一个激磁绕组，两个输出信号绕组。激磁绕组（原边）在转子侧，两套输出相互正交的绕组（副

边)4-2、3-1固定在电机定子上,转子与电机转子同轴安装。当原边的激磁绕组流过正弦电流时,副边输出绕组两端会感应出同频率的电势,电势的大小与定转子间的相对电角度有关。如图3-161所示。

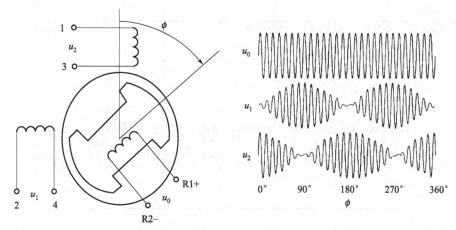

图 3-161　角位置传感器的工作原理

假设原边输入电压为 $u_{R1\text{-}R2}$ 是输入信号,与转子同时转动

$$u_{R1\text{-}R2} = E\sin\omega t \tag{1}$$

副边输出 $u_{4\text{-}2}$ 是 sin 信号输出,$u_{3\text{-}1}$ 是 cos 信号输出,则电压满足:

$$u_{4\text{-}2} = kE\sin\theta\sin\omega t \tag{2}$$

$$u_{3\text{-}1} = kE\cos\theta\sin\omega t \tag{3}$$

式中,ω 为激磁电源的角频率;$u_{4\text{-}2}$、$u_{3\text{-}1}$ 为两相正交绕组(正弦绕组和余弦绕组)的输出电压;k 为传输电压比;θ 为转子位置角。

SGCM 内部处理器根据输入信号和两个输出信号的相位关系来判断转子的旋转角度和方向,从而按照一定的策略控制电动机/发电机三相电流的大小和方向。

3. 检测实例

以别克君越的混合动力系统为例,说明检测过程。

图 3-162 为电动机/发电机转子角位置传感器电路图,图 3-163 为电动机/发电机转子角位置传感器插头排列,表 3-14 为端子名称。

表 3-14　电动机/发电机转子角位置传感器端子名称

针脚	线路颜色	电路作用
A		未使用
B	YE	旋转变压器信号端子 4
C	YE	旋转变压器信号端子 3
D	YE	旋转变压器电机负极
E		未使用
F	D-GN	旋转变压器信号端子 2
G	D-GN	旋转变压器信号端子 1
H	D-GN	旋转变压器电机正极

(1) 线束导通性测试检查　电动/发电机单元断开,对电动/发电机单元连接器/端子与对应启动机/发电机控制模块连接器/端子间的线束导通性检查。各条对应导线其最大电阻小于 1Ω,如 B-J2/7、C-J2/6、D-J2/4 等。

(2) 线圈绕组检查　利用万用表电阻 200Ω 量程对各绕组进行检测,其标准电阻值如

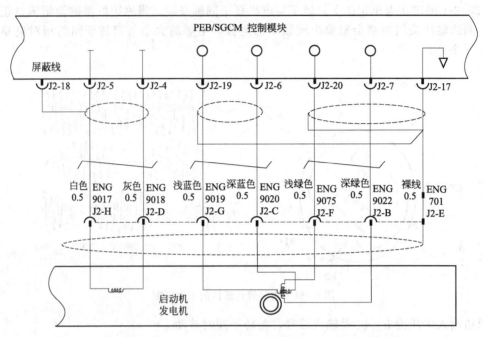

图 3-162 别克君越的混合动力系统电动机/发电机转子角位置传感器电路图

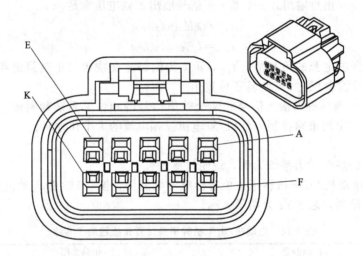

图 3-163 别克君越的混合动力系统电动机/发电机转子角位置传感器插头 J2 的排列

表 3-15 所示。

表 3-15 绕组的标准电阻值

启动机/发电机控制模块连接器/端子	启动机/发电机控制模块连接器/端子	最小电阻	最大电阻
J2/4	J2/5	20.1Ω	26.7Ω
J2/6	J2/19	32.4Ω	43.0Ω
J2/7	J2/20	32.9Ω	43.5Ω
J2/4	J2/6	大于1MΩ	—
J2/4	J2/7	大于1MΩ	—
J2/6	J2/7	大于1MΩ	—

(3) 解码器故障码检测 使用专用或通用解码仪,可以对启动机/发电机位置传感器进

行故障码读取，如果启动机/发电机位置传感器性能不良，会出现 DTC P0A4C 故障码：

DTCP0A4C：启动机/发电机位置传感器性能

如果出现此故障诊断码，SGCM 根将停止脉宽调制，即电动/发电机单元关闭。

复习思考题

1. 曲轴位置传感器有什么功用？按照取得信号的原理不同，曲轴位置传感器有哪些类型？
2. 总结一下光电式曲轴位置传感器和霍尔式曲轴位置传感器在检测方法上有什么相同点和不同点。
3. 凸轮轴位置传感器有哪些功用？按照检测的原理不同，凸轮轴位置传感器如何分类？
4. 什么是磁阻效应？简述磁阻元件式凸轮轴位置传感器的工作原理和检测方法。
5. 简述巨磁阻凸轮轴位置传感器的工作原理和检测方法。
6. 节气门位置传感器有什么功用？如何进行分类？
7. 简述霍尔式节气门位置传感器的工作原理和检测方法。
8. 简述感应式节气门位置传感器的工作原理。
9. 离合器位置有哪些功用？
10. 简述机油状态传感器的工作原理和检测方法。
11. 简述半导体型液位传感器的工作原理和检测方法。
12. 简述电极式液面高度传感器的工作原理和检测方法。
13. 汽车上哪些系统使用转向盘转角传感器？转向盘转角传感器有哪些类型？
14. 车高传感器有哪些类型？
15. 简述霍尔车高传感器的工作原理。
16. 简述乘员位置感知传感器的检测原理。
17. 简述超声波距离传感器的测距原理。
18. EGR 位置传感器有什么功用？
19. 简述电动机/发电机转子角位置传感器的工作原理和检测方法。

第四章 气体和液体流量传感器

学习目标

- ◆ 掌握体积流量和质量流量的区别
- ◆ 掌握空气流量传感器的功用和分类
- ◆ 掌握卡门涡流式空气流量传感器的分类和检修方法
- ◆ 掌握热丝式和热膜式空气流量传感器的工作原理和检测方法
- ◆ 掌握液体流量传感器的类型和工作原理
- ◆ 了解掌握液体流量传感器的类型和工作原理

流量是指在单位时间内流体通过一定截面积的量。

体积流量是指单位时间通过流管内某一横截面的流体的体积,简称为流量,国际标准单位是 m^3/s。

质量流量是指单位时间通过流管内某一横截面的流体的质量,称为质量流量。国际标准单位是 kg/s。

现代汽车上应用的气体流量传感器,主要是用于检测发动机进气量的空气流量传感器,按照计量方式的不同,总体上可分为体积流量计量方式和质量流量计量方式两种类型。汽车上应用的液体流量传感器,主要有用于计量燃油消耗量的流量传感器和用于计量冷媒通过量的冷媒流量传感器。

第一节 空气流量传感器

空气流量传感器(AFS——Air Flow Sensor),又称为空气流量计(AFM——Air Flow Meter)、进气歧管空气流量计(MAFM——Manifold Air Flow Meter),其功用是检测发动机进气量大小,并将进气量信息转换成电信号输入电控单元。ECU 以此计算并确定喷油延续时间(即喷油量)和点火时刻,它是电子控制发动机中最为重要的传感器。

在电子控制的多点燃油喷射系统中,根据进气量检测方式的不同,计量空气流量的方法有两种类型:"D"型(即压力型)和"L"型(即空气流量型)。

"D"型是利用检测进气歧管内的绝对压力来计算吸入汽缸的空气量,所用的传感器是进气歧管绝对压力传感器,测量方法属于间接测量法。

"L"型采用直接测量的方法,即利用这里所讲的空气流量传感器直接测量吸入进气管的空气流量。"L"型传感器又分为体积流量型传感器和质量流量型传感器两种。

体积流量型传感器有翼片式、量芯式、卡门涡流式。丰田 CAMRY(佳美)用翼片式、丰田 PREVIA 旅行车用量芯式，三菱车系、现代车系、丰田凌志 LS400 轿车用卡门涡流式。

质量流量型传感器有热线式和热膜式两种，桑塔纳 3000 型超越者轿车使用热线式空气流量传感器。现在的大多车型都使用热膜式空气流量传感器，如日产千里马 VG30E 发动机、飞度和红旗 CA488 发动机等。

翼片式和量芯式都属于感应元件带动电位计的计量方式，因为感应元件质量大，反应能力差，急加速响应时间长，进气阻力大，对大气压力和温度的变化需要修正，外形尺寸较大，在发动机室内布置比较困难等缺点，基本已被淘汰，因此本章只作简单介绍。

一、旋转翼片式空气流量传感器

旋转翼片式空气流量传感器又称叶片式或活门式空气流量计，为体积流量型空气流量传感器，早期应用在丰田 CAMRY（佳美）小轿车、丰田 PREVIA（大霸王）小客车、马自达 MPV 等汽车的燃油喷射系统上。

旋转翼片式空气流量传感器由空气流量计和电位计两部分组成，如图 4-1 所示。空气流量计在进气通道内有一个可绕轴摆动的旋转翼片（测量片），作用在轴上的卷簧可使测量片关闭进气通路。发动机工作时，进气气流经过空气流量计推动测量片偏转，使其开启。测量片开启角度的大小取决于进气气流对测量片的推力与测量片轴上卷簧弹力的平衡状况。进气量愈大，气流对测量片的推力愈大，测量片的开启角度也就愈大。在测量片轴上连着一个电位计，电位计的滑动臂与测量片同轴同步转动，把测量片开启角度的变化（即进气量的变化）转换为电阻值的变化。电位计通过导线、连接器与 ECU 连接。ECU 根据电位计电阻的变化量或作用在其上的电压的变化量，测得发动机的进气量。

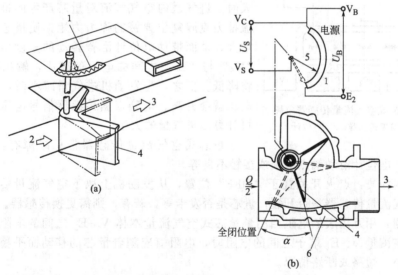

图 4-1　旋转翼片式空气流量传感器的结构
1—镀膜电阻；2—空气入口；3—空气出口；4—旋转翼片；5—滑动臂；6—旁通气道

旋转翼片式空气流量传感器使用 5V 参考电压，输出电压采集方式有电压比输出和电压值输出两种，且一般为反比例输出，即进气量越大，输出电压越低，进气量越小，输出电压越高。滑动电阻器总电阻由于厂家不同而不同，如丰田为 $100\sim300\Omega$，日产为 $150\sim250\Omega$。具体的检测方法可参照线性节气门位置传感器来进行，或按量芯式空气流量传感器的测量方法亦可。

二、量芯式空气流量传感器

量芯式空气流量传感器由翼片式空气流量传感器改进而成，其结构如图 4-2 所示。由量芯、电位计、进气温度传感器、线束插头等组成。量芯安装在进气道内并可沿进气道移动，即用量芯代替了叶片式传感器的叶片，电位计滑臂的一端与量芯连接，另一端设有滑臂触点，量芯在进气气流的推动下向后移动时，带动电位计滑动触点在印刷电路板的镀膜电阻上滑动，使进气量的大小转变为电位计电阻的大小，ECU 根据电位计电阻的变化或电压的变化来测量进气量的变化。

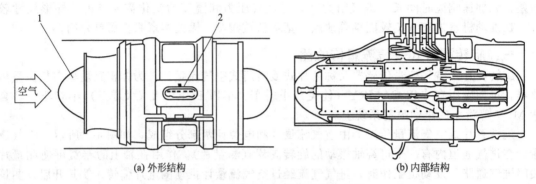

图 4-2　量芯式空气流量传感器的结构
1—传感器量芯；2—线束插座

马自达 929 小轿车采用的量芯式空气流量传感器电路如图 4-3 所示。

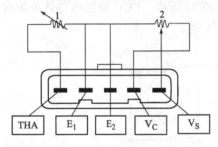

图 4-3　量芯式空气流量传感器电路
1—进气温度传感器；2—电位计

ECU 为传感器 V_C 端子上加上 5V 参考电压，E_2 端为搭铁端子，V_S 为信号输出端。当发动机进气量增大时，进气道内空气气流对量芯产生的推力增大，气流推力克服复位弹簧的弹力力矩，使量芯移动的距离增大，从而带动电位计滑臂转动的角度增大，传感器"V_S"与"E_2"之间的电阻值减小，输出的信号电压将降低。反之，当发动机进气量减小时，输出的信号电压就会升高。电脑根据传感器信号电压的高低，就可计算出进气量的大小。

量芯式空气流量传感器常见故障有：量芯卡滞、移动不灵活、电位计滑动触点磨损或接触不良等。

运动件的检测：点火开关置于"OFF"位置，从发动机上取下空气流量传感器，首先看量芯式空气流量传感器是否开裂，量芯是否发卡等，若有，则需更换传感器。

电阻检测：用万用表的电阻挡测量量芯式空气流量本体 V_C-E_2 之间的电阻，应符合标准值规定，在测量 V_S-E_2 端子之间的电阻时，电阻值应随着量芯的移动而平稳变化，不应出现忽大忽小、短路或断路情况。

参考电压检测：点火开关置于"OFF"位置，拔下量芯式空气流量传感器导线连接器，然后打开点火开关，用万用表电阻挡测量连接器线束侧 V_C-E_2 端子间的电压，标准应为 5V，若不正常，则为导线或 ECU 电脑故障。

三、卡门涡流式空气流量传感器

卡门涡流式空气流量传感器是体积流量型流量计，它是在管道中央安装一个圆柱状或三角形物体后，利用流体因附面层的分离作用而交替产生的一种自然振荡分离型旋涡（称为卡门旋涡）的原理来测量气体的流速（见图 4-4），然后乘以通道面积，便可得到进气的体积流量。由于卡门涡流式空气流量传感器直接测得的是进气的体积流量，因此应安装进气温度传感器、大气压力传感器，对随气温和海拔高度而变化的空气密度进行修正，才能正确地计算出进气的质量流量。

根据涡流检测方式的不同，卡门涡流式空气流量传感器可以分为反光镜检测方式和超声波检测方式两种。

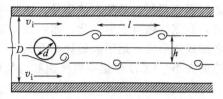

图4-4 卡门涡流形成原理

1. 超声波检出型卡门涡流式空气流量传感器

在韩国现代、日本三菱、北京现代、湖南长丰等车型上，均使用超声波检出型卡门涡流式空气流量传感器。空气流量传感器一般安装在节气门之前的进气歧管上，其安装位置和内部结构如图4-5所示。

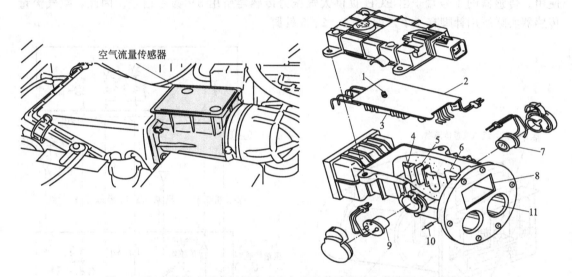

图4-5 超声波检出型卡门涡流式空气流量传感器的安装位置和内部结构
1—大气压力传感器；2—控制电路；3—混合电路；4—涡流发生柱；5—涡流稳定板；6—卡门涡流；
7—超声波接收器；8—主通道；9—超声波发射器；10—进气温度传感器；11—旁通道

（1）组成和原理 超声波检出型卡门涡流式空气流量传感器主要由涡流发生器、信号发送器、信号接收器、放大器和外壳等组成，其与ECU的连接图如图4-6所示。

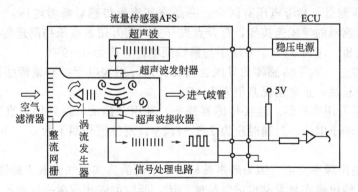

图4-6 超声波检出型卡门涡流式空气流量传感器与ECU连接图

电路接通时，超声波信号发射器发出一定频率的超声波（一般为40kHz），当发射的超声波垂直通过卡门涡流区时，超声波信号受到涡流的干扰而被调制，于是信号接收器收到的是经涡流调制过的超声波信号,该超声波信号的疏密与涡流的强度有关。空气流量发生变化时,涡流的强度发生变化,超声波调制信号也发生变化,利用放大回路进行放大与整形,使之形成矩形波,矩形波的频率即为卡门涡流的频率,测出了卡门涡流的频率便可得知空气流速的大小。ECU根据空气流速和进气通道的有效截面积的乘积,求得吸入空气的体积量。

(2) 检测 三菱6G72发动机空气流量传感器,属于超声波检出型卡门涡流式空气流量传感器,其外观如图4-7所示,电路图如图4-8所示。传感器的12V电源由控制继电器通过4脚引入,5号端子提供传感器搭铁,2号端子为大气压力传感器输出信号,ECU通过6号端子向进气温度传感器提供5V参考电压,ECU通过65号端子向传感器3号端子提供5V参考电压,并作为空气流量计输出信号。为了避免怠速时发动机抖动影响空气流量传感器的计量,设置了复位设定信号,由传感器7号端子提供,用于侦测负荷,重新校正流量计信号使用。传感器的1号端子由ECU提供大气压力传感器所用5V参考信号。因此,空气流量传感器实际所用针脚有4个,即4、7、3、5针脚。

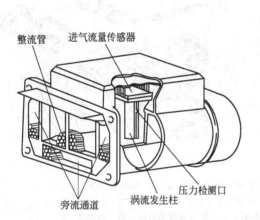

图4-7 三菱6G72发动机空气流量传感器外观　　图4-8 三菱6G72发动机空气流量传感器电路图

① 工作电压检测 拔下传感器的导线连接器,打开点火开关,用万用表电压挡测量传感器线束侧4号端子与搭铁间电压,应为蓄电池电压12V。

② 参考电压测量 参考电压有两个:一是空气流量传感器参考电压,一是复位信号参考电压。拔下传感器的导线连接器,打开点火开关,用万用表电压挡测量传感器线束侧3号端子与搭铁间电压,应为5V,7号端子与搭铁间电压,应为6~9V。

③ 搭铁端检查 拔下传感器的导线连接器,用万用表电阻挡测量传感器线束侧5号端子与搭铁间的导通性,正常情况其值应为0Ω。

④ 输出信号万用表检测 连接传感器插头,利用背插法,用外用表直流电压挡测量传感器输出端3号端子电压,怠速时应为2.2~3.2V,复位信号端子为0~1V(2000r/min时为6~9V)。

⑤ 传感器输出频率检测 因为超声波检出型卡门涡流式空气流量传感器输出信号为5V脉冲数字信号,输出频率与发动机进气量成正比,所以可以使用频率计或示波器检测3号端子与搭铁间输出信号,输出信号频率范围为25~2000Hz。当接通点火开关但不启动发动机时,传感器输出频率应为0;发动机怠速(700r/min)运转时,传感器输出频率应在25~50Hz范围内;当发动机转速升高时,传感器输出频率应随转速升高而升高;当转速升高到

2000r/min 时,传感器输出频率应在 70~90Hz 范围内,否则说明传感器或其线路有故障。

正常输出波形如图 4-9(a) 所示,异常输出波形如图 4-9(b) 所示,当出现图 4-9(b) 所示波形时,可能原因是涡流发生器或整流器故障。如果在发动机没有发动时也输出脉冲信号,则主要是传感器接口故障。

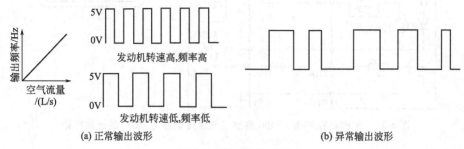

图 4-9 信号输出波形

2. 光电检出型卡门涡流式空气流量传感器

(1) 组成和原理 光电检出型卡门涡流式空气流量传感器又称为反光镜检出式卡门涡流空气流量传感器,主要由涡流发生器、发光二极管、光敏三极管、反光镜、钢板弹簧等组成,如图 4-10 所示。

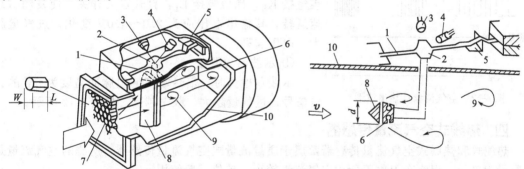

图 4-10 反光镜检出式卡门涡流式空气流量传感器的结构图
1—张紧带;2—反光镜;3—发光二极管;4—光敏三极管;5—板簧;6—导压孔;
7—蜂窝状整流网;8—涡流发生体;9—卡门涡流;10—支承板组成的空气流道

传感器其内设有一只发光二极管和一只光敏三极管。发光二极管发出的光束被一反光镜反射到光敏三极管上,使光敏三极管导通。反光镜安装在一个很薄的钢板弹簧片上。当空气流经涡流发生器时,在它后部将会不断产生卡门涡流串。从采样孔来的部分涡流经导压孔后引起板簧振动,由于反光镜随簧片一同振动,被反射到光敏三极管上的光束也以同样的频率导通、截止。进气流速越大,进气量越大,涡流强度也越大,输出的脉冲信号的频率越高,反之,进气量越小,脉冲信号频率越低。ECU 根据该脉冲信号的频率计算出进气量。

(2) 检测 丰田雷克萨斯 LS400 型轿车和皇冠 3.0 型轿车采用了这种类型的空气流量传感器,并和进气温度传感器组合安装,图 4-11 所示为雷克萨斯 LS400 型空气流量传感器与 ECU 连接电路。

这里只介绍空气流量传感器的检测方法。同时也要说明,由于空气流量传感器包含晶体元件,因此不能简单地用电阻检测法来进行。

① 工作电压的检查 丰田雷克萨斯 LS400 型轿车采用 5V 工作电压。断开点火开关,拔下空气流量传感器插头,打开点火开关,用万用表电压挡测量线束端 V_C 与 E_1 之间的电

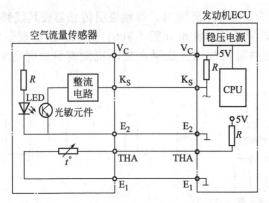
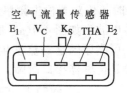

图 4-11 丰田雷克萨斯 LS400 型空气流量传感器与 ECU 的连接电路

压,应为 4.5~5.5V。

② 参考电压的测量 用同样的方法,在拔下空气流量传感器插头的情况下,用万用表电压挡测量线束端 K_S 与 E_1 之间的电压,应为 4.5~5.5V。

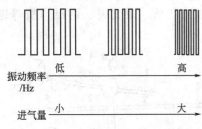

图 4-12 空气流量计输出波形

③ 输出信号电压的测量法 插好空气流量传感器的线束插头,万用表选用直流电压挡,利用背插法将红表笔接 K_S,黑表笔接 E_1,打开点火开关,使发动机怠速运转,其输出电压应为 2.0~4.0V 变化,进气量越大,电压越高。

④ 示波器检测法

示波器检测时,信号端应输出脉冲高度为 5V 的方波信号,进气量越大,频率越高,如图 4-12 所示。

四、热线式空气流量传感器

热线式和热膜式空气流量传感器都属于质量流量式空气流量传感器,所测的空气流量是以质量为单位,但汽车上由于所用空气流量较小,单位一般使用 g/s。

根据热线安装在空气流量传感器壳体内的安装部位不同,可分为安装在主空气道中的主流测量方式和安装在旁通空气道上的旁通测量方式两种,如图 4-13 和图 4-14 所示。

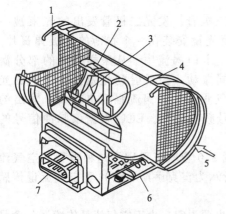
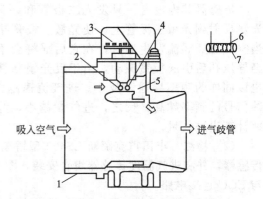

图 4-13 主流测量方式
1—防护网;2—取样管;3—铂金热线;4—温度补偿电阻;
5—空气流;6—控制线路板;7—电连接器

图 4-14 旁通测量方式
1—空气流量计壳体;2—温度补偿电阻(冷线);
3—控制线路板;4—铂金热线;5—旁通道;
6—热线与冷线;7—陶瓷绕线管

1. 热线式空气流量传感器的结构原理

以主流测量方式为例,说明热线式空气流量传感器的工作原理。

热线式空气流量传感器主要由感知空气流量的铂金热线、根据进气温度进行修正的温度补偿电阻(冷线)、控制热线电流并产生输出信号的控制线路板以及空气流量传感器的壳体组成,其内部电路结构如图 4-15 所示。

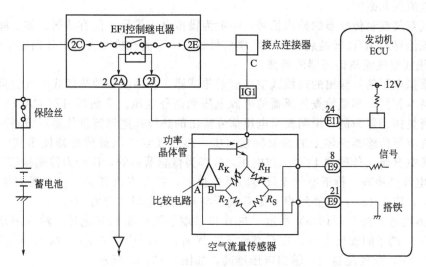

图 4-15 热线式空气流量传感器的内部电路结构

R_K—温度补偿电阻;R_H—热线电阻;R_2—电桥电阻;R_S—精密电阻

取样管 2 置于空气流量传感器主空气通道中央,两端有金属防护网 1,防护网通过卡箍固定在壳体上。取样管由两个塑料护套和一个热线支承环构成。热线支承环上有一根直径很小的铂金属丝(约 0.07mm),其阻值随温度变化而变化(正温度系数电阻),当传感器工作时,铂金丝将被控制电路提供的电流加热到 120℃ 左右,因此称之为热线。铂金热线是惠斯登电桥的一个桥臂 R_H(见图 4-15)。由于进气温度变化使热线的温度发生变化而影响进气量的测量精度,因此在热线附近设有一根温度补偿电阻丝,因其靠近进气口的一侧,所以称之为冷线,它是惠斯登电桥电路的另一个臂 R_K。其电阻丝也随进气温度变化而变化。

当传感器工作时,控制电路向冷线提供的电流将使冷线温度始终低于热线温度 100℃。从而冷线温度起一个参照标准的作用,使进气温度的变化不影响进气量的测量精度。在热线支承环后端的塑料护套上黏结着一只精密电阻,并设计成能用激光修整,也是惠斯登电桥电路的一个臂 R_S,其电阻上的电压降即产生热线式空气流量传感器的输出电压信号。惠斯登电桥还有一个臂 R_2 安装在控制线路板上,该电阻在最后调试试验中用激光修整,以便在预定的空气流量情况下,调整空气流量的输出特性。

当空气流经空气流量传感器时,被加热的热线电阻由于空气的流动和与空气的热传递温度降低,导致电阻减小,A 点电位高于 B 点电位,电桥失去平衡。为了使电桥平衡,就必须增大流过热线电阻 R_H 的电流,以便加热热线电阻,使其温度升高,电阻增大,才能达到新的平衡。为此,电路中设置了比较电路和功率晶体管。比较电路依据 A、B 两点电位差的大小,占空比控制功率晶体管的开闭,控制施加到电桥上电流的大小。进气量越大,功率晶体管导通时间越长,提供给 R_H 热线电阻的电流越大。因为 R_S 与 R_H 电流相同,R_S 分压也增大,因此,R_S 的分压就反映了进气量的大小。ECU 根据 R_S 的分压,便可确定进气量。

控制电路的作用是保持电桥平衡，即保持热线电阻与感应进气温度的温度补偿电阻之间的温度差不变。热线式空气流量计直接测量进入取样管的空气质量流量，不需进气温度传感器对测量值进行修正。

热线的加热电流在 50~120mA 之间变化时，为避免精密电阻 R_S 过热，R_S 采用正温度系数很低的金属铂电阻。为了减少损耗，在惠斯登电桥的另一臂 R_2 上的电阻值较高，通过其臂上的电流仅几毫安。

热线式空气流量传感器的输出信号，一般为模拟电压信号，但有特例，如上海通用别克轿车将模拟信号经 A/D 转换后以数字频率信号输出，下面在检测方法上分别给予介绍。

2. 热线式空气流量传感器的检测

（1）模拟电压信号输出的热线式空气流量传感器　各种型号的热线式空气流量传感器的检查方法基本相同，都是检查传感器的电源电压和信号电压。下面以日产 CA18E 发动机热线式空气流量传感器为例，说明模拟电压信号输出的热线式空气流量传感器检测过程。

在空气流量传感器壳体上的四插脚接口中，热线式空气流量传感器使用其中的 B、C、D 三脚，其中 B 脚为传感器 12V 工作电压，C 脚为传感器搭铁，D 脚为传感器信号输出端。

① 供电线路检查：拆下空气流量传感器连接器，打开点火开关，检查线束侧 B 端子与搭铁间电压，应为 12V；检查线束一侧 C 端子与搭铁间电阻，应为 0Ω。

② 单体检查。按图 4-16(a) 所示，在 B 和 C 端子间施加 12V 电压，然后用万用表电压挡检查 B 和 C 端子间输出电压。在没有吹入空气时，电压应为 0.8V，吹入小气流空气时，电压约为 2.0V，空气流越大，输出电压越高，如图 4-16(b) 所示。

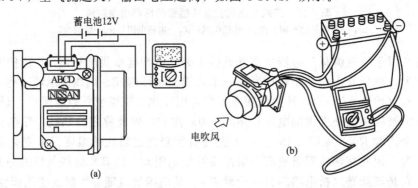

图 4-16　热线式空气流量传感器的单体检查

（2）频率输出型热丝式空气流量传感器检测　上海通用别克轿车的热丝式空气流量传感器安装在节气门体前，其电路如图 4-17 所示。

传感器为三导线频率输出型热丝式空气流量传感器，如图 4-18 所示，三个端子 A、B、C 中，C 为 12V 的工作电压电路，B 为接地电路，A 为空气流量传感器信号电路。需要注意的是，发动机控制模块还要向空气流量传感器信号电路 A 加上 5V 电压，传感器根据流过传感器孔的空气流量，间断将 5V 电压电路搭铁，从而产生频率信号。

① 工作电压检查　关闭点火开关，拔下传感器连接器，然后将点火开关转至 ON，用万用表测量 B、C 间电压，正常应为蓄电池电压，否则说明线路有问题。

② 参考电压测量　关闭点火开关，拔下传感器连接器，然后将点火开关转至 ON，但不启动发动机。用数字万用表电压挡测量空气流量传感器信号端子和搭铁端子间的电压，即 A 端子与 B 端子间的电压，应为 5V。

③ 空气流量传感器的输出信号电压检测　线路正常连接，打开点火开关，但不启动发动机，利用背插法，用万用表的直流电压挡测量 A、B 间电压。用吹风机向传感器进气口吹

第四章 气体和液体流量传感器

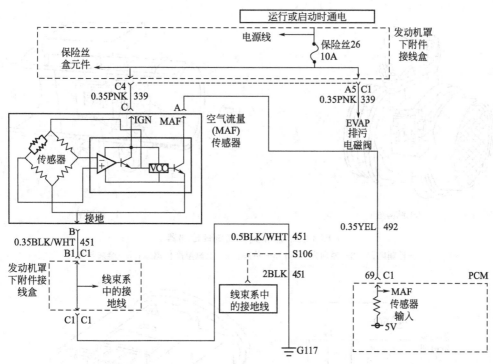

图 4-17 上海通用别克轿车的热丝式空气流量传感器接线图

风,其信号电压应随吹风量大小的变化而变化。否则,说明空气流量传感器已损坏,应当更换。

④ 使用 TECH2 扫描工具或示波器检测　用 TECH2 扫描工具上 ENG1 数据流中 MAF FREQUENCY(空气流量传感器频率)或用示波器检测,都可以读出其频率参数。正常情况下,急速时频率应接近 1700Hz,最大发动机负荷时频率应接近 9500Hz。

图 4-18 空气流量传感器端子

当空气流量传感器信号的频率小于 1200Hz 的时间超过 0.5s 时,发动机动力控制模块便设置故障代码 P0102(空气流量传感器线路低频率);当空气流量传感器信号的频率大于 11500Hz 的时间超过 12s 时,发动机动力控制模块便设置故障代码 P0103(空气流量传感器线路高频率)。

五、热膜式空气流量传感器

热膜式空气流量传感器的工作原理与热线式空气流量传感器类似,所不同的是:热膜式不使用铂金丝作为热线,而是将热线电阻、补偿电阻及桥路电阻用厚膜工艺制作在同一陶瓷基片上构成的。这种结构可使发热体不直接承受空气流动所产生的作用力,增加了发热体的强度,提高了空气流量计的可靠性,误差小,成本较低,电阻值较高,消耗的电流小,可以做到小型、轻巧。信号输出电压在 0~5V 间线性变化。但热膜式发热元件的响应性稍差。

奔驰轿车以及捷达 GT、GTX 型轿车都采用了热膜式空气流量传感器,下面以桑塔纳 2000GSi 型轿车为例,说明其检测方法。

热膜式空气质量传感器(G70)安装在空气滤清器和进气软管之间,主要由控制电路、热膜、上流温度传感器、金属护网等组成,其结构如图 4-19 所示。空气流量传感器线路和针脚功能以及插头端子排列顺序如图 4-20 所示。

125

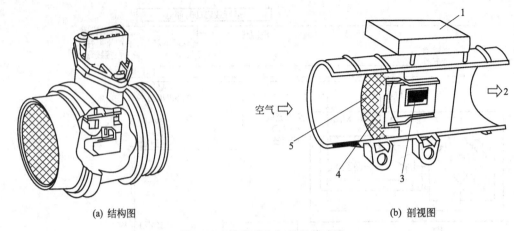

(a) 结构图　　　　　　　　　　　　　　(b) 剖视图

图 4-19　热膜式空气质量传感器

1—控制电路；2—通向发动机；3—热膜；4—上流温度传感器；5—金属护网

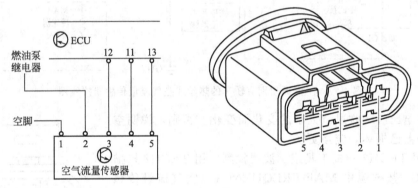

图 4-20　空气流量传感器线路与插头端子

1—空脚；2—12V 电压；3—ECU 内搭铁；4—5V 参考电压；5—传感器反馈信号

① 检查空气流量传感器的供电电压　在断开传感器插头，打开点火开关的情况下，用万用表电压挡测量端子 2 与搭铁间电压，应为蓄电池电压。也可用发光二极管试灯连接空气流量传感器插头端子 2 和发动机搭铁点，启动发动机，灯应亮。如果灯不亮，应检查保险丝与端子 2 间线路有无断路或短路，如正常，则检查汽油泵继电器。

② 检查空气流量传感器参考电压　测量空气流量计插头端子 4 对发动机搭铁点电压约为 5V（用 20V 量程挡）。如果空气质量传感器供电电压和参考电压正常，应测试信号线路。如果不正常，更换发动机 ECU。

③ 测试空气流量传感器线路　测试空气流量传感器端子各针脚与发动机控制单元上相关端子间的线路，其电阻值应小于 1Ω。如果线路有断路或短路，应修复；如果线路没有故障，更换空气流量传感器。

④ 用诊断仪检测　用 V.A.G1552 诊断仪检测空气流量传感器信号，操作步骤如下。输入地址码 01 进入发动机测试，输入 08 读取测量数据组，输入组号 02 读取基本功能数据。显示区域 4 即为进气空气质量，其标准值为 2.0～4.0g/s。若小于 2.0g/s，说明进气系统有泄漏；若大于 4.0g/s，说明发动机负荷太大。偏离标准值可能是空气流量传感器或其线路有故障。如果空气流量传感器有故障，会出现故障码 00553-G70—空气流量传感器线路对地断路或短路。

第四章 气体和液体流量传感器

⑤ 输出信号的万用表电压法检测　在线路连接完好的情况下，使发动机怠速运转，利用背插法，用万用表电压挡测量端子 5 与地之间电压，在发动机怠速时应为 1.4V，急加速时为 2.8V，否则说明空气流量传感器计量有偏差。

第二节　液体流量传感器

一、舌簧开关式液体流量传感器

舌簧开关式液体流量传感器利用椭圆齿轮进行工作，如图 4-21 所示，在测量室内有一对椭圆齿轮，在进口与出口两端液体压差作用下，一对椭圆齿轮在转轴上不停地转动，在其中一个椭圆齿轮上装有一永久磁铁，齿轮背面壳上固定有用于感测的舌簧开关装置，椭圆齿轮旋转带动永久磁铁旋转，当永久磁铁正对和离开舌簧开关时，引起触点的闭合和断开。将舌簧开关这一脉冲信号输入积分处理电路，便可计算出转速，将转速乘以每一转的排量，便可得到液体流量的大小，并经数字显示装置显示出来。

二、光电式燃油流量传感器

（1）光电式燃油流量传感器的结构　光电式燃油流量传感器的基本构成见图 4-22，它由光电耦合元件、叶轮、遮光板组成。当叶轮旋转时，遮光板也随叶轮在光电耦合件之间旋转，光敏晶体管就会导通和截止，根据导通的次数就可以计算出旋转的速度，乘以每一转的排量，推算出燃油流量，光电式燃油流量传感器的电路图如图 4-23 所示。

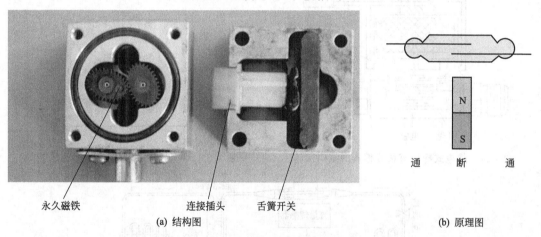

图 4-21　舌簧开关式液体流量传感器的结构与原理

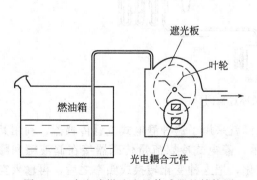

图 4-22　光电式燃油流量传感器的结构图

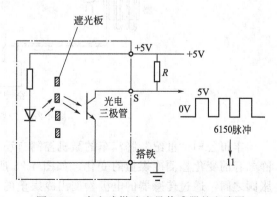

图 4-23　光电式燃油流量传感器的电路图

127

（2）光电式燃油流量传感器的检测　点火开关置于"ON"位置，首先检查供电电压，应为5V，在发动机处于怠速运转状态时，用万用表电压挡测量光电式燃油流量传感器信号输出端子间的电压变化情况。电压应该以脉冲形式发生，并且脉冲间的时间间隔均匀；当发动机转速升高，脉冲传感器的电压频率应明显加快。

三、静电式冷媒流量传感器

1. 静电式冷媒流量传感器的结构

静电式冷媒流量传感器可用于微机控制的汽车空调上检测冷媒流量，其结构如图4-24所示。传感器的内部有多个电极，通过传感器的流量发生变化时，则电极间的电容量也发生变化。静电式流量传感器的原理图如图4-25所示，两个平行电极之间的静电容C由下式确定：

$$C = \frac{\varepsilon S}{r}$$

式中，ε 为介电常数；S 为电极面积；r 为电极之间的距离。

当通过传感器的物质的状态变化时，或者混入少量的气体时，介电常数 ε 变化，其静电容 C 也发生变化，再经振荡电路把变化的静电容转换成频率，输入到空调控制ECU中，ECU就能测得冷媒的数量。

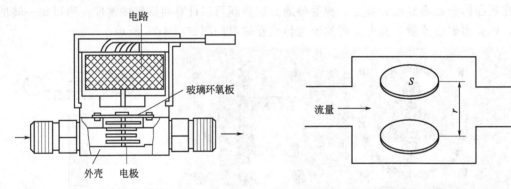

图4-24　静电式冷媒流量传感器的结构图　　图4-25　静电式冷媒流量传感器的原理图

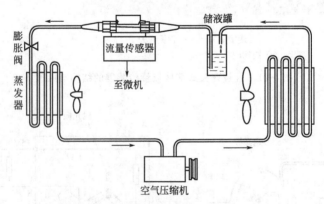

图4-26　冷媒循环过程图

丰田公司"世纪"牌汽车的微机控制自动空调就采用了这种静电式流量传感器，利用其静电容的变化检测冷媒量的变化。如图4-26所示，静电式冷媒流量传感器接在储液罐和膨胀阀之间，通过传感器的电极检测出冷媒量的变化，把这种变化转换成频率之后，再输入空调控制ECU中，ECU再把这种传感器输入的脉冲信号变换成电压，并判断冷媒数量是否正常。当出现异常时，利用监控显示系统向驾驶人员报警。

2. 静电式冷媒流量传感器的检测

拔开静电式冷媒流量传感器导线连接器橡胶套，在发动机运转期间，打开空调系统，用万用表电压挡测量信号输出端子间的电压变化频率，然后使出风量最大、温度最低，并提高发动机转速，以改变流过流量传感器的冷媒流量，此时观察电压表指示电压变化频率有无变化，无变化则需更换静电式冷媒流量传感器。

复习思考题

1. 体积流量和质量流量有什么区别？
2. 空气流量传感器有什么功用？如何进行分类？
3. 什么是卡门涡流？简述反光镜检测方式和超声波检测方式空气流量传感器的工作原理。
4. 简述热丝式空气流量传感器的工作原理。
5. 热膜式空气流量传感器有什么优点？简述热丝式空气流量传感器的工作原理和检测方法。

第五章

气体压力和液体压力传感器

学习目标

◆ 掌握压敏电阻式进气歧管压力传感器的作用、结构和检修方法
◆ 掌握电压型和频率型压力传感器的结构和检修方法的区别
◆ 掌握燃油箱压差传感器的作用和工作原理
◆ 掌握增压压力传感器的作用和工作原理
◆ 了解大气压力传感器的作用和工作原理
◆ 掌握制动压力传感器的作用、类型和工作原理、检测方法
◆ 掌握轮胎压力的监测方法和轮胎压力传感器的工作原理
◆ 掌握燃油压力传感器工作原理、检测方法
◆ 掌握共轨燃油压力传感器的作用、工作原理、检测方法
◆ 掌握空调压力传感器的工作原理和检测方法

压力传感器是汽车系统中应用最广泛的传感器之一，它用来检测气体压力和液体压力，并将压力信号转变为电压信号。压力传感器检测过程中的基准压力通常是指大气压，其基本工作原理是靠测定压力差来工作的。车用压力传感器很多，有进气歧管压力传感器、大气压力传感器、液体压力传感器等。判断压力传感器出现的故障时，不应只检查压力传感器本身，还应检查线束、插接件以及电控单元的整个故障电路。

第一节 概 述

人站在地面上以及车辆停在地面上都会对地面产生压力，把垂直作用在物体表面上的力叫作压力，压力作用效果跟压力的大小和受力面积的大小有关。把物体单位面积上受到的压力叫作压强。其表达式可写成

$$p=F/S$$

式中，p 为压强；F 为正压力；S 为作用面积。

第二节 进气歧管压力传感器

进气歧管压力传感器（也称进气压力传感器，英文缩写为 MAP）应用在 D 型汽油喷射系统中，用来检测进气歧管内的绝对压力，并通过电路的连接转化为电信号，与转速信号一起输

入到汽车电控单元中，作为确定喷油器喷油量的重要参数之一。它大多直接安装在汽车发动机的进气歧管上，少数用真空管将歧管内压力引出，将传感器安装到其他位置，如图5-1所示。

(a) 安装在进气歧管上

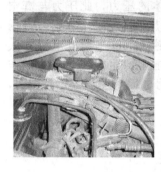

(b) 安装在防火墙上或其他位置

图 5-1 进气歧管压力传感器安装位置

进气压力传感器的种类较多，按其产生的信号可以分为电压型和频率型两种。电压型又可分为半导体压敏电阻式和真空膜盒式；频率型可分为电容式和表面弹性波式。

一、半导体压敏电阻式进气歧管压力传感器

1. 半导体压敏电阻式进气压力传感器的结构与原理

半导体压敏电阻式进气压力传感器用来检测电控燃油喷射系统进气歧管的绝对压力，并将其转换成电信号输送给电控单元，用以反映发动机的负荷大小，决定喷油器的基本喷油量。

（1）半导体压敏电阻式进气压力传感器的结构　半导体压敏电阻式进气压力传感器是利用半导体的压阻效应的原理制成的。它由硅膜片、硅杯、真空室、底座、真空管接头和引线电极组成，其内部结构如图5-2所示。

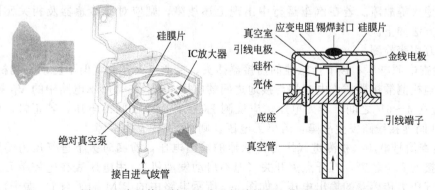

图 5-2 半导体压敏电阻式进气歧管压力传感器的结构

硅膜片是用单晶硅制成的压力转换元件，为约3mm的正方形，厚度为$160\mu m$，在硅膜片的中心部位经光刻腐蚀形成一个直径为2mm、厚约$50\mu m$的薄膜片，在薄膜片表面的圆

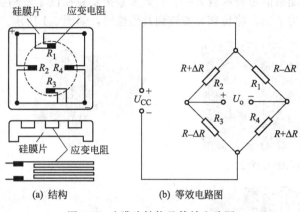

(a) 结构　　(b) 等效电路图

图 5-3　硅膜片结构及等效电路图

周上有 4 只阻值相等的应变电阻，以惠斯登电桥方式连接，如图 5-3(b) 所示，然后再与传感器内部的温度补偿电阻和信号放大电路等混合集成电路连接。

(2) 半导体压敏电阻式进气压力传感器的工作原理　工作原理如图 5-4 所示。硅膜片装在保持真空的真空室内，一面通真空室，一面承受来自进气歧管中气体的压力，此压力与真空室压力之差使硅膜片产生变形，且压力越大变形越大，以惠斯登电桥方式连接的应变电阻的阻值在此压力的作用下就会发生变化，再经真空室内的混合集成电路变换为电压信号。因为此信号比较微弱，须经放大后以作为吸气管的压力信号输入到发动机 ECU 中。

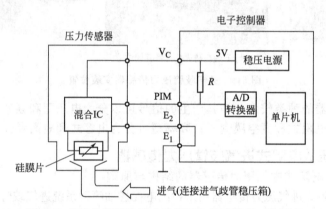

图 5-4　半导体压敏电阻式进气压力传感器的工作原理

2. 半导体压敏电阻式进气压力传感器的检测方法

半导体压敏电阻式进气压力传感器体积小，精度高，再现性、响应性和抗振性较好，一般不易损坏，应用较广。若损坏或其连接线路不良，则易使发动机出现怠速不良、启动不易和启动后熄火等故障。若在汽车运行中出现上述故障，则应对此传感器及相关元件进行检测，检测方法如下。

(1) 万用表检测

① 检查电源电压　拔下传感器的插接器插头，接通点火开关（但不启动发动机），用万用表电压挡检测插接器插头电源端与接地之间的电压（如图 5-4 所示电路中的 V_C 端子与 E_2 端子），应在 4~6V 之间；若无电压，应检测 ECU 相应端子间的电压，若正常，则是传感器与 ECU 间连接线路发生故障，若仍无电压，则是 ECU 发生故障。

② 检查信号电压　检测进气压力传感器的输出电压，检测时拔下进气压力传感器与进气歧管连接的真空软管，打开点火开关（但不启动发动机），用电压表在电控单元线束插头处测量进气压力传感器的输出电压（如图 5-4 所示电路中的 PIM 端子与 E_1 端子）。接着向进气压力传感器内施加真空，并测量在不同真空度下的输出电压，该电压值应随真空度的增大而降低，其变化情况应符合规定。

(2) 示波器检测　进气压力传感器的加减速时的波形可使用 THM-570U 手提式多功能

双轨汽车专用示波器测出，如图 5-5 所示。

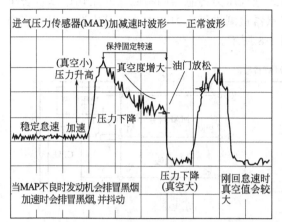
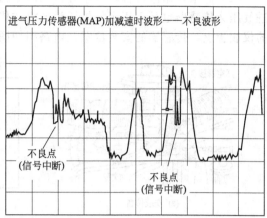

图 5-5 进气歧管压力传感器在 THM-570U 专用示波器显示加减速时的正常波形和不良波形

3. 检测方法在具体车型上的应用

（1）桑塔纳 2000GLi 型轿车半导体压敏电阻式进气压力传感器的检测 桑塔纳 2000GLi 型轿车的进气压力传感器与进气温度传感器制成一体，安装在进气系统的动力腔上，这两种传感器配合工作能准确地反映汽缸的进气量。进气压力传感器的外形如图 5-6 所示。该传感器连接器的 4 个连接端子 1、2、3、4 分别与 ECU 的 30、44、12、7 端子相连接，其连接电路如图 5-7 所示。

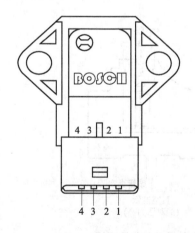
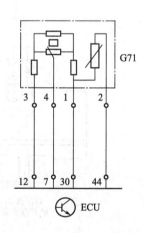

图 5-6 桑塔纳 2000GLi 型轿车进气压力传感器的外形

图 5-7 进气压力传感器与 ECU 的连接电路

桑塔纳 2000GLi 型轿车的进气压力传感器的检测方法如下。

① 电压检测 用万用表直流电压挡检测电压，打开点火开关，检查进气压力传感器连接器 1 与 3 端子间的电源电压，标准值应为 5V 左右；打开点火开关，发动机不运转，检查进气压力传感器信号输出端子 4 与搭铁 1 端子间的信号电压，标准值应为 3.8~4.2V；当发动机怠速运转时，信号电压应为 0.8~1.3V；当加大油门时，信号电压应上升。若信号电压经检查不符合上述规定，说明传感器已经损坏，应进行更换。

② 电阻检测 关闭点火开关，拔下进气压力传感器线束连接器和 ECU 线束连接器。用万用表的电阻挡检测 ECU 和传感器相对应端子间的电阻，其电阻应小于 0.5Ω。如果电阻过

大或为无穷大，则说明线束与端子接触不良或有断路，应该进行更换。

（2）北京切诺基吉普车的半导体压敏电阻式进气压力传感器的检测　北京切诺基吉普车进气压力传感器也是采用半导体压敏电阻式传感器检测进气压力的大小，其安装在驾驶室内的仪表板上，传感器的安装位置及电路图如图5-8所示。

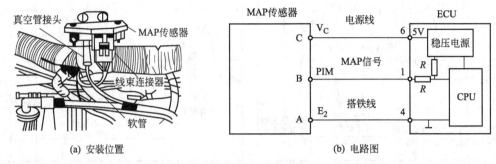

图5-8　切诺基吉普车进气压力传感器的安装位置及电路图

进气压力传感器与电子控制单元ECU有3条导线相连，一条是电源线，ECU向传感器输入4.8～5.1V电压；另外两条线分别是信号线和地线。在发动机怠速运转时，进气歧管内的真空度高，传感器的电阻大，传感器输出1.5～2.1V低电压信号；当节气门全开时，进气歧管内的真空度低，传感器电阻小，传感器输出3.9～4.5V较高电压信号。北京切诺基吉普车的进气压力传感器工作原理图如图5-9所示。

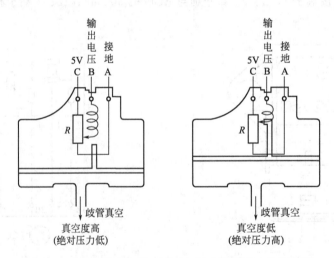

图5-9　北京切诺基吉普车的进气压力传感器工作原理图

切诺基吉普车的进气压力传感器的检测方法如下。

① 检测传感器的电源电压　当点火开关接通时，检测传感器A端子与C端子间的电压，电压值应为4.5～5.5V。如电压为零，再检测ECU线束连接器接头端子4与6间的电压，如果电压为4.5～5.5V，说明传感器电源线断路或线路接触不良。

② 检测传感器的信号电压　传感器的信号电压用高阻抗数字式万用表直流电压挡进行检测。传感器插座上有A、B、C三个端子，接通点火开关，不启动发动机，检测信号输出端子B与搭铁端子A上的电压，电压值应为4～5V左右；当发动机热机怠速运转时，A端子与B端子间的电压下降到1.5～2.1V；当节气门开度逐渐增大时，A端子与B端子间的电压逐渐升高。如检测ECU线束连接器插头1端子与4端子间的电压，则应和A端子与B

端子间的电压相同。若检测结果不符合规定,则说明传感器接触不良、信号线断路或传感器本身有故障,应该继续检查并更换相应的元器件。

③ 检测传感器负极导线的连接情况　用万用表电阻挡检测传感器 A 端子与发动机缸体间的电阻,阻值应小于 0.5Ω。若阻值过大或为无穷,则说明传感器负极导线断路或插头连接不良。

④ 检查真空软管的连接情况　检查进气压力传感器的真空软管与节气门体的连接情况,如连接不良或漏气,则会影响传感器性能并直接影响发动机工作的稳定性,可视情况使连接牢固或更换真空软管。

(3) 丰田皇冠 3.0 型轿车半导体压敏电阻式进气压力传感器的检测　丰田皇冠 3.0 型轿车发动机也使用半导体压敏电阻式进气压力传感器,此传感器安装在发动机上,用于检测进气压力的大小。进气压力传感器与 ECU 的连接电路及电压输出特性曲线如图 5-10 所示。

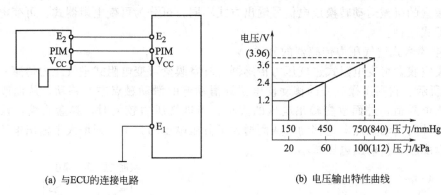

(a) 与ECU的连接电路　　　　(b) 电压输出特性曲线

图 5-10　丰田皇冠 3.0 型轿车进气压力传感器与 ECU 的连接电路及电压输出特性曲线

皇冠 3.0 型轿车进气压力传感器的检测方法如下。

① 检测传感器电源电压　拆下传感器连接器插头,把点火开关置于 ON,用万用表测量传感器的 V_{CC} 与 E_2 端子间的电压,标准值应在 $4.5 \sim 5.5V$ 的范围内,如图 5-11 所示。测量完毕应把连接器重新接好。

② 检测传感器信号电压　压力传感器输出信号电压检查方法如图 5-12 所示。打开点火开关,但不启动发动机,拔下进气的真空软管,用万用表测量 ECU 的 PIM 和 E_2 端子间的电压值。在测量时应用手动真空泵将传感器真空管抽真空,其信号电压随抽入真空的压力增强的变化应符合表 5-1 所示的数值。

表 5-1　不同压力时 PIM-E_2 间的电压值

歧管压力/kPa(mmHg)	13.3(100)	26.7(200)	40.0(300)	53.3(400)	66.7(500)
PIM-E_2 间电压/V	0.3~0.5	0.7~0.9	1.1~1.3	1.5~1.7	1.9~2.1

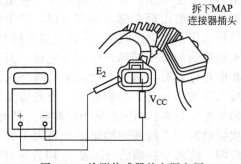

图 5-11　检测传感器的电源电压

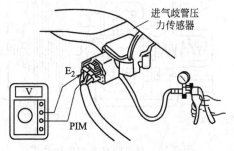

图 5-12　压力传感器输出信号电压检查

二、真空膜盒式进气压力传感器

真空膜盒式进气压力传感器也叫膜盒测压器。一般安装在 D 型汽油喷射系统发动机的进气歧管上,用来测量进气管压力,并将压力信号转化为电信号输入给 ECU,作为燃油喷射和点火控制的主控制信号,其结构如图 5-13 所示。

膜盒测压器的膜盒由薄金属片焊接而成,在其内部抽真空,外部为气压室,与发动机进气歧管相连。当来自进气歧管中变化的气体压力作用于膜盒的外部时,膜盒易膨胀或收缩。当膜盒接收真空负压时,膜盒会膨胀;反之,接收正压力,如大气压力时,膜盒会收缩。膜盒的膨胀或收缩将使与之连在一起的操纵杆外伸或回缩(操纵杆的移动和与所受的压力的变化呈线性关系),并可采用可变电阻器(电位计)或可变电感器或差动变压器将操纵杆的机械运动转化为电信号输送给 ECU,实现对喷油量的控制。

根据膜盒的机械运动转换成电信号输出方式不同,可分为可变电阻器式、可变电感式和差动变压器式三种。

1. 真空膜盒式进气压力传感器的分类

(1) 真空膜盒可变电阻式进气压力传感器　真空膜盒可变电阻式进气压力传感器的结构如图 5-14 所示。它利用操纵杆的移动使电位计滑动臂的滑动触点左右移动,从而改变可变电阻的输出电阻值,进而改变输出电压的大小。当进气压力较大时,膜盒收缩,操纵杆回缩,使电位计的滑动触点向上移动,从而增大了分压电压的大小,即增大了输出电压值;反之,则膜盒膨胀,使输出电压减小。

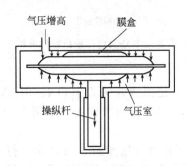

图 5-13　真空膜盒式进气压力传感器的结构

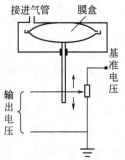

图 5-14　真空膜盒可变电阻式进气压力传感器的结构

(2) 真空膜盒差动变压器式进气压力传感器　真空膜盒差动变压器式进气压力传感器主要由膜盒、传感线圈、铁芯、弹片以及电路组成,如图 5-15 所示。

传感线圈由一次绕组和二次绕组组成,如图 5-16 所示。一次绕组与振荡电路连接,用来产生交变电压,并在线圈周围产生电磁场;二次绕组由两个感应线圈组成,产生感应信号电压。当交流电通过一次绕组线圈时,二次绕组的两个线圈都产生感应电压。当铁芯在中心位置时,两个二次绕组线圈产生的感应电压大小相等,方向相反,因此传感器的输出电压为零。当铁芯从中间移向一端时,二次绕组的一个线圈的输出电压将大于另一个线圈,这两个线圈的电压差 e_s 即为输出信号电压,其大小由铁芯的移动距离决定。

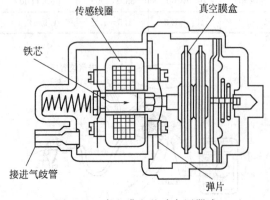

图 5-15　真空膜盒差动变压器式进气压力传感器的结构

当进气歧管压力发生变化时，膜盒的回缩与外伸带动铁芯在磁场中移动，使感应线圈产生的信号电压发生变化，这个变化的信号电压经电子电路检波、整形和放大后，输入电控单元 ECU。

(3) 真空膜盒可变电感式进气压力传感器　真空膜盒可变电感式进气压力传感器的结构如图 5-17 所示。它利用操纵杆的回缩或外伸移动，带动与其相连的铁芯移动，使两个互感线圈 W_1 与 W_2 之间的互感系数发生变化，进而改变输出电压的大小。

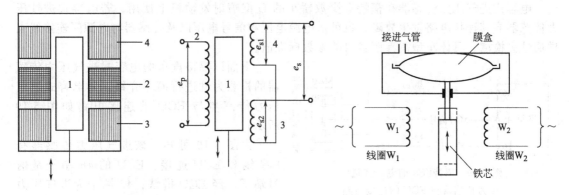

图 5-16　传感绕组及铁芯的结构
1—铁芯；2——次绕组；3,4——二次绕组

图 5-17　真空膜盒可变电感式
进气压力传感器的结构

其中互感线圈的互感系数与两线圈的耦合程度相关，耦合越紧，输出电压越大。因此，进气压力增大时，膜片回缩，铁芯向两线圈中间运动时，耦合变紧，输出电压增大；反之，则膜片膨胀，使输出电压减小。

2. 真空膜盒式进气压力传感器的检测方法

真空膜盒式进气压力传感器的常见故障是真空软管连接不牢、破裂以及感应线圈断路、短路等。应注意这种进气压力传感器是用 12V 电源工作，所以检测时不要拔下电源线插头。

(1) 检查电源电压　关闭点火开关，拔下传感器连接器插头，在电源线插头一侧接万用表，打开点火开关，测量其电源电压，应为 12V，否则应检查电源线是否存在断路、短路。

(2) 检查输出信号电压　连接好传感器插头，打开点火开关，将万用表正表笔与信号端子接触，将负表笔搭铁。当脱开真空软管后，与大气压力直接相通时，万用表应指示 1.5V 左右；用口吸吮真空软管时，万用表示值应从 1.5V 慢慢减小；发动机怠速运转时，万用表示值约为 0.4V；当发动机转速升高时，输出示值也应升高。否则说明传感器或相关线路出现故障，应进行更换。

三、电容式进气压力传感器

1. 电容式进气压力传感器的结构与原理

如图 5-18 所示，位于传感器壳体内腔的弹性膜片用金属制成，弹性膜片上、下两个凹玻璃的表面也均有金属涂层，这样在弹性膜片与两个金属涂层之间形成两个串联的电容，利用电容效应检测进气管绝对压力。

发动机工作时，进气管内的空气压力作用于弹性膜片上，使弹性膜片产生位移，弹性膜片与两个金属涂层之间的距离发生变化，导致电容量发生变化，一个增加，而另一个减小。电容量的变化量与弹性膜片的位移成正比，而弹性膜片的位移取决于

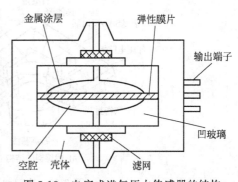

图 5-18　电容式进气压力传感器的结构

上、下两个气体空腔的压力,只要弹性膜片上部的空腔为绝对真空,下部空腔通进气管,则可通过检测电容量的变化来检测进气歧管的绝对压力。电容量的变化量再经过测量电路转换成电压信号输送给 ECU,可以根据传感器输入信号来感知进气歧管的绝对压力的大小,进而对发动机的喷油量进行控制。

2. 电容式进气压力传感器的检测方法

电容式进气压力传感器在福特等少数轿车的 D 型喷射发动机上使用。若电容式进气压力传感器或其连接电路发生故障,也可从电源电压和信号电压以及传感器与电源间连接线束导通性去检测,具体车型需参照各自的参数标准值。

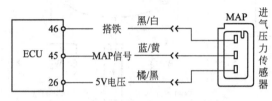

图 5-19 福特汽车的电容式进气压力传感器与 ECU 的连接电路

下面以福特汽车的电容式进气压力传感器的检测为例进行简单介绍,其电容式进气压力传感器与 ECU 的连接电路如图 5-19 所示。

由图 5-19 可知,该进气压力传感器有 3 条线和 ECU 连接。ECU 的 46 端子是信号端子,经 ECU 搭铁;45 端子为进气压力传感器输出信号端子;26 端子向进气压力传感器提供 5V 电压。其检测方法如下:

① 检查真空软管的连接状态,以确保无老化破裂现象。
② 打开点火开关,检查 ECU 的 26 端子(橘/黑)与搭铁间的电压值,应为 5V。
③ 检测 46 端子信号电路(黑/白)电压,应为 0V,接地电阻不大于 0.5Ω。
④ 检测进气压力信号线(蓝/黄),拆下传感器连接器接头,测量 45 端子处的电压,在点火开关接通时为 0.5V。

也可以用汽车专用万用表对此进气压力传感器的频率进行测试,具体测试方法是:打开点火开关,发动机不运转,进气压力传感器输出信号的频率约为 160Hz;怠速时频率为 105Hz 左右;减速时频率为 80Hz 左右;若进气压力输出信号消失或者超出工作范围(小于 80Hz 或大于 160Hz),则说明此传感器已损坏,应进行检修或更换。

四、表面弹性波式进气歧管压力传感器

表面弹性波式进气歧管压力传感器如图 5-20 所示。表面弹性波式进气歧管压力传感器是在一块压电基片上用超声波方法加工出一块薄膜敏感区,上面刻制换能器,换能器与电路组合成振荡器。为了提高测量精度,补偿温度对基片的影响,在薄膜敏感区边缘设置另一只性能相同的换能器。

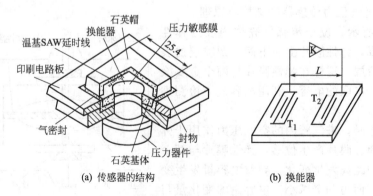

图 5-20 表面弹性波式进气歧管压力传感器

换能器是在抛光的压电基片上设置两个金属叉指构成的,若在输入换能叉指 T_1 上加电信号,便由逆压电效应在基片表面激起弹性表面波,传播到换能叉指 T_2 转换成电信号,经放大后反馈到 T_1,以便保持振荡状态。

表面弹性波在两个换能叉指之间的传播时间即是所获得的延迟时间,其大小取决于两换能叉指间的距离。由于导入的进气歧管压力作用于压电基片上,压力变化将在薄膜敏感区产生应变,使换能叉指间的距离发生变化,因而,表面弹性波传播的延迟时间相应变化。这样,根据与延迟时间成反比的振荡频率,即可输出压力信号。

第三节　其他气体压力传感器

一、大气压力传感器

1. 大气压力传感器的结构与原理

大气压力传感器用于检测大气压力的大小,并将压力信号输入给 ECM/PCM,实现 ECM/PCM 对点火时间和喷油量的修正。它一般安装在空气流量传感器上或 ECM/PCM 内部,如图 5-21 所示。对于 D 型喷射发动机系统,则利用发动机无运转时,进气歧管内压力与大气压相等这一特点,在打开点火开关至"ON"位置瞬间,由进气压力传感器信号作为大气压力信号,因此无需安装大气压力传感器。

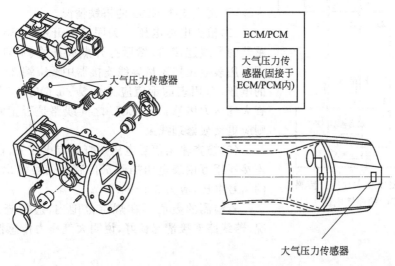

图 5-21　大气压力传感器的安装位置

大气压力传感器一般采用集成电路与微加工技术,在一块半导体基片(硅片)上形成压力传感器、温度补偿电路和放大电路。在硅片的中间,从反面经异向腐蚀形成一个正方形的膜块(利用膜片将压力变换成应力),在膜片的表面,通过扩散杂质形成 4 个测量电阻,它们按惠斯登电桥方式连接,如图 5-22 所示。利用膜片的压阻效应将加在膜片上的压力变换成电阻的变化,此电阻的变化通过桥式电路之后,在桥式电路的两个输出端子之间,以电位差的方式向外输出。

2. 大气压力传感器的检测方法

下面以三菱轿车大气压力传感器为例,说明大气压力传感器的检测内容。

三菱轿车大气压力传感器与 ECU 的连接电路如图 5-23 所示,大气压力传感器安装在空气流量传感器内,由惠斯登电桥组成。随海拔的变化,大气的压力也会变化,从而使传感器电桥输出的电压值发生变化,并将变化的电压信号输入 ECU 的 16 端,ECU 根据输入的信号电压修正喷油量。ECU 的 13 和 23 端及 14 和 24 端子并联,以减少接触电阻,提高测量精度。

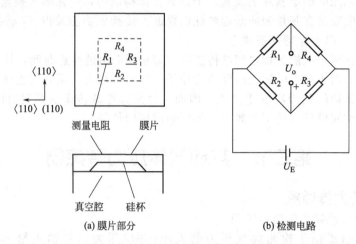

图 5-22 大气压力传感器的检测电路

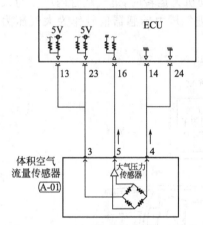

图 5-23 三菱轿车大气压力传感器与 ECU 的连接电路

此传感器及其电路的检测方法如下。

(1) 检查搭铁情况 拆下大气压力传感器与 ECU 间的连接插头,测量 ECU 侧 14 端子与搭铁间的电阻值,应为零,否则应检查 ECU 的搭铁情况。

(2) 检查电池电压 关闭点火开关,拔下大气压力传感器的导线连接器,然后打开点火开关(不启动发动机),用万用表电压挡测量导线连接器中线束端 23 与搭铁端 14 的电压,万用表的示值应为 4.5~5.5V。若有异常,应检查大气压力传感器与 ECU 之间线路是否正常。若断路,则应更换或修理线束。

(3) 检查输出信号电压 打开点火开关,在 ECU 导线连接器用万用表电压挡测量传感器信号输出端 5 端输出的信号电压,应为 3.5~4.2V。

若检测的数值不在规定范围内,应检查线路连接情况,若线路连接情况良好,说明大气压力传感器损坏,则应更换。

二、燃油箱压差传感器(燃油箱压力传感器)

燃油箱压差传感器又称燃油箱蒸气压力传感器。燃油压差传感器配合净化电磁阀,用于检查燃油蒸发系统是否有泄漏。燃油蒸发系统如图 5-24 所示。

在蒸发排放系统中,ECU(或 PCM)促动通风电磁阀或净化电磁阀动作,使燃油蒸发排放系统的状态保持一定的正压或负压,ECU 通过燃油压差传感器感知燃油箱压力的变化,对蒸发系统是否有渗漏进行判断。例如,当蒸气管内真空度达到 2kPa 时,ECU 控制净化电磁阀和通风电磁阀关闭,使蒸发系统内真空度保持在此值,此时如果燃油压差传感器压力有变化,则说明蒸发系统有渗漏。反之,当打开控制净化电磁阀时,如果燃油压差传感器压力没有变化,则说明蒸发系统堵塞。

1. 位置

燃油箱压差传感器安装位置有多种形式:

(1) 直接安装到燃油箱上。如图 5-25 所示。

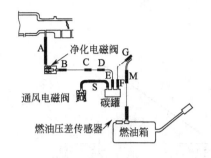

图 5-24 燃油蒸发排放系统组成

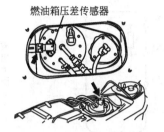

图 5-25 直接安装在燃油箱上的燃油箱压差传感器

(2) 远离燃油箱安装。如图 5-26 所示。

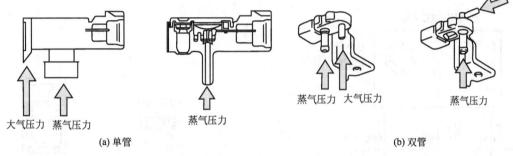

(a) 单管　　　　　　　　　　　　　　　　　　(b) 双管

图 5-26 远离燃油箱单独安装的燃油压差传感器

压差传感器安装远离燃油箱位置时，可能会有一个或两个管路与之相连。如果传感器使用一个管子，这个管子被连接到压力传感器和燃油箱之间；如果采用两个管子的形式，一个管子连接压力传感器和燃油箱，另一个管子连接大气。

2. 工作原理

燃油箱压差传感器工作原理同进气歧管绝对压力传感器类似。其工作原理示意如图 5-27 所示。变化的燃油蒸气压力能够造成硅片弯曲，导致硅片上应变电阻值发生变化，从而使燃油箱压差传感器输出电压发生变化。从图 5-27 可以看出，硅片的变形取决于大气压力和蒸气压力的压差，变形量的大小决定了传感器输出电压信号的大小。

图 5-28 为燃油箱压差传感器线路连接，传感器接受来自 ECU 上 V_C 线路的 5V 电压，传感器接地是通过 ECU 的接地线束实现的（通常是 E2 端子），PTNK 端子是传感器的输出信号端子，如果 PTNK 线路断路或被脱开，PTNK 的信号将是 5V。燃油箱压力传感器响应燃油箱中的压力或真空变化，当蒸气压力增加，输出电压信号增加。其输出特性如图 5-29 所示。

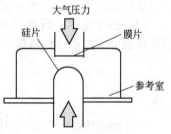

图 5-27 燃油箱压差传感器工作原理示意图

3. 检测方法

以三菱蒙特罗为例，说明燃油箱压差传感器的检修方法，三菱蒙特罗燃油箱压差传感器电路图如图 5-30 所示。

(1) 供电电压检测　断开点火开关，拔掉传感器接头，再打开点火开关，用万用表电压挡测量线束侧 3# 端子与搭铁之间的电压，其值应为 4.8~5.2V，测量线路连接如图 5-31 所示。

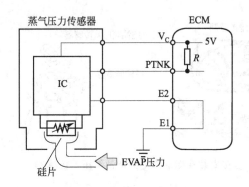

图 5-28　燃油箱压差传感器线路连接图

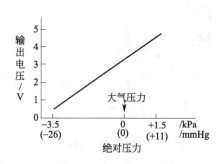

图 5-29　燃油箱压差传感器输出特性

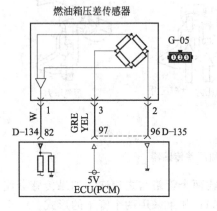

图 5-30　三菱蒙特罗燃油箱压差传感器
电路图及插头形状

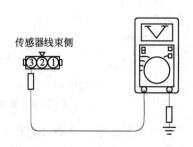

图 5-31　燃油箱压差传感器电压测量

（2）搭铁检查　拔掉传感器接头，用万用表欧姆挡测量线束侧 2# 端子与搭铁间的导通性。正常端应导通。如图 5-32 所示。

（3）信号检测　断开点火开关，如图 5-33 所示，利用 MB991348 转接插头进行连接，用万用表电压挡测量线束侧 3# 端子与 2# 之间电压，正常值应为 2.0～3.0V。

图 5-32　燃油箱压差传感器搭铁测量

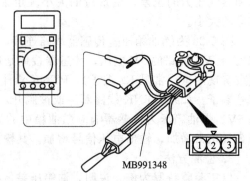

图 5-33　信号检测

（4）故障码检测　使用 MUT-Ⅱ 进行检测，如果燃油箱压差传感器或线路损坏，可以出现下列故障码：P0450 或 P0451。

故障码设置条件是：当净化电磁阀关闭，燃油压差传感器输出电压值保持在 1.0V 并超过 10s，设定故障代码；或者当净化电磁阀占空比为 100％全部工作时，燃油压差传感器输出保持 4.0V 超过 10s，设定故障代码。

三、增压压力传感器

1. 增压压力传感器的功用

为了提高发动机功率，降低油耗，现在，部分柴油车和部分汽油车上都使用了涡轮增压系统或机械增压系统。增压压力传感器被用来测量增压后绝对压力值的高低，以便 ECU 控制涡轮增压器上的过压泄压旁通阀或过压进气泄压阀是否开启，及时调节"压比"，防止过量增压，保护发动机。

2. 增压压力传感器的位置

增压压力传感器，在发动机增压中冷器的上部或集成在节气门模块的压力管上部。增压压力传感器的位置见图 5-34。

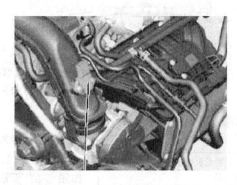

图 5-34 增压压力传感器的位置

在这里必须要强调的是：要注意区分增压压力传感器与进气歧管绝对压力传感器的区别与联系。D 型电控发动机使用的是进气歧管绝对压力传感器，该传感器必须位于节气门后方的进气歧管上，将进气歧管的绝对压力转换成信号后送至电控单元，用以间接反映进入气缸内的空气的量。ECU 根据发动机转速和歧管内绝对压力，控制基本喷油量的大小和基本点火提前角。而增压压力传感器安装于发动机增压中冷器的上部，处于涡轮增压出口与节气门阀体的中间，测量的是增压中冷后节气门前进气管内绝对压力值的高低，而不是进入气缸内的气体的量。增压压力传感器的目的是控制废气旁通阀和废气循环阀及时开启，调整涡轮转速、调节"增压比"，防止过量增压和空燃比（A/F）失控。图 5-35 所示的是 D 型和 L 型发动机传感器布置形式。

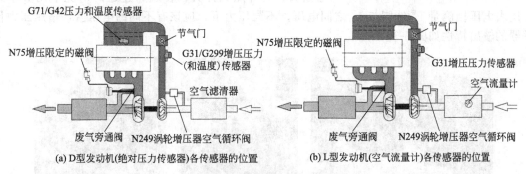

图 5-35 D 型和 L 型发动机传感器的布置形式

在有些使用增压系统的柴油车上，在增压器后的进气管上也安装有增压压力传感器，但因为柴油车没有节气门,因此这里的增压压力传感器与汽油机有所不同,它起的作用是进气歧管的绝对压力的作用,ECU进行进气流量计算,用于喷油控制。如DELPHI的柴油增压系统。

在这里研究的是汽油机的增压压力传感器。

3. 增压压力传感器的工作原理

增压压力传感器的工作原理如图5-36所示,进气管内的进气压力使硅芯片连同压敏电阻发生机械变形,使其阻值发生改变,惠斯顿电桥失去平衡,经硅芯片上的电路处理后,形成与进气压力成线性的电压信号。

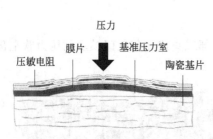
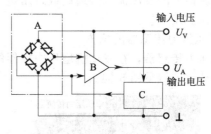

图5-36 增压压力传感器的工作原理示意图
A—张力测量式压力测量元件;B—放大器;C—温度补偿电路

4. 检测

下面以帕萨特1.8T为例,说明增压压力传感器检测过程。

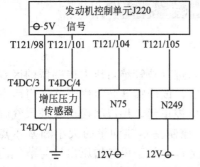

图5-37 增压压力传感器与ECU的连接

帕萨特1.8T发动机增压压力传感器与ECU的连接如图5-37所示。

增压压力传感器安装在发动机左侧增压空气冷却器上部,为4针插头,其中2位空缺,安装位置和端子形状如图5-38所示。

(1) 搭铁检查 拔掉增压压力传感器插头,用数字式万用表电阻挡测量1#针脚与搭铁之间的电阻,应导通,否则需进行检查修理。

(2) 电压的检测 拔掉增压压力传感器插头,打开点火开关,用数字式万用表电压挡测量1#针脚与3#之间电压,应为5V。

(3) 增压压力传感器信号检查 插上增压压力传感器插头,打开点火开关,在线路连通的情况下用数字式万用表电压挡测量1#针脚与4#之间电压,不同压力下,应该有不同的电压值,增压压力传感器的输出特性如图5-39所示。

图5-38 增压压力传感器安装位置和端子形状

四、轮胎压力传感器

1. 轮胎压力监视系统概述

TPMS 是汽车轮胎压力监视系统"Tire Pressure Monitoring System"的英文缩写，主要用于在汽车行驶时实时对轮胎气压进行自动监测，对轮胎漏气和低气压进行报警，以保障行车安全。

TPMS 分为间接式（Wheel-Speed Based TPMS，简称 WSB TPMS）和直接式（Pressure-Sensor Based TPMS，简称 PSB TPMS）

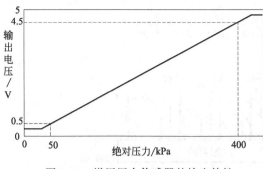

图 5-39 增压压力传感器的输出特性

2 种类型。

（1）间接式 TPMS 是通过汽车 ABS 或 ESP 系统的轮速传感器来比较轮胎之间的转速差别，以达到监视胎压的目的。该类系统的主要缺点是无法对两个以上轮胎同时缺气的状况和时速超过 100km/h 的情况进行判断。

目前在大众车系中使用三种不同的轮压监控系统，在 A 及 A0 级中应用间接测量方式 RKA，如速腾、波罗。此种轮胎压力监控系统是基于 ESP 系统而工作的，它将轮速传感器接受到的各轮转速的线速度换算为车轮的旋转半径。它的判断逻辑为：如果所有轮胎气压正常，则在汽车正常行驶时，四个车轮旋转的速度应基本相同，如果一个轮胎缺气，汽车直线行驶时，其轮速应变快。图 5-40 是部分迈腾轿车间接测量方式的原理图。

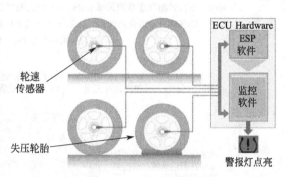

图 5-40 部分迈腾轿车间接测量方式的原理图

（2）直接式 TPMS 利用安装在每一个轮胎里的压力传感器和温度传感器来直接测量轮胎的压力和温度，并对各轮胎气压进行显示及监控。它在轮胎压力过高、过低、轮胎缓慢漏气或温度异常变化时可以及时向车载无线接收器报警，有效防止爆胎；可以同时监测所有轮胎的状况，并且系统对汽车的行驶速度没有要求；缺点在于无线电波容易受到干扰及电池使用寿命的问题。

目前在大众车系中在 B、C 级车中应用直接测量但不能识别位置的 RDK 系统，如迈腾、部分奥迪 C6、A6；在 C、D 级车中应用可以由驾驶员自己设定监控气压值并能识别位置的 RDK 系统，如辉腾、奥迪 A8 等。

① 能识别位置的 RDK 系统。每个气门嘴上都装有一个轮胎气压测量和发送单元，该单元以固定的时间间隔向安装在翼子板上的轮胎压力监控天线和轮胎压力监控控制单元发送无线电信号。系统如图 5-41 所示。

② 不能识别位置的 RDK 系统。帕萨特车中的轮胎气压监控系统使用不能识别位置的 RDK 系统。该系统的软件集成在舒适系统控制单元中。系统由各轮传感器发射轮胎压力、温度等信息，再经中控锁的接收天线和防盗报警系统天线接收并且传递给轮胎气压监控控制单元的信号。如图 5-42 所示。

2. 轮胎压力传感器

（1）位置 直接式 TPMS 使用的是轮胎压力传感器，它安装在每一个轮胎里。

（2）组成与功用 轮胎压力监测模块由五个部分组成：①具有压力、温度、加速度、电

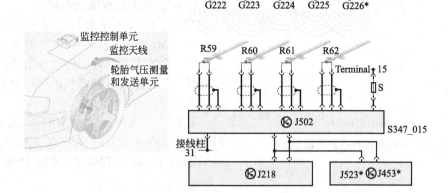

图 5-41 能识别位置的 RDK 系统示意图

G222—左前轮胎气压传感器；G223—右前轮胎气压传感器；G224—左后轮胎气压传感器；
G225—右后轮胎气压传感器；G226—备用车轮胎气压传感器；R59—左前轮胎气压监控天线；
R60—右前轮胎气压监控天线；R61—左后轮胎气压监控天线；R62—右后轮胎气压监控天线；
J218—仪表板中的组合处理器；J453—多功能方向盘控制单元；J502—轮胎气压监控控制单元；
J523—前部信息显示和操作控制单元

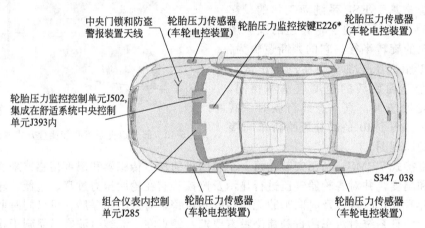

图 5-42 不能识别位置的 RDK 系统示意图

压检测和后信号处理 ASIC 芯片组合的智能传感器 SoC；②4~8 位单片机（MCU）；③RF 射频发射芯片；④锂亚电池；⑤天线。如图 5-43 所示。

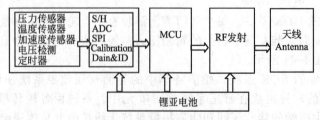

图 5-43 TPMS 发射器

轮胎压力传感器可以监控并发射当时的轮胎气压、车轮内部温度、车轮加速度、ID 码、检验位以及轮胎状态。

根据各国情况的不同，现在使用两种不同的载波频率。大多数国家使用 433MHz 的载

第五章 气体压力和液体压力传感器

波频率。少数国家（如美国）使用 315MHz 的载波频率。

轮胎压力传感器的具体构造如图 5-44 所示。

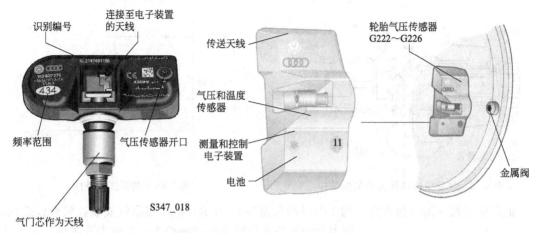

(a) 不能识别位置的RDK系统用　　　　　　(b) 能识别位置的RDK系统用

图 5-44　轮胎压力传感器的构造

（3）检测　由于轮胎压力传感器使用射频发射，所以一般只能用解码仪进行检测和设定。

① 对于大众汽车的间接式轮胎压力监控系统，自诊断功能可以记录下以下故障码：

03—02—02214　　轮胎压力监控系统有故障

03—02—01595　　轮压监控开关 E226 故障

RKA 设定：

使用 03—04—042，可对系统进行基本设定；也可以使用 VAS 505X 的"故障/功能引导"功能对系统进行基本设定。

选择"功能部件"—底盘—制动系统—01 具有自诊断功能的系统—ABS/ESP 系统—功能—轮胎压力监控。

② 对于大众汽车的直接式轮胎压力轮胎压力监控系统，有单独的地址码"65"可以进行自诊断。

自诊断功能可以记录下以下故障码：

03—02—02214 轮胎压力监控系统有故障

　　　　　　01595 轮压监控开关 E226 故障

　　　　　　01325 轮压监控控制单元 J502

　　　　　　01521 轮压监控传感器故障

　　　　　　01487 系统没有进行基本设定

　　　　　　02807 无线电信号干扰

第四节　机油压力传感器

一、机油压力警告灯用机油压力开关

1. 发动机机油压力开关的结构与原理

发动机机油压力开关通常安装在发动机缸体的主油道上，用于检测发动机机油压力值的大小，当低于某一规定值时，点亮机油压力警告灯。

机油压力开关由弹簧、膜片及触点组成，如图 5-45 所示。

当无机油压力或低压力作用时，弹簧推动膜片，触点处于（ON）闭合状态；达到规定压力时，膜片克服弹簧作用力，使触点打开（OFF）。图5-46所示为油压开关特性。

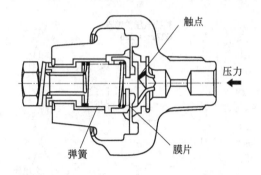

图 5-45　发动机机油压力开关的结构　　　　　图 5-46　油压开关特性

油压指示器（油压警告灯）的工作原理如图5-47所示，油压指示灯安装在组合仪表内，压力开关安装在发动机润滑油路上。在压力开关内，装有受油压作用动作的膜片与受油压作用动作的触点。当油压低于规定值时，膜片不具有推动弹簧的作用力，触点闭合，指示灯亮；当油压高于规定值时，膜片推起弹簧，触点分开，指示灯熄灭，告知驾驶员油压已达到规定值。通常情况下，触点动作压力在30~50kPa范围内。

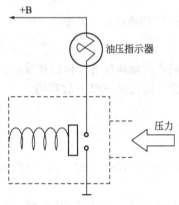

图 5-47　油压指示器的工作原理

2. 发动机油压开关的检测方法

机油压力开关的检测方法如下：

点火开关接通后，机油压力指示灯不亮，其故障原因是油压指示灯线束脱落，或者是灯丝已熔断，或者熔断器已熔断。

发动机启动后，油压达到规定值，机油压力指示灯点亮，其故障原因是触点开关动作不良或线束搭铁。

二、机油压力表用机油压力传感器

1. 结构和原理

发动机机油压力传感器用于检测发动机机油压力的大小，它一般通过螺纹拧入缸体的主油道内，机油压力传感器内有一个滑动电阻，一端输出信号，另一端和搭铁的滑动臂连接。当油压增大时，压力通过润滑油道接口推动膜片弯曲，膜片推动滑动臂移动到低电阻位置，使电路中的输出电流增大；反之，当油压降低时，膜片推动滑动臂移动到高电阻位置，使电路中的输出电流减小，通过机油压力表将机油压力的大小以指针指示出来，如图5-48所示。

2. 发动机机油压力传感器的检测方法

检测时拔下机油压力传感器的插头，在发动机熄火后时，用欧姆表检测机油压力传感器接头与搭铁线之间的电阻值；在发动机启动后，油压达到20kPa以上时，再测上述电阻值，其阻值应变小，否则应更换机油压力传感器。

三、电控发动机用机油压力传感器

1. 功用

康明斯ISBe发动机电控高压共轨燃油系统采用此传感器。机油压力传感器安装在缸体上，用于感测机油压力的高低。当机油压力传感器感测到机油压力低于规定值，ECM认为是故障，并以故障码形式存储该故障，同时发动机的保护功能起作用，迫使发动机的功率和

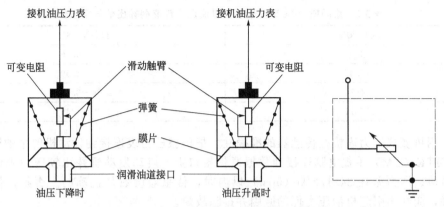

图 5-48 发动机机油压力传感器的工作原理

转速下降,并可能使发动机熄火进行保护。

2. 原理

康明斯发动机的压力传感器机与电控单元的连接电路如图 5-49 所示。

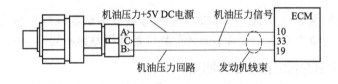

图 5-49 机油压力传感器电路与实物

康明斯发动机上使用的压力传感器有 2 种:一种是电容式压力传感器;另一种是压电晶体式传感器。2 种传感器均为 3 线式,2 根电源线向传感器提供 5V 的工作电压,1 根信号线向 ECU 提供压力信号电压。电容式压力传感器通过内部的一个电容来感应压力的变化,当压力变化时,压力差使电容的 2 个极板之间的距离发生变化,从而输出一个信号电压。压电晶体式传感器通过内部一个压电晶体来感应压力的变化,当压力变化时,作用在压电晶体上的压差使压电晶体输出一个信号电压。

为了减少零件数目和使发动机线束更简单,有些系统将温度传感器和压力传感器集成到一个传感器中,比如测量进气压力和温度的进气压力/温度复合传感器,测量机油压力和温度的机油压力/温度复合传感器等。

3. 检测

(1) 电压的检测　断开机油压力传感器接头,打开点火开关,用万用表的电压挡测量 A 与 B 间电压,应该为 5V。

(2) 机油压力信号电压的检测　因为使用电容或压电式机油压力传感器,无法通过测量电阻的方式来判断好坏,而是需要在压力传感器工作时通过输出的信号电压来判断。因此在检测压力传感器时需要专用的检测导线,保证传感器正常工作的同时将 3 条线引出供检测。

在发动机运转的情况下,专用的检测导线的 C 引脚,测量在不同的机油压力时的输出信号电压值,其值应符合表 5-2。

表 5-2　康明斯 ISBe 系列柴油机机油压力传感器输出信号电压值

压力/kPa	电压/V(DC)
0	0.11～0.16
172.37	1.17～1.59
344.74	2.24～3.04
517.11	3.30～4.49

（3）用机械式压力表检查传感器的准确性　把机械压力表连接到发动机的主油道上，同时将 INSITE（TM）手提电脑连接到数据通信接口上，启动发动机并比较压力表读数与屏幕显示数值。压力差在 34.47kPa（5psi）以内时，传感器读数是正确的。否则，传感器读数不正确，应找出引起机油压力低的原因并排除故障。

（4）故障码检测　机油压力信号显示表明发动机的机油压力低于规定值，ECM 认为是故障，并以故障码 415 的形式存储该故障。

第五节　制动压力传感器

制动压力传感器主要用于 ABS、TCS、ESP 等系统中制动系统中压力检测，防止由于制动压力过低导致制动力不足。不同车型其安装位置有所差异不同。

一、压敏电阻式制动压力传感器

三菱 M-ASTC（主动稳定牵引控制系统）采用了压敏电阻式制动压力传感器，用于感知制动主缸的压力，将制动总泵压力转换为电压值，然后输出至 ASTC-ECU。制动主缸压力传感器位于制动总泵上，如图 5-50 所示。

制动压力传感器或称为总泵压力传感器，使用半导体型压敏电阻式，当制动主缸内制动压力越大，传感器的四个应变电阻变形越大，经由传感器内惠斯顿电桥以电压信号形式输出后，发送到 M-ASTC-ECU。

制动压力传感器的电路如图 5-51 所示，压力传感器由 M-ASTC-ECU 供给 5V 传感器电源，点火开关打开时，压力传感器输出电压值约为 0.5V，逐渐踩下制动踏板，输出电压值升高，完全踩下制动踏板，其电压值约为 4.8V。

制动压力传感器的输出电压还可以用专用解码仪 MUT-Ⅱ中的从 data list（数据流）的 24 项："M/C PRESS SNSR（制动主缸压力传感器）"来读出，其单位为 V。

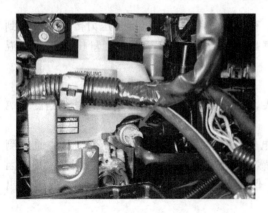

图 5-50　制动压力传感器

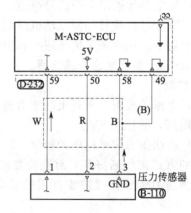

图 5-51　制动压力传感器的电路

二、压电晶体式制动压力传感器

用于奥迪 A6 轿车 ESP 系统上的制动液压力传感器,集成在液压单元(如图 5-52 所示),这种集成结构可以减少电缆的使用,并可提高安全性。它向电子控制单元传送制动管路的实际制动压力,电子控制单元据此算出车轮制动力及作用在车辆上的轴向力,如果需要 ESP 起作用,电子控制单元会利用上述数值计算侧向力。

制动压力传感器不能从液压泵中拧出,要和液压泵一起更换。

制动液压力传感器的核心部件有两个:一个是压电元件,制动液的压力就作用在其上;另一个是传感器电子元件。它的结构如图 5-53 所示。

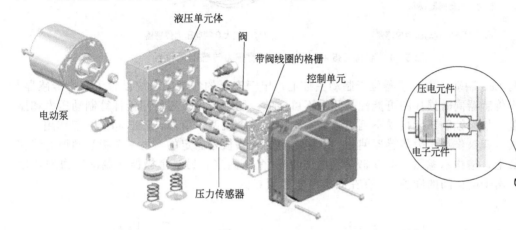

图 5-52 制动压力传感器安装位置　　　　图 5-53 制动压力传感器结构

如果没有制动压力作用,压电元件的电荷分布是均匀的,如图 5-54(a)所示;

如果制动液的压力作用到压电元件上,压电元件上的电荷分布在空间发生变化,电荷位置移动,由此产生电压。压力越大,电荷分离的趋势越强,产生的电压就越高。这个电压由电子装置放大,然后作为信号传给控制单元。传感器输出的电压高低就是制动压力大小的直接反映。如图 5-54(b)所示。

ESP 制动压力传感器通过三根电线与电子控制单元相连,一根导线为 5V 电源线,一根导线为信号线,另一根为搭铁线。如图 5-55 所示。

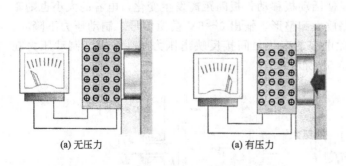 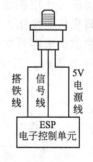

图 5-54 制动压力传感器工作原理　　　　图 5-55 奥迪 A6 ESP 制动压力传感器

三、电容式制动液压力传感器

宝马 E85 制动压力传感器采用两个平板电容式制动液压力传感器,这两个传感器安装在串联式制动主缸上的压力接口中,一汽大众采用一个平板电容式制动压力传感器,它们的安装位置如图 5-56 所示。

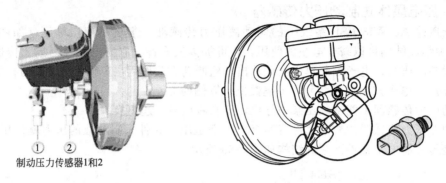

(a) 宝马E85制动压力传感器　　　(b) 一汽大众制动压力传感器

图 5-56　宝马 E85 和一汽大众制动压力传感器的位置

宝马 E85 制动压力传感器位于制动主缸上，出于安全的考虑，系统设置了两个传感器。因为两个传感器同时损坏的可能性是几乎不可能的。制动压力传感器用于计算制动压力和预加压控制。如果控制单元接受不到传感器中的任何一个或两个信号，ESP 功能不起作用。

平板电容被作为压力传感器使用，平板电容的一块板是固定的，另一个板活动地安装在一直弹簧上，结构示意图如图 5-57 所示。电容一个极固定，另一个极能在制动压力的作用下移动。两个电极间的间隙 s，存在固定的电容量 C。

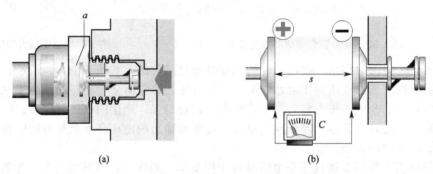

(a)　　　　　　　　　　(b)

图 5-57　电容式制动压力传感器结构示意图

当制动压力作用在活动板上时，使活动板移动，板间距离发生变化，电容的大小也随着板间的距离变化而变化。经电子电路放大和整形，输出 0~5V 模拟信号。制动压力下降时，移动电极回位。电容再次降低。因此电容的变化量间接反映出压力的变化量。制动压力在 0~2.5MPa 范围内。工作原理如图 5-58 所示。

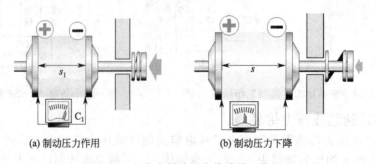

(a) 制动压力作用　　　　　　　(b) 制动压力下降

图 5-58　电容式制动压力传感器工作原理

第六节 其他液体压力传感器

一、燃油压力传感器

为了提高发动机的燃油经济性及排放性能，人们将直喷技术应用到汽油发动机上，称为分层燃烧技术。在这种汽油直喷发动机上使用了燃油压力传感器，用于检测发动机高压系统中实际燃油压力，燃油压力作为电压值送往发动机控制单元，用于调节燃油压力，并反馈给ECM形成对油压的闭环控制。

1. 位置

燃油压力传感器安装在燃油分配管上。如图 5-59 所示。燃油分配管是高压储存器，也是喷油阀、燃油压力传感器、压力限制阀的安装架以及高/低压系统之间的连接部分，燃油分配管将一定的燃油压力分配到高压喷油阀，并且提供足够大的容积来补偿压力波动。

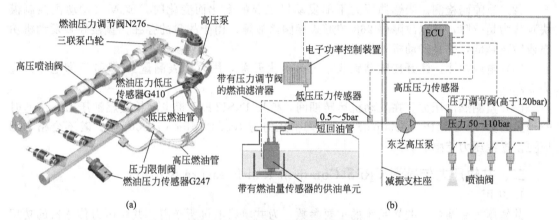

图 5-59 燃油压力传感器的位置

2. 燃油压力传感器的结构与原理

燃油压力传感器由印刷电路板、传感器元件、隔离块和壳体等组成，如图 5-60 所示。传感器的核心是一个钢膜，在钢膜上镀有应变电阻。要测的压力经接口作用到钢膜一侧时，由于钢膜弯曲，就引起应变电阻发生变化，在燃油压力传感器内集成有分析用的电子装置，将电阻的变化庄华为电压输出。这个电子装置的供电电压为5V，压力增大时信号电压升高。传感器线路连接图、压力传感器输出特性线路连接结构分别如图 5-61、图 5-62 所示。

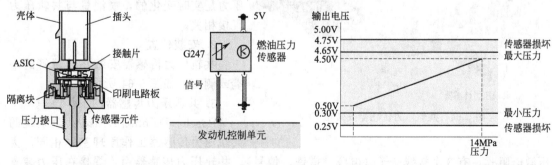

图 5-60 传感器结构图　　图 5-61 传感器线路连接图　　图 5-62 传感器输出特性线路连接结构图

3. 燃油压力传感器的检测方法

图 5-63 是康明斯 ISBE 发动机燃油压力传感器电路。

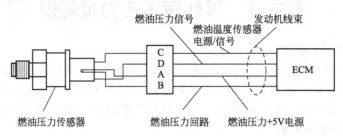

图 5-63　燃油压力传感器与 ECM 连接电路图

此传感器及其电路的检测方法如下：

（1）检查燃油压力传感器和发动机线束和 ECM 连接器的端子有无损坏之处，若有损坏之处，应进行维修，或者更换线束或传感器。

（2）故障码检测。当燃油压力不随发动机工况的变化而变化时，ECM（发动机控制模块）认为是故障，并以故障码 268 的形式存储该故障。由于故障的存在，直接导致发动机功率或转速降低，并且发动机工作粗暴。

（3）电源检测。断开传感器钗头，打开点火开关，用万用表测量 A 脚和 B 脚电压，应为 5V。

（4）监测燃油压力。在发动机运转期间，使用 INSITE 手提电脑检查燃油压力，急速时燃油压力为 34.47MPa（5000psi），最大燃油压力为 103.42MPa（15000psi）。若不合格，则应更换燃油压力传感器。

二、共轨压力传感器 CRPS（Common Rail Pressure Sensor）

1. 功用

共轨压力是柴油机共轨系统的重要参数，为共轨柴油机所必需。共轨压力传感器的功用是以足够的精度、在较短的时间内测定共轨中燃油的实时压力，并向 ECU 提供相应的电压信号。ECU 根据柴油机当前工况下相关传感器输入的信号，计算出理论所需要的轨压，通过调节进油计量比例阀的开度来实现轨压控制，并依靠轨压传感器检测当前实际轨压，将其与理论轨压进行对比修正，实现闭环控制。一旦共轨压力传感器失效，具有应急行驶功能的 ECU 以某个固定的预定值来控制调压阀的开度。

目前，国Ⅲ柴油机共轨系统的共轨压力是实时变化的，喷油量与共轨压力直接相关。

2. 安装位置

共轨压力传感器安装在共轨管的一端或侧面，如图 5-64 所示。

3. 共轨压力传感器的工作原理

Bosch、Delphi、Denso 共轨系统的共轨压力传感器工作原理基本相同，为压敏电阻式，有 3 个接线端子（电源、搭铁、信号）。共轨压力传感器由：焊接在压力装置上的集成传感器部件、装有电子检测回路的印刷电路板、装有电子插入式连线的传感器外壳等组成。

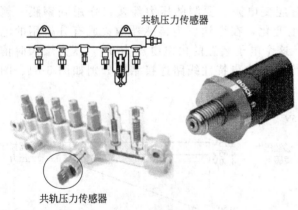

图 5-64　共轨压力传感器安装位置

燃油通过共轨上的一个小孔流向共轨压力传感器，有压力的燃油通过一个盲孔到达传感器膜片。一个将压力信号转换为电信号的传感器部件（半导体装置）安装在此膜片上，传感器产生的信号被输入一个用于放大拾取信号并将它送入 ECU 的检测回路。图 5-65 共轨压力传感器结构示意图及内部电路图。

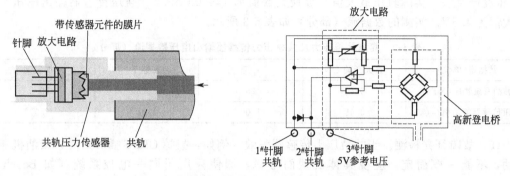

图 5-65　共轨压力传感器结构示意图及内部电路图

共轨压力传感器的工作过程如下：当由共轨燃油压力引起膜片形状发生变化（150MPa 时约为 1mm）时，连接于膜片上的电阻值也会随之变化。改变的电阻值将引起 5V 电阻桥中的电压变化。电压变化范围为 0～70mV（依赖于应用压力），并且被放大电路增幅至 0.5～4.5V。

4. 共轨压力传感器的检测

GW2.8TC 型共轨柴油机共轨压力传感器电路图如图 5-66 所示，共轨压力传感器（CRPS）为压敏效应式，有三个接线端子，CRPS 的 1# 端子为搭铁线、2# 端子为信号线、3# 端子为电源线（5V）。

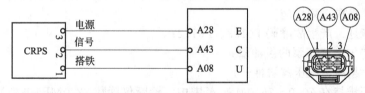

图 5-66　GW2.8TC 型共轨柴油机 CRPS 与 ECU 的电路连接

（1）线路导通性检查。用万用表的电阻挡，分别测量传感器 1 端子与 ECU A08 端子、2 端子与 A43 端子、3 端子与 A28 端子之间的电阻值，一般情况下，其值应小于 1Ω。

（2）传感器供给电压值测量。关闭点火开关，拔下共轨压力传感器插头，然后点火开关 ON，测量传感器侧插头 3# 端子与搭铁间的电压应为 5V、2# 端子与搭铁间的电压应为 0.5V 左右、1# 端子与搭铁间的电压为 0V。

（3）传感器输出电压检测。共轨压力传感器插头连接的情况下，点火开关 ON，用引出线将 2# 端子引出，使用万用表电压挡测量与搭铁间电压，应符合图 5-67 的规定。

（4）数据流检测。用专用解码仪或通用故障诊断仪读取柴油机系统数据流，涉及共轨压力的数据流共有 4 个：“燃油系统轨压”、“轨压设定值”、“实际轨压最大值”、“轨压传感器输出电压”。

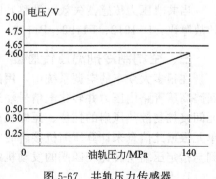

图 5-67　共轨压力传感器输出电压

当柴油机水温达到80℃、怠速运转时,"轨压传感器输出电压"应为1V左右,"燃油系统轨压"及"轨压设定值"均为25.00MPa左右,"轨压设定值"与"燃油系统轨压"数值十分接近。

当逐渐踩加速踏板,提高柴油机转速时,上述4个数据流逐渐增加,"燃油系统轨压"、"轨压设定值"、"实际轨压最大值"等最大数值为145.00MPa,"轨压传感器输出电压"的最大值为4.5V。实测的数据流(部分)如表5-3所示。

表5-3 实测共轨压力及共轨压力传感器输出电压数据流(部分)

数据流(单位)	点火开关ON	怠速	加速1	加速2
燃油系统轨压(MPa)	0.65	25	33.6	70.3
轨压传感器输出电压(V)	0.45	1.06	1.24	2.06

(5)故障征兆检测。当共轨压力传感器失效(例如,拔掉CRPS插头)时,柴油机能否启动,不能一概而定,应视具体机型而考虑,即使采用了同一电控系统(如Bosch的CRS2.0),有的车型可以启动,有的车型不能,主要取决于系统的控制策略。

① 长城GW2.8TC型增压共轨柴油机(Bosch的CRS2.0系统)。当共轨压力传感器失效,柴油机无法启动及运行。

原因分析:启动时,ECU以共轨的压力为参量来控制喷油器的动作,在共轨压力已知的前提下,ECU通过控制喷油器的开启、关闭的时刻来控制进入汽缸的喷油量,如果失去了共轨压力信号,ECU便失去了燃油喷射控制的重要参量。此时,ECU便控制柴油机不能启动。同理,如果在柴油机运转时突然失去了共轨压力信号,柴油机会立即熄火。

② 玉柴及潍柴国Ⅲ柴油机Bosch共轨系统。当共轨压力传感器失效,柴油机可以正常启动及运行(跛行回家-Limp Home)。

当ECU判断轨压传感器信号失效、轨压传感器本身损坏、信号线损坏(开路或短路)等故障时,ECU采取下列措施:

a. 点亮故障灯,产生故障码P0193、P0192;
b. 控制器将加大高压泵的供油量;
c. 燃油压力超高、限压阀被冲开;
d. 实际轨压维持在70.0~76.0MPa范围内(诊断仪读数72.0MPa左右);
e. 限制柴油机转速(小于1700r/min左右,通过控制喷油量实现),在限制范围内,油门仍然起作用。

③ 玉柴4F及4W国Ⅲ柴油机Delphi共轨系统。当共轨压力传感器失效(丢失)时,柴油机无法启动及运行。会产生下列相关的故障码:P0192、P0193。

当共轨压力传感器失效(漂移)时,柴油机功率不足(减扭矩模式)。会产生下列相关的故障码:P11912、P1192、P1193。

三、空调制冷剂高压传感器

在很多大众车的空调系统中,用高压传感器代替原来的压力开关,高压传感器检测制冷回路高压管路内压力并转化电信号输送至空调控制单元和发动机控制单元。通过空调控制单元间接控制散热风扇的挡位、压缩机离合器的通断,以及检测制冷剂的损耗。而发动机控制单元根据此信息来计算压缩机接合时的扭矩,从而防止扭矩/功率突然下降。并使发动机达到与指定压缩机转速相匹配的发动机的怠速。

1. 位置

高压传感器安装在发动机舱内压缩机与冷凝器之间的高压管路上,传感器的安装位置和实物如图 5-68 所示。

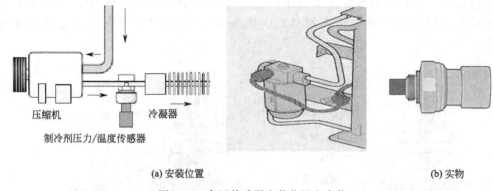

(a) 安装位置　　　　　　　　　　　　　　　(b) 实物

图 5-68　高压传感器安装位置和实物

按照工作原理的不同，可以将空调高压传感器分为电容式和压阻式两种。

2. 电容式空调高压传感器工作原理

电容式空调高压传感器按照电容原理进行工作，如图 5-69 所示，它的工作模式可以用平行极板电容器进行简单说明。制冷剂回路中的压力变化改变了传感器中电容极板之间的间距，由于电容极板之间的间距发生改变，电容量也就发生改变，即电容器存储电能的能力发生改变。

若间距减小，电容量下降；反之间距增大，电容量上升。传感器电子装置检测这种变化，并按比例将压力转换成电压信号。

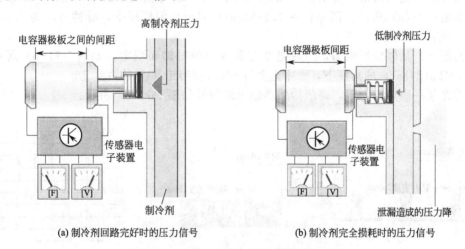

(a) 制冷剂回路完好时的压力信号　　　　　(b) 制冷剂完全损耗时的压力信号

图 5-69　电容式空调高压传感器工作原理

若制冷剂发生大量泄漏而逸出时，压力会急剧下降，在此情况下，压力传感器的信号足以让控制单元检测到故障；若制冷剂逐渐损耗，压力传感器的信号不够强，因为少量制冷剂的损耗不会使压力变化达到系统可测量的程度。但是，由于制冷剂的量与蒸发器的量精确相关，所以缺少制冷剂会导致蒸发器中膨胀的制冷剂气体热到可测量的程度，从而使压缩机后的制冷剂温度上升。由于较少的制冷剂吸收了等量的热量来将空气冷却到默认值，因此而造成这种温升。该传感器检测这种温升并发送电压信号给空调 ECU 控制单元。

3. 压阻式空调高压传感器

压阻式空调高压传感器的工作原理是：制冷剂的压力施加在一个硅晶体上。根据压力大小，晶体片的变形变化，并引起它的电阻发生变化。硅晶体连接一个微处理器，对信号进行处理，该传感器根据压力大小产生一个成比例的脉冲宽度调节（PWM）信号是送给空调控制单元和发动机控制单元。图5-70是压阻式空调高压传感器的工作原理图。

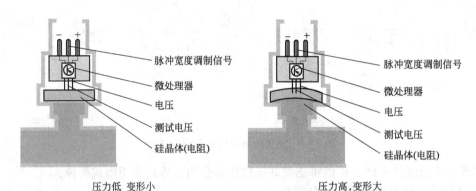

图5-70　压阻式空调高压传感器的工作原理

脉冲宽度调节（PWM）信号即占空比信号，其定义是：在一个周期内，工作时间占周期时间的比值。即

$$占空比 = \frac{1个周期工作时间}{周期} = A \div B \times \%$$

高压传感器受用的信号周期为20ms，在低压下，晶体的变形最小，输出一个小的脉冲宽度。如图5-71(a)所示。例如：在0.14MPa(1.4bar)的低压下，脉冲宽度为2.6ms。这相当于13%的占空比。

在高压下，晶体变形增加，脉冲宽度随着压力的增加而变宽，如图5-71(b)所示。例如在3.7MPa(37bar)的高压下，脉冲宽度为18ms相当于90%的占空比。

最终在某一固定压力下，高压传感器输出的信号如图5-71(c)所示。

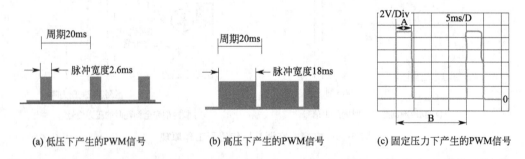

图5-71　高压传感器产生的PWM信号

4. 高压传感器的检测

以途安2.0L手动挡轿车为例，介绍高压传感器的检测。

（1）线路连接　途安2.0L高压传感器的电路如图5-72所示，外形如图5-73所示。

（2）电源与搭铁检查　断开给用传感器接头，打开点火开关，测量3脚与1脚的电压，应为电源电压。

（3）信号检查　由于高压传感器输出的是PWM信号，因此应使用示波器进行检查。高压传感器的示波器检测方法及其标准波形如图5-74所示。

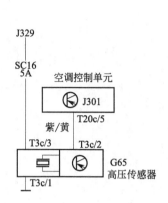

图 5-72 高压传感器的电路图

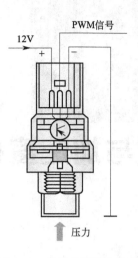

图 5-73 高压传感器的外形

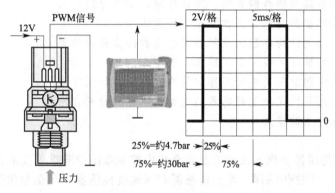

图 5-74 高压传感器的示波器检测方法及其标准波形

高压传感器失灵或信号失真时，空调 ECU 内将保存一条故障信息，并长时间关闭压缩机。PWM 信号为 75% 时，达到的压力约为 3MPa(30bar)（高压故障），压缩机将关闭。压力重新下降到 2.6MPa(26bar) 左右时，将重新打开压缩机。

（4）解码仪检测　使用大众专用解码仪 VAS5052，如果高压传感器有故障，会出现以下故障码：

00819 009——高压传感器 G65 断路/对地短路

9481748——高压传感器-开路或接地短路

9481769——高压传感器- 信号无效

复习思考题

1. 进气歧管压力传感器的作用是什么？有哪些类型？
2. 电压型和频率型压力传感器的结构和检修方法有什么区别？
3. 如何检测桑塔纳 2000GLi 型轿车半导体压敏电阻式进气压力传感器？
4. 燃油箱压差传感器有什么作用？如何进行检测？
5. 增压压力传感器有什么作用？如何进行检测？
6. 制动压力传感器有什么作用？如何进行检测？
7. 如何监测轮胎压力？轮胎压力传感器的工作原理是怎样的？
8. 共轨燃油压力传感器有什么作用？如何进行检测？
9. 空调压力传感器有什么作用？如何进行检测？

第六章

速度与加速度传感器

学习目标

- ◆ 掌握发动机转速传感器的类型、工作原理、检测方法
- ◆ 掌握车速传感器的类型、工作原理、检测方法
- ◆ 重点掌握磁阻元件的电阻的电阻值与电流和磁力线的关系
- ◆ 掌握轮速传感器的类型、工作原理、检测方法
- ◆ 重点掌握两线制霍尔轮速传感器的结构、原理和检测方法
- ◆ 重点掌握磁阻元件式轮速传感器的结构、原理和检测方法
- ◆ 掌握汽车坐标系的定义

速度和加速度传感器是汽车发动机及底盘集中控制系统中非常重要的传感器。本章将从发动机转速传感器、车速传感器、轮速传感器和减速度传感器、横摆角速度传感器等方面来详细介绍各种类别传感器的结构、原理及检测方法。

第一节 发动机转速传感器

在化油器车上,发动机转速信号一般取自点火线圈负极。电控发动机出现后,ECU 用发动机转速信号取自曲轴位置传感器,而发动机转速表用转速信号,既有使用曲轴位置传感器的,也有使用点火信号的。在第三章位置和角度传感器中已对曲轴位置传感器的各种形式、测量原理进行了详细介绍,在此不再赘述。下面介绍其他形式的发动机转速传感器。

一、柴油发动机用转速传感器

在柴油发动机上使用的电磁感应式转速传感器是从喷油泵处获取转速信号,转速传感器的位置和电路连接如图 6-1 所示。它的工作原理是,在永久磁铁的周围绕有线圈,线圈周围有用铁材料制成的齿轮,当齿轮旋转时,齿轮的齿顶和齿谷与永久磁铁之间的空气隙不断变化,使通过线圈的磁力线也发生了变化,于是在线圈中便产生交变电压,输出波形如图 6-2 所示。

柴油机的喷油泵工作时,传感器的齿轮被带动旋转,所以在线圈中便有交流电压产生。交流电压的频率与发动机的转速成正比,该交变电压作为输入信号,经转速表内的 IC 电路放大、整形后就可使转速表指示出发动机的实际转速。

图 6-3(a) 为转速表电路示意图,当齿轮转动时,每一个齿可以产生如图 6-3(b) 所示

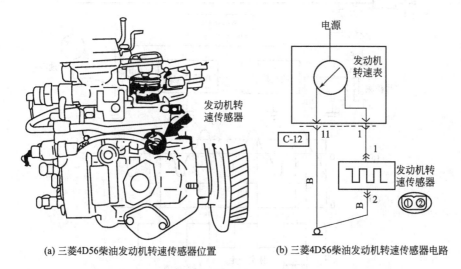

(a) 三菱4D56柴油发动机转速传感器位置　　(b) 三菱4D56柴油发动机转速传感器电路

图 6-1　柴油机电磁感应式转速传感器的位置和电路连接

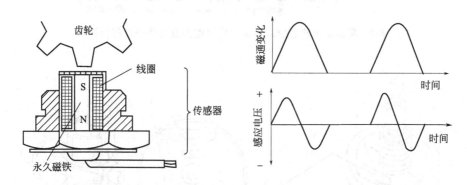

图 6-2　柴油机电磁感应式转速传感器的结构和输出波形

的一个周期的电压，该电压经放大、整形后，可变成图6-3(c)所示的矩形波。再经单稳态电路变换，使脉宽为一定值，如图6-3(d)所示。经电流放大器放大后输入转速表中。因为输出的脉冲数是根据发动机转速变化的，所以转速表是按照脉冲电流的平均值来指示发动机转速，如图6-3(e)所示。

检测：采用磁电感应式发动机转速传感器的检测，可以参照磁电感应式曲轴位置传感器的检测方法来进行，用万用表测阻法是最简单、实用的方法。例如三菱4D56柴油发动机线圈电阻在20℃时测量值应为1.3～1.9Ω。

二、舌簧开关式发动机转速传感器

1. 结构和工作原理

舌簧开关式转速传感器可用于检测发动机转速，传感器可以装在组合仪表内，也可以安装在分电器内部。如图6-4所示。

舌簧开关触点由强磁体制成，在装于分电器轴上的磁铁的作用下动作，舌簧开关触点不直接与大气接触，其容器内充有惰性气体。

舌簧开关式发动机转速传感器的工作原理如图6-5所示。曲轴转两圈、分电器轴转一圈，分电器内的磁铁也转一圈。当磁铁靠近舌簧开关时，在磁力线的作用下，使触点带磁

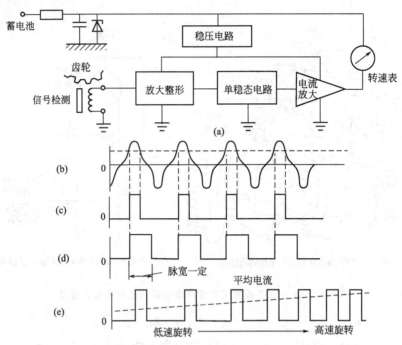

图 6-3　柴油机电磁感应式转速表内部电路及电路中各部位波形

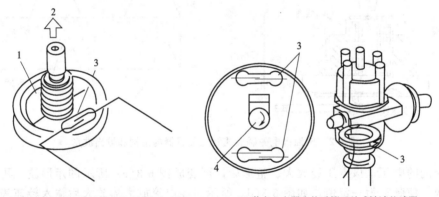

(a) 装在组合仪表内的舌簧开关式转速传感器　　(b) 装在分电器内的舌簧开关式转速传感器

图 6-4　舌簧开关式转速传感器的安装位置及结构

1—磁铁；2—至转速表软轴；3—舌簧开关；4—分电器轴

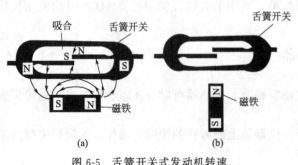

图 6-5　舌簧开关式发动机转速
传感器的工作原理图

性。触点的磁性与磁铁近侧极性相同，从而使舌簧开关触点靠本身磁性吸引，使开关导通。磁铁随分电器轴转动后，磁极远离或只有一端靠近舌簧开关时，触点不受磁力线的影响，触点分开。这样，两个舌簧开关在分电器轴上的磁铁作用下，相互以 180°的相位差进行通、断变换，把发动机转速信号输入 ECU。

2. 检测

舌簧开关式发动机转速传感器的检

测,主要检查其信号输出端子是否有脉冲信号产生,如图6-6所示。具体检查过程如下。

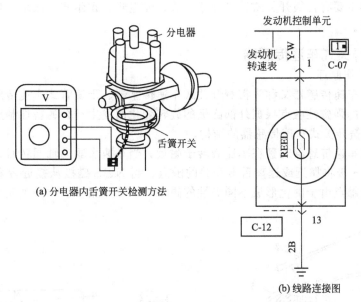

图 6-6 舌簧开关式转速传感器的检测

将分电器从发动机上取下,用万用表电阻挡检测,把两表笔放在信号输出端,用手转动分电器轴,观察是否有导通和断开两种状态交替出现。如果没有,则应更换舌簧开关式转速传感器。

另外一种形式的舌簧开关式传感器是阻断型,见图 6-7(a),为使舌簧开关能闭能开,磁铁必须装在一个转动的轴上,使磁铁转动或用一个转动的齿轮来隔断其磁通。当齿轮的齿处于磁铁和舌簧管之间时,磁通离开簧片,这时触点弹开,见图 6-7(b)。无论采取哪种方法,都可以从触点开闭时发出的信号指示轴的转动位置。

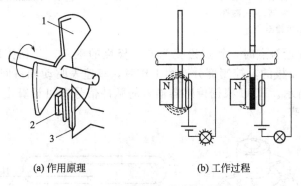

图 6-7 阻断型电磁舌簧开关
1—齿轮;2—磁铁;3—舌簧开关

第二节 车速传感器

车速传感器(VSS——Vehicle Speed Sensor)用于测量车辆的行驶速度,并将信号送到车速里程表,以电子式或指针式显示出来。对于电控自动变速器,车速信号还用于确定变速器的换挡时刻和变矩器锁止离合器的锁止控制,在巡航控制系统中,车速信号是巡航 ECU 控制设定车速的重要参考依据。但要注意,车速传感器并不是在任何情况下都反映车辆的实际行驶速度,如车轮打滑时、车辆倒退时车速传感器便不能反映车辆的实际行驶状况。

车速传感器主要有舌簧开关式、电磁感应式、光电式、霍尔式、磁阻元件式、多普勒雷达式等几种类型。

一、舌簧开关式车速传感器

1. 结构和工作原理

舌簧开关式车速传感器又称为笛簧开关式车速传感器、干簧管式车速传感器,是利用干簧管内两个细长的强磁性触点根据外部磁极的旋转变化而发生开合的特性制成的。

图 6-8 为舌簧开关式车速传感器的结构。

舌簧开关式车速传感器安置在车速表转子附近,当车速表驱动轴回转时,永久磁铁也回转,磁铁的 N、S 极将靠近或远离舌簧开关的触点。当 N、S 磁极从接近舌簧开关到逐渐离开时,上下两个触点由于磁化形成不同极性的磁极,触点互相吸引,开关变成闭合状态。如图 6-9 所示。

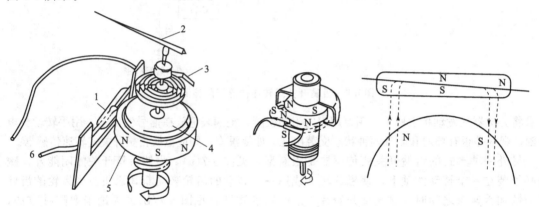

图 6-8 舌簧开关式车速传感器的结构　　　　图 6-9 舌簧开关触点的吸合状态
1—舌簧开关;2—指针;3—弹簧;4—磁铁;
5—转子;6—信号输出

当 N 极或 S 极接近触点时,触点磁化为同一极性的磁极,互相排斥,所以舌簧开关断开。因为磁铁一般是 4 极的,控制部分连续工作时,车速表驱动轴每回转一圈,就会输出 4 个脉冲。如图 6-10 所示。ECU 根据传感器输入的脉冲信号即可计算出汽车的速度,并在速度指示仪表上显示出来。

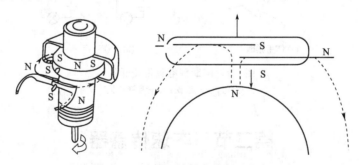

图 6-10 舌簧开关触点的断开状态

舌簧开关式车速传感器亦可用作车速报警装置,它由车速报警组件和信号发生器组成。速度报警装置能够产生与车速大致成正比的电流,由晶体管把这一电流加以放大,当达到报警车速时,这一电流同时加到蜂鸣器上,使蜂鸣器鸣叫报警。

2. 检测

图6-11是三菱V31舌簧开关式车速传感器电路示意图。可以使用指针式万用表电压挡检测舌簧开关式车速传感器，把两个表笔接在传感器连接器插头两端子1和2上，转动启动机1～2s，观察电压表指针是否有脉冲电压产生。若无脉冲电压产生，表示传感器有故障，应当更换。也可以在断开线路后用万用表电阻挡进行通断脉冲检测。

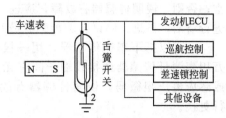

图6-11 三菱V31舌簧开关式车速传感器电路示意图

二、电磁感应式车速传感器

1. 结构和原理

电磁感应式车速传感器也称为变磁阻式（VR）车速传感器，安装在变速器壳体上，与在输出轴上安装随输出轴转动的导磁感应齿轮相对应，且保持一定的间隙，如图6-12所示。

电磁感应式车速传感器由永久磁铁和电磁感应线圈组成，如图6-13所示。它被固定安装在变速器输出轴附近的壳体上，输出轴上的导磁齿轮为感应转子，当输出轴转动时，齿轮的凸齿不断地靠近或离开车速传感器，使线圈内的磁通量发生变化，从而产生交变电压。车速越高，输出轴转速也越高，感应电压脉冲频率也越高，电控组件根据感应电压脉冲的频率计算汽车行驶的速度。

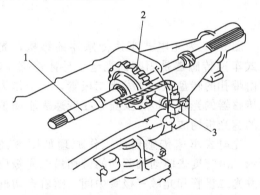

图6-12 电磁感应式车速传感器的安装位置
1—输出轴；2—导磁感应齿轮；3—车速传感器

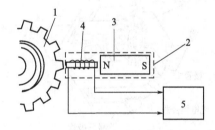

图6-13 电磁感应式车速传感器的工作原理
1—停车锁定齿轮；2—车速传感器；3—永久磁铁；
4—感应线圈；5—电控组件

2. 检测

图6-14 车速传感器电阻检测

（1）电阻检测 拔下车速传感器连接器接头，用万用表测量传感器两接线端子间电阻，如图6-14所示。不同车型车速传感器感应线圈的电阻值不同，一般为几百欧到几千欧。例如别克轿车车速传感器，在室温为20°时测量其线圈的阻值，应为981～1471Ω。

（2）输出信号检测 电磁感应式车速传感器因为是自发电式的传感器，因此可以对传感器直接进行模拟法进行检测。

将车支起，用手转动悬空的驱动车轮，同时用万用表测量车速传感器的两接线端子间有无感应电压。输出电压应随车速的变化而变化。若万用表指针有摆动，说明传感器有输出脉冲电压，传感器工作正常；否则，说明传感器有故障，应进一步检查传感器转子及感应线圈是否脏污，若脏污，应进行清洁，再进行测试。若传感器仍无脉冲电压产生，确认传感器已经损坏，应进行更换。

也可以拆下车速传感器，用一根铁棒或一块磁铁迅速靠近或者离开传感器，同时用万用表测量传感器两接线端子间有无脉冲电压产生，如图 6-15 所示。如果没有感应电压或感应电压很微弱，说明传感器有故障，应进一步检查，再试验，确认有故障后，再进行更换。

（3）示波器检测　使用示波器检测车速传感器输出电压，其标准波形如图 6-16 所示。

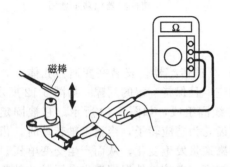

图 6-15　模拟检查车速传感器输出电压　　图 6-16　电磁感应式车速传感器波形

三、光电式车速传感器

1. 结构和原理

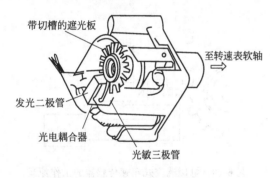

图 6-17 为光电式车速传感器的结构，光电式车速传感器是固态的光电半导体传感器，它由带孔的转盘和一个发光二极管，一个作为光传感器的光敏三极管及安装在转速表驱动轴上的遮光板构成。

光电式车速传感器的工作原理如图 6-18 所示，由速度表驱动轴驱动的带切槽遮光板位于发光二极管和光敏三极管中间，随着带切槽的遮光板的转动，当遮光板不能遮断光束时，发光二极管发出的光射到光敏三极管上时，光

图 6-17　光电式车速传感器的结构

敏三极管导通，三极管 VT_1 基极因为有偏压存在也导通，因此在信号输出端 Si 上为低电平输出。当发光二极管的光被遮蔽时则输出高电平电压 5V。脉冲频率由车速决定，仪表软轴每转一圈，传感器有与遮光板缝隙个数相同的脉冲电压信号输出。

2. 检测

（1）供电电压检测　因为光电式车速传感器为主动式传感器，只有在提供工作电压的情况下才能正常工作，因此可以使用万用表电压挡，在点火开关打开的情况下，测量光电式车速传感器的供电电源和搭铁端子间的电压，正常应为 5V。

（2）输出信号万用表检测　打开点火开关，利用背插法，用万用表的电压挡测量信号端与搭铁端的电压，在转速很慢的情况下，应能够看到电压在 0～5V 间波动。

（3）示波器检测　使用示波器，对输出信号端进行输出信号检测，应与图 6-19 波形相符。

四、霍尔式车速传感器

1. 结构和原理

霍尔式车速传感器有两种型式：叶轮触发式和轮齿触发式。

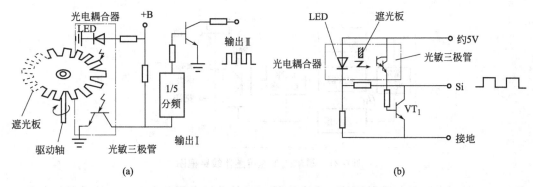

图 6-18 光电式车速传感器的工作原理

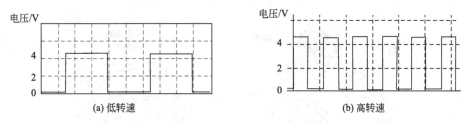

图 6-19 光电式车速传感器输出波形

叶轮触发式霍尔式车速传感器的外形如图 6-20(a) 所示,主要由触发轮、带导板的永久磁铁、霍尔元件及集成电路组成,内部结构如图 6-20(b) 所示。其工作原理和检测方式可参照遮蔽型霍尔式曲轴位置传感器来进行。

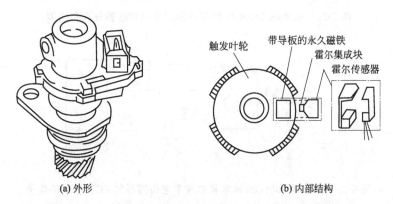

图 6-20 叶轮触发式霍尔式车速传感器的外形和内部结构

轮齿触发式车速传感器是利用导磁齿轮的齿顶和齿槽集磁能力的不同来触发霍尔元件的,其工作原理如第三节霍尔效应式轮速传感器所述,线路框图如图 6-21 所示。

2. 检测

(1) 桑塔纳 2000GSi 轿车用霍尔式车速传感器　桑塔纳 2000GSi 轿车采用轮齿触发霍尔式车速传感器,传感器安装在主减速器输出轴的端盖上,由霍尔传感器和信号轮组成,如图 6-22 所示。霍尔传感器与 ECU 的连接如图 6-23 所示。桑塔纳 2000GSi 轿车霍尔式车速传感器连接插头有三个端子:1号端子为电源端子;2号端子为信号输出端子,与 ECU 的 20 号端子相连;3号端子为搭铁端子。

① 传感器的电源电压检测　关闭点火开关,拔下车速传感器的连接插头,然后打开点

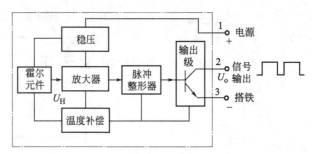

图6-21 霍尔式车速传感器线路框图

火开关,用万用表测量传感器连接插头上1号与3号端子之间的电压值。传感器的电源电压应为12V,若电压值不符合要求,则说明电源线路有断路或短路故障,或熔断丝损坏。

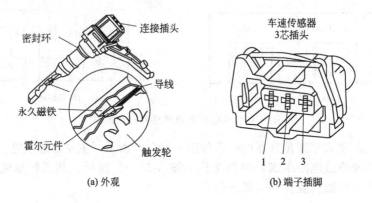

图6-22 桑塔纳2000GSi轿车霍尔式车速传感器外观和插脚

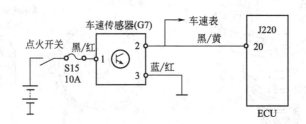

图6-23 桑塔纳2000GSi轿车霍尔式车速传感器与ECU的线路连接

② 检测传感器线束的导通性 关闭点火开关,拔下车速传感器的连接插头,然后拔下发动机控制单元的连接插头,用万用表的电阻挡测量传感器连接插头的1号端子与15号熔断丝之间的电阻值,传感器连接插头的2号端子与发动机控制单元的20端子之间的电阻值及传感器连接插头的3号端子与搭铁之间的导通性,均应小于1Ω,若相差很大或为∞,则说明线束的连接有故障。

③ 输出信号检测 当汽车行驶时,用示波器检测车速传感器插座端子3和2之间有无方波信号输出(测试时,车速传感器的插头不能取下),若无信号,则说明车速传感器损坏或相应的连接电路发生故障。

(2) 长安汽车用霍尔式车速传感器 长安SC6350B/SC1015XB也使用霍尔式车速传感器,其电路连接如图6-24所示。

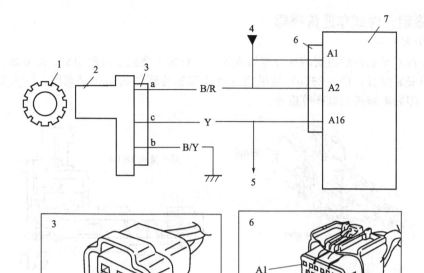

图 6-24　VSS 电路图和插脚

1—VSS 信号转子；2—VSS；3—VSS 插接器；4—来自主继电器的电源；
5—车速表，车速报警蜂鸣器，P/S 控制模块；6—ECM 插接器（A）；7—ECM

① 工作电压测量　断开点火开关，拆下 VSS 电子插接器。接通点火开关，保持发动机不运转。测量 VSS 插接器插孔"a"与"b"之间的电压，电压应在 10~14V 之间。

② 参考电压测量　断开点火开关，拆下 VSS 电子插接器。接通点火开关，保持发动机不运转。测量 VSS 插接器插孔"c"与地之间的电压，电压应高于 4V。

如果电压不高于 4V，说明 ECM 有故障，或与"c"有关线路与地有短路现象。断开点火开关，断开组合仪表电子插接器，断开车速警报器电子插接件，断开 P/S（助力转向）控制模块插接件（断开这些插接器或插接件的原因，主要是防止输出信号与有关线路短路，影响故障诊断的准确性）。接通点火开关，保持发动机不运转。测量 VSS 插接器插孔"c"与地之间的电压。再次测量，如果电压在 4~5V 范围内，说明组合仪表电子、车速警报器电子插接件（选装）、P/S 控制模块线路有问题；如果不在 4~5V 范围内，说明 ECM 有故障。

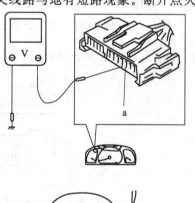

③ 输出信号检查　升起车子，松开驻车制动杆，使变速器处于空挡状态，拆下组合仪表，并断开组合仪表插接件，如图 6-25 所示，用电压表将组合仪表插接件右侧第三插孔"a"与车身接地连起来。将点火开关旋至 ON（开）位置，并使右后轮慢慢转动，左后轮锁死。当轮胎旋转一会儿，电压表应在 0~1V 和 4~14V 之间摆动。

④ 诊断仪检测　使用 SUZUKI 诊断仪，如果车速传感器有故障，会出现故障代码 DTC NO.16/P0500——车速传感器（VSS）电路。

图 6-25　输出信号检查

五、磁阻元件式车速传感器

1. 结构和原理

磁阻元件式车速传感器安装在变速器壳体上，直接由变速器齿轮驱动。图 6-26(a) 所示为该传感器的安装位置，图 6-26(b) 为磁阻元件式车速传感器的结构示意图，它主要由磁阻元件、转子、印刷电路板和磁环等组成。

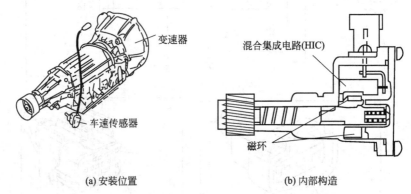

图 6-26 磁阻元件式车速传感器的安装位置和内部构造

磁阻元件式车速传感器的原理示意图，如图 6-27 所示。

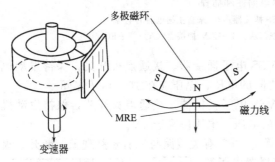

图 6-27 磁阻元件式车速传感器的原理示意图

当变速器齿轮驱动传感器轴旋转时，与轴连在一起的多极磁环也同时旋转，磁环旋转引起通过其旁边集成电路内的磁阻元件的电阻值也发生变化。由于磁环上 N 极与 S 极的交替排列，伴随着磁环的旋转使通过磁阻元件的磁通量和磁力线的方向都不断地变化，从而使磁阻元件（MRE）的阻值发生变化：当流向磁阻元件的电流方向与磁力线方向平行时，其电阻值最大；电流方向与磁力线方向垂直时，其电阻值最小，如图 6-28 所示。

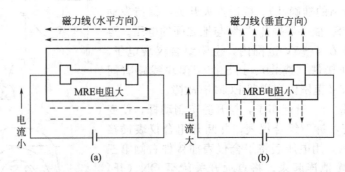

图 6-28 MRE 电阻值与电流方向、磁力线方向的关系

磁阻元件式车速传感器电路如图 6-29 所示。在磁环上 N 极和 S 极交替排列，随着磁环的回转使其磁力线方向不断地变化，伴随每一回转，在内置磁阻元件（MRE）的集成电路中发出 20 个脉冲信号，该信号即车速信号，送入转速表。磁通量的变化与磁环转速成正比，这样可利用磁阻元件电阻值的变化检测出磁环旋转引起的磁通变化。将电压的变化输入到比

较器中进行比较，再由比较器输出的信号控制晶体管的导通与截止，这样就可以检测出车速。输出信号如图 6-30 所示。

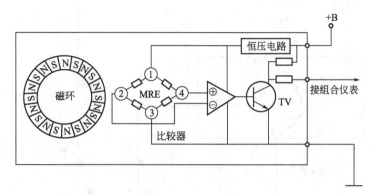

图 6-29　磁阻元件式车速传感器电路图

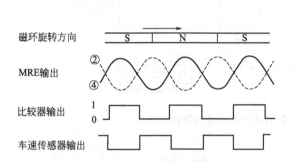

图 6-30　磁阻元件式车速传感器输出信号

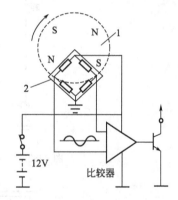

图 6-31　磁阻元件式车速传感器电路
1—速度表指示用磁环；2—磁阻元件（MRE）

2. 检测

三菱 V73 使用磁阻元件式车速传感器，车速传感器安装在变速器上。磁环上共有两对磁极，N 极和 S 极交替排列，因此，在车速传感器轴旋转一周时，应输出 4 个脉冲信号。这些脉冲信号被输入车速表。车速表计算输入的脉冲信号，促动指示器显示车速，同时车辆的行驶里程也被计算出来。其线路示意图如图 6-31 所示，实际接线图如图 6-32 所示。

(1) 工作电源电压检测　磁阻元件传感器属于无源传感器，因此需要工作电源，点火开关（IG1）电路通过 11 号保险丝为车速表和车速传感器提供电源。检测方法如图 6-33 所示。

① 不要断开车速传感器插接器 B-09。
② 将点火开关转到"ON"位置。
③ 用万用表电压挡测量线束侧 1# 端子与接地之间的电压。
电压应为蓄电池正极电压，约为 12V。

(2) 搭铁电路的检查　如图 6-34 所示，断开 B-09 插头，用万用表测量线束侧 2# 端子与地的导通性。正常情况下，其电阻应小于 2Ω。

(3) 检查车速传感器参考电压。
① 断开车速传感器插接器 B-09。
② 将点火开关转到"ON"位置。

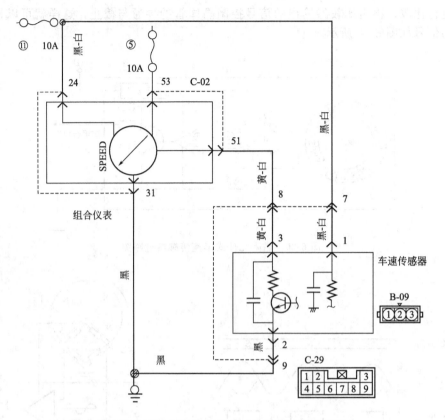

图 6-32　三菱 V73 磁阻元件式车速传感器接线图

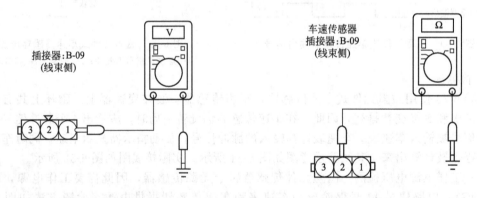

图 6-33　工作电源电压检测　　　　　图 6-34　搭铁电路的检查

③ 用万用表电压挡测量 3# 端子与搭铁间电压。

正常情况下，车速传感器输出信号参考电压约为 9V 或更高，如图 6-35 所示。

（4）解码器检测　使用 MUT-Ⅱ或 MUT-Ⅲ，进入发动机或自动变速器项目，如果车速传感器或其线路有故障，会输出故障代码 DTC P0500。

（5）输出信号检测　拆掉车速传感器，如图 6-36 所示，在 1、3 端子间串入 3～10kΩ 电阻，同时 1 端接蓄电池正极，2 端接蓄电池负极，用手转动传感器轴，在转动的同时，用万用表的电压挡测量 2、3 端间电压，观察是否有脉冲电压信号输出。一般情况下，轴每转一周，输出 4 个脉冲，说明传感器良好，若无脉冲信号产生，则说明传感器已经损坏，应当更换。

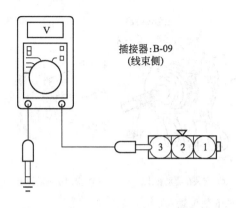

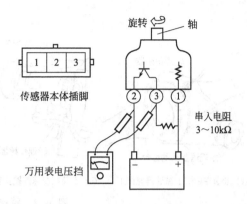

图 6-35　检查车速传感器参考电压　　　图 6-36　输出信号检测方法

六、多普勒雷达式车速传感器

多普勒雷达式车速传感器原理图如图 6-37 所示，振荡器产生频率为 f_1 的等幅振荡连续波，经转换器输送至天线，再以一定的倾角向地面发射。当汽车行驶时，雷达天线在单位时间内接收到的地面反射波频率为 f_2，则多普勒频率 f_d 为

$$f_d = f_1 - f_2 = \frac{2v}{\lambda}\cos\theta$$

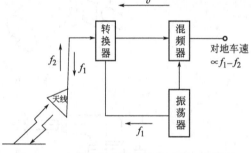

式中，λ 为发射波的波长；θ 为天线相对地平面的发射倾角；v 为车身速度。

由于多普勒频率与车身速度 v 成正比，因而可用多普勒频率 f_d 作为车身速度的依据。

图 6-37　多普勒雷达式车速传感器工作原理

虽然多普勒雷达式车速传感器测量精确，但由于造价昂贵，因此使用并不多。

第三节　轮速传感器

轮速传感器即车轮速度传感器，用于检测车轮旋转速度，并将其转化为电信号输入控制单元 ECU。现在，在制动防抱死装置 ABS、牵引力控制装置 TCS、电子制动力分配装置 EBD、电子稳定程序 ESP 等系统中，各个控制单元根据轮速传感器的信号，通过和车速传感器信号的对比，确定车辆是否发生抱死和滑移，从而决定执行器是否作出制动干预。因此，轮速传感器也是一个重要的传感器。

按照汽车上安装的轮速传感器的数量，可以分为四轮速传感器、三轮速传感器、二轮速传感器、单轮速传感器四种形式，可以实现四通道、三通道、二通道、单通道的控制方式。轮速传感器的数目和通道数目不同，感应齿圈安装位置也就不同。一般来讲，齿圈安装在随车轮或传动轴一起转动的部件上，如驱动车轮、从动车轮、半轴、轮毂或制动盘、主减速器或变速器的输出轴上，传感器本体安装在车轮附近不随车轮转动的部件上，如半轴套管、转向节、制动底板等位置，如图 6-38 所示。

另外，按传感器头的外形分凿式极轴轮速传感器头、柱式极轴轮速传感器头，菱形极轴轮速传感器头相对比较少见，如图 6-39 所示。

传感器与感应齿圈的相对安装位置，也有三种方式，如图 6-40 所示。

目前，轮速传感器主要有电磁感应式、励磁式、霍尔效应式、磁阻式、电涡流式等几种。

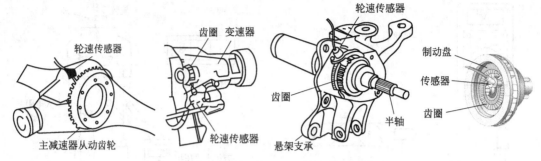

(a) 安装在后桥主减速器壳体上　(b) 安装在变速器输出轴上　(c) 安装在驱动轮上　(d) 安装在从动轮上

图 6-38　轮速传感器的安装位置

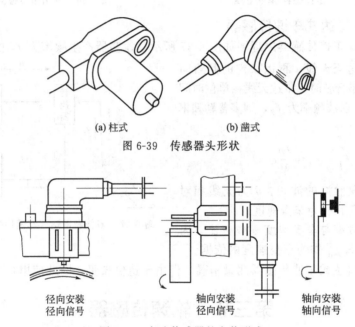

(a) 柱式　　　　(b) 凿式

图 6-39　传感器头形状

径向安装　　　轴向安装　　　轴向安装
径向信号　　　径向信号　　　轴向信号

图 6-40　车速传感器的安装形式

一、电磁感应式轮速传感器

1. 结构和原理

电磁感应式轮速传感器由传感头和齿圈两部分组成。传感头的结构如图 6-41 所示，它由永磁体、极轴和感应线圈等组成，齿圈由铁磁性材料制成。

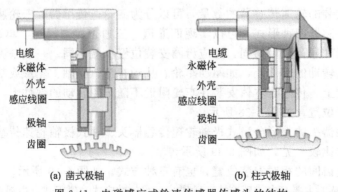

(a) 凿式极轴　　　　(b) 柱式极轴

图 6-41　电磁感应式轮速传感器传感头的结构

当齿圈旋转时，齿顶与齿隙轮流交替对向磁芯，当齿圈转到齿顶与传感头磁芯相对时，传感头磁芯与齿圈之间的间隙最小，由永久磁芯产生的磁力线就容易通过齿圈，感应线圈周围的磁场就强，如图 6-42(a) 所示；而当齿圈转动到齿隙与传感头磁芯相对时，传感头磁芯与齿圈之间的间隙最大，由永久磁芯产生的磁力线就不容易通过齿圈，感应线圈周围的磁场就弱，如图 6-42(b) 所示。此时，磁通迅速交替变化，在感应线圈中就会产生交变电压，交变电压的频率将随车轮转速成正比例变化。电子控制单元可以通过转速传感器输入的电压脉冲频率进行处理来确定车轮的转速、汽车的参考速度等。

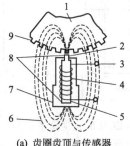 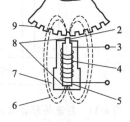

(a) 齿圈齿顶与传感器 磁芯相对时　　(b) 齿圈齿隙与传感器 磁芯相对时

图 6-42　轮速传感器工作原理
1—齿圈；2—磁芯端部；3—感应线圈端子；
4—感应线圈；5—磁芯；6—磁力线；
7—传感器；8—磁极；9—齿顶

2. 检测

下面以使用 MK20-Ⅰ型 ABS 系统的桑塔纳时代超人、捷达轿车为例，说明其检测方法。

MK20-Ⅰ型 ABS 系统共有 4 个车轮轮速传感器，前轮的齿圈为 43 齿，安装在半轴上，轮速传感器安装在转向节上，如图 6-43(a) 所示。后轮的齿圈也为 43 齿，安装在后轮毂上，轮速传感器则安装在固定支架上，如图 6-43(b) 所示。

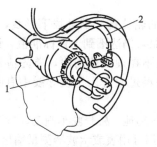 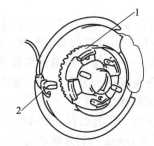

(a) 前车轮轮速传感器 (G45/G47)安装位置　　(b) 后车轮轮速传感器 (G44/G46)安装位置

图 6-43　轮速传感器的安装位置
1—齿圈；2—转速传感器

(1) 故障征兆检测　电磁感应式轮速传感器如发生故障，将无法准确感知车轮轮速信号，从而使防抱死制动不可能正确地控制车轮防抱死机构的工作，只能依靠基本制动进行刹车操作，此时 ABS 警告灯点亮，紧急制动时出现制动距离长、车轮抱死、两侧制动力不均匀、制动力不足、制动踏板剧烈振动、制动踏板行程过长、需用很大的力踩制动踏板、轻踩制动踏板时 ABS 工作、路面有拖印等故障现象。

电磁感应式轮速传感器的常见故障主要是传感器本身的感应电路（感应线圈）断路或短路、传感器头和齿圈沾染油污或其他脏物，因振动或敲击造成传感器发生消磁现象等。除此之外还有轮速传感器的松动、脉冲齿圈距离、车轮轴承、制动轮缸、制动蹄片等出现问题，也会导致轮速传感器没有信号输出的故障。

(2) 电阻检查　图 6-44 为轮速传感器与 ABS ECU 的连接线路，图 6-45 为 ABS ECU 插接器端子排列。

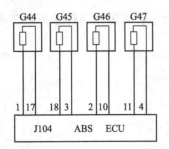

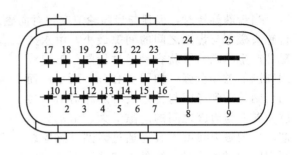

图 6-44 轮速传感器与 ABS ECU 的连接线路
G44—右后轮速度传感器；G45—右前轮速度传感器；
G46—左后轮速度传感器；G47—左前轮速度传感器

图 6-45 ABS ECU 插接器端子排列

将点火开关挡位置于"OFF"，断开 ABS ECU 插头，用万用表欧姆挡测量以下针脚，其电阻值应符合表 6-1 规定。

表 6-1 轮速传感器标准电阻值

轮速传感器	ABS ECU 针脚	标准电阻值
左前轮速度传感器电阻值	11-4	
右前轮速度传感器电阻值	18-3	$1.0 \sim 1.3 k\Omega$
左后轮速度传感器电阻值	2-10	
右后轮速度传感器电阻值	1-17	

如果电阻值不符合要求，可直接从所对应的轮速传感器处拔下导线，用欧姆表直接测量，如果达到上述标准电阻值，说明线路有问题，如果仍达不到上述标准值，说明传感器有故障。

如果检测的任何一个轮速传感器的电阻值不在规定范围内，首先应检查与该传感器连接的导线是否发生断路及其插头是否松动。如果经过检查未发现导线中有断路现象，且插头连接牢固，就应更换该轮速传感器。

（3）输出电压检测 顶起前轮，使被检车轮离地，松开驻车制动，拆下 ABS 电线束，在线束插接器处测量。以 30r/min 的转速转动前轮，用万用表或示波器测量输出电压。左前轮接线柱为 4 和 11，右前轮接线柱为 3 和 18。用万用表测量时，前轮转速传感器输出电压应为 70～310mV；用示波器测量时，输出电压应为 3.4～14.8mV。若输出电压不符合规定时，在齿圈上取 4 点，检查齿圈与车轮转速传感器之间的间隙是否过大；检查电线束安装是否有误差。

同样，以 30r/min 的转速转动后轮，用万用表或示波器测量输出电压。左后轮接线柱为 2 和 10，右后轮接线柱为 1 和 17。用万用表测量时，后轮转速传感器输出电压应大于 260mV；用示波器测量时，输出电压应大于 12.2mV。若输出电压不符合规定时，检查传感器是否有故障。

传感器输出电压标准值见表 6-2。

表 6-2 传感器输出电压标准值

轮速传感器	点火开关位置	ABS ECU 针脚	输出电压	单位
左前轮传感器输出电压		11-4	3.4～14.8（脉冲输出）	
右前轮传感器输出电压	OFF	18-3	3.4～14.8（脉冲输出）	mV
左后轮传感器输出电压		2-10	>12.2	
右后轮传感器输出电压		1-17	>12.2	

(4) 检测传感器磁头与齿圈的间隙　用厚薄规片测量传感器头与齿圈之间的间隙，如图 6-46 所示，间隙值应满足表 6-3 规定标准值。

表 6-3　轮速传感器与齿圈之间的标准间隙

检 查 项 目	标 准 值
前轮转速传感器与齿圈之间的间隙	1.10～1.97mm
后轮转速传感器与齿圈之间的间隙	0.42～0.80mm

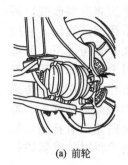
(a) 前轮

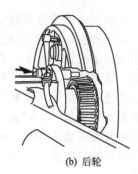
(b) 后轮

图 6-46　轮速传感器与齿圈之间间隙的测量

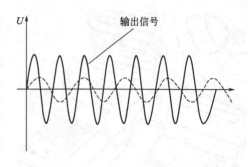

图 6-47　电磁感应式轮速传感器输出的电压脉冲波形（实线为高速，虚线为低速）

(5) 示波器检测　在用示波器检测时，观察所出现的电压脉冲波形应与图 6-47 所示相似，而且要注意所有脉冲应该均匀出现。脉冲电压波形取决于车轮的转速，正常的车速传感器信号将产生一个正弦波，其波幅高度和频率宽度与车轮速度成比例。当轮子开始转动时，在示波器中部的水平直线开始在零线的上下摆动，当转速增加时，摆动幅度将越来越大。当加速时，轮速传感器的交流信号幅值增加，速度越快，波形越高。当轮速传感器有故障时，其波形将发生相应变化，所以通过波形可以分析出故障所在。

若脉冲波形显示不均匀，通常是轮速传感器或齿圈被制动磨屑所吸附，为此，要从车轮轮毂或差速器上取下轮速传感器进行清洗。

图 6-48(a) 是当传感器齿圈有一个齿隙被异物，如制动片磨屑填埋时的波形，图中波形将减少一个波谷。因此必须拆下齿圈，将齿隙清理干净，并检查齿圈上的各齿有无损坏，齿损坏将影响轮速传感器电磁线圈内感应电流强度及电压波形的形状。

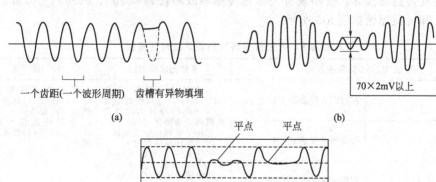

图 6-48　故障波形

从图 6-48(b) 所示波形可以看出，波峰、波谷幅度有规律变化，波幅最低值约为 70×2mV。此种波形表明齿圈安装不良，有偏心现象，或者脉冲环不圆，或者未正确对准车轮速度传感器。当齿圈随车轮一起旋转时，齿圈的齿顶距离轮速传感器永磁性磁芯近时，感应电压高；齿圈的齿顶距离轮速传感器磁芯远时，感应电压低。因此，轮速传感器与脉冲环之间的空气间隙会随车轮旋转而变化。该故障条件会产生一个幅值变化的车速传感器信号。对于此种情况，要对偏心的齿圈重新调整，使齿圈的各齿顶与磁芯之间的间隙大小一致。

如果脉冲环缺齿或坏齿，示波器显示的正弦波波形会出现平点，如图 6-48(c) 所示，这表示脉冲环齿缺损。

图 6-49 V.A.G1552 故障阅读仪的连接

不同形式的传感器峰值电压将有些改变，另外，由于传感器的整体部分是线圈或绕组，它的损坏与温度或振动有关，在大多数情况下，波形将变短很多或很无组织，同时设定故障代码。通常最普通的防抱死系统轮速传感器的损坏是传感器根本不产生信号。但是，如果波形是好的，检查传感器和示波器连线，确定回路没有接地，检查传感器的气隙是否正确，然后再对传感器进行判断。

（6）解码器诊断 使用 V.A.G1552 故障阅读仪，在断电情况下，将 V.A.G1552 故障诊断仪与诊断插座连接后（见图 6-49），打开点火开关。键入"03"后按"Q"键，即进入 ABS 工作环境。键入所需的功能代码（见表 6-4）。结束时，键入功能代码"06"后按"Q"键，退出。在断电后，拆下 V.A.G.1552 故障诊断仪。

表 6-4 功能代码

功能	意义	功能	意义
01-	状态信息显示	05-	清除故障代码
02-	故障查询	06-	结束，退出
03-	液压控制单元诊断	07-	控制器编码
04-	加液排气	08-	测量数据显示（如轮速信号等）

如果轮速传感器损坏，会出现有关车速传感器故障代码 00283、00285、00287、00290，代码的含义和可能原因如表 6-5 所示。

表 6-5 轮速传感器代码含义及可能原因

V.A.G1552 屏幕显示		可能的故障原因	故 障 排 除
00283-Speed sensor frontleft-G47	左前转速传感器-G47	①在转速传感器（G47/G45/G46/G44）和控制单元 J104 之间的导线内出现对正极或对地断路、短路 ②转子受到污染或损坏 ③车轮轴承间隙过大 ④转速传感器（G47/G45/G46/G44）安装不正确 ⑤转速传感器（G47/G45/G46/G44）损坏	检查转速传感器（G47/G45/G46/G44）与控制单元的线路和连接插头； 检查转速传感器（G47/G45/G46/G44）和齿圈的安装间隙
00285-Speed sensor front right-G45	右前转速传感器-G45		
00287-Speed sensor rear right-G44	右后转速传感器-G44		
00290-Speed sensor rear left-446	左后转速传感器-G46		

二、励磁式轮速传感器

东风牌 EQ1090E 型载货汽车的 FKX 型 ABS 系统使用励磁式轮速传感器,电路如图 6-50 所示。

晶体三极管 VT,电阻 R_1、R_2,电容 C_1 组成恒流电路给电磁式传感器提供约 40mA 的直流电流,以便使传感器铁芯建立起工作磁通。当车轮转动时,引起磁阻变化,线圈中便产生感应电动势。由于恒流电路具有较高的动态阻抗,使感应信号幅度不致大幅度衰减。电容器 C_2 用来旁路高频成分,以便衰减点火系统的干扰。

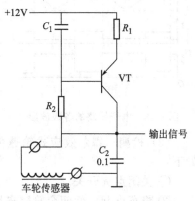

图 6-50 励磁式轮速传感器电路

三、霍尔效应式轮速传感器

霍尔效应式轮速传感器是利用霍尔效应原理制成的,霍尔效应式轮速传感器有以下几个优点:①传感器产生数字信号,电脑可以直接使用,不用进行转换;②传感器电压不受车轮转速影响;③传感器不易受外界干扰。

按照信号检出形式,可以分为三线制和两线制霍尔效应式轮速传感器两种。三线制传感器为一根电源线、一根搭铁线、一根信号线,两线制传感器为一根电源线、一根信号兼搭铁线。

1. 三线制霍尔效应式轮速传感器

(1) 结构和原理 三线制霍尔效应式轮速传感器由传感头和触发齿圈组成。传感头由永磁体、霍尔元件和电子电路等组成,永磁体的磁力线穿过霍尔元件通向触发齿轮,齿轮相当于一个集磁器。如图 6-51 所示。

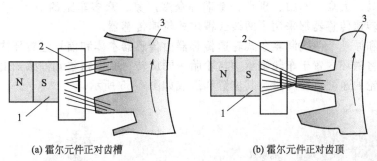

图 6-51 三线制霍尔效应式轮速传感器磁路
1—磁体;2—霍尔元件;3—齿圈

当齿轮位于图 6-51(a) 所示位置时,穿过霍尔元件的磁力线分散,磁场相对较弱。当齿轮位于图 6-51(b) 所示位置时,穿过霍尔元件的磁力线集中,磁场相对较强。齿轮转动时,使得穿过霍尔元件的磁力线密度发生变化,因此引起霍尔电压的变化,霍尔元件将输出一个 mV 级的正弦波电压,经放大器放大成 V 级电压信号,输入施密特触发器,由触发器将正弦波信号转换成标准的脉冲信号再送至放大级放大后输出。电子线路框图如图 6-52,各级波形如图 6-53 所示。

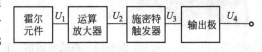

图 6-52 霍尔效应式轮速传感器电子线路框图

电子线路原理如图 6-54 所示。其工作电压为 8~15V,负载电流为 100mA,工作频率为 20kHz,输出电压幅值为 7~14V。

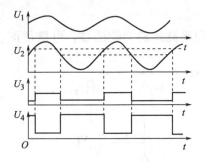

图 6-53 电子线路的各级波形

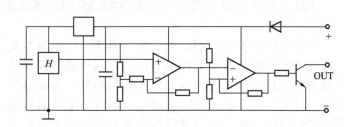

图 6-54 霍尔效应式轮速传感器电子线路原理

（2）检测　霍尔效应式轮速传感器，可用检测输出电压信号来判断其工作好坏，方法如下：

① 关闭点火开关。

② 将车支起，使四个轮胎离地 10cm 左右。

③ 拔下轮速传感器的导线连接器插头，并用导线将线束插头与轮速传感器插头的电源端子相连。

④ 将万用表（用交流电压挡）的两表笔分别搭接在轮速传感器的信号输出端子间（注意＋、－极性），测量传感器的输出电压。

⑤ 打开点火开关，用手转动车轮，万用表应显示交流电压在 7～14V 范围。如果电压不在规定范围，则应检查传感器与齿圈之间的间隙，标准值为 0.2～0.5mm 范围内，否则应进行调整。

2. 两线制霍尔效应式轮速传感器

目前，宝马、大众、本田、别克、奇瑞等众多厂家、众多车型的 ABS 系统、车身稳定系统中，车轮转速传感器都采用了两线式霍尔式轮速传感器。

（1）结构和原理　两线制霍尔式轮速传感器由传感器本体和信号盘磁环构成。信号盘为一磁环，通过将磁环内置于车轮轴承中与轮胎一同旋转，并由霍尔元件感知由旋转引起的磁极变化，对车轮的速度进行测量。其位置和组成如图 6-55 所示。

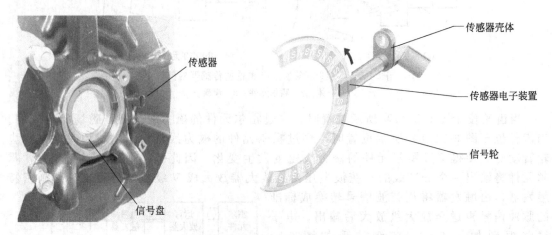

图 6-55 两线制霍尔式轮速传感器的安装位置和组成

两线制霍尔式轮速传感器工作原理简图如图 6-56 所示。信号盘由 48 个相互毗邻的北极和南极磁极组成，当轴承旋转时，北极和南极交替作用于传感器，磁力线或背离、或朝向霍尔元件，引起对磁极性及其敏感的霍尔元件内阻发生变化。电阻的变化引起线路电流的变化。集成在传感器内部的电子放大器/触发器电路对两种不同的电流水平进行检测。

如果磁力线的方向朝向霍尔元件，传感元件的电阻增加，线路电流就会下降，电流值最大值为8.4mA，最小值为5.9mA，代表值为7mA；如果磁力线的方向背离霍尔元件，传感元件的电阻减小，通过传感器的电流就会上升，电流值最大值为最大值为16.8mA，最小值为11.8mA，代表值为14mA。

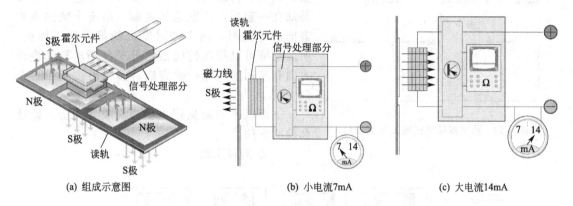

图 6-56　两线制霍尔式轮速传感器工作原理简图

（2）检测　长城C50的ESC电子稳定控制系统的电路如图6-57所示。

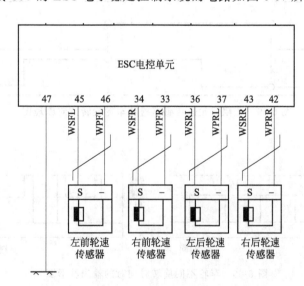

图 6-57　长城C50的ESC电子稳定控制系统

①电源电压的检测。关闭点火开关，断开传感器插头，用万用表电压挡连接传感器线束侧两个针脚，打开点火开关，其电压值应为12V。

②输出信号的万用表检测。因为两线制霍尔式轮速传感器是电流传感器，检测时不可用欧姆表直接测量，可以使用万用表的电流挡来检测。具体方法和结果见绪论中图1-16所示。

③输出信号的示波器检测。输出信号的示波器检测具体方法见绪论中图1-17所示。其示波器显示结果如图6-58所示。其电流值高电位为14mA，低电位为7mA，且交替出现，

图中所示的车轮旋转频率是100Hz。

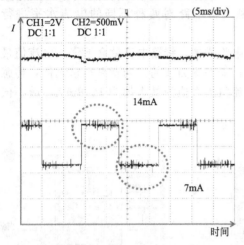

图6-58 示波器检测的输出电流信号

四、磁阻式轮速传感器

新型轮速传感器除了具备主动型轮速传感器的功能外,还能够检测出车轮的旋转方向。如图6-59所示。新型的轮速传感器内部有两个磁阻,在车轮转动时产生两个信号,把这两个信号叠加在一起后,再发送到电脑。由于车辆向前或者向后行驶时,两个磁阻发出的信号是不同的,所以电脑可以根据传感器信号来判断车轮的旋转方向和车辆的实际行驶方向。其输出波形如图6-60所示。

下面以丰田新皇冠为例,说明其构造、原理和检测方法。

1. 结构和原理

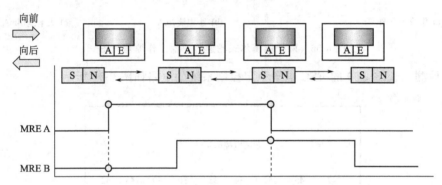

图6-59 磁阻式轮速传感器检测车轮旋转方向原理图

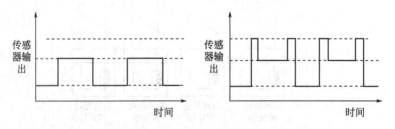

图6-60 车轮不同旋转方向时的输出波形图

丰田新皇冠的轮速传感器,采用磁阻型半导体传感器,简称MRE传感器。磁性转子是由内置带磁性粒子的橡胶制成南北共48极,磁极按圆周方向均匀分布的环状垫片,镶嵌在后轮轴承内圈上,与车轮同速度旋转。MRE传感器则安装在轮毂上固定不动,与磁性转子间存在0.5~0.8mm的空气间隙。如图6-61所示。

当磁性转子随车轮旋转,产生磁场变化,传感器内的磁阻值相应变化,经电路处理以脉冲信号输出给ABS ECU。MRE传感器与广泛采用的其他方式轮速传感器比较,它能检测到从0km/h开始的车速,此外,还能够检测到转子的旋转方向,因此系统可以区分车辆向前还是向后的运动方向,为坡道起步辅助控制系统HAC提供制动控制信号。其工作原理示

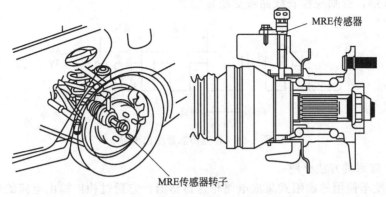

图 6-61　丰田新皇冠轮速传感器的安装位置

意图如图 6-62 所示。

2. 检测

以左前速度传感器为例，说明检测方法。

图 6-63 所示是左前速度传感器与 ABS 与牵引力执行器总成（制动防滑控制 ECU）的连接线路。

（1）输入电压检测　关闭点火开关，断开轮速传感器连接器，打开点火开关，用万用表检测 S4-2（FL＋）与车身搭铁的电压，其值应在 7.5～12V 之间。

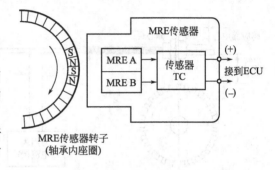

图 6-62　丰田新皇冠轮速传感器的工作原理示意图

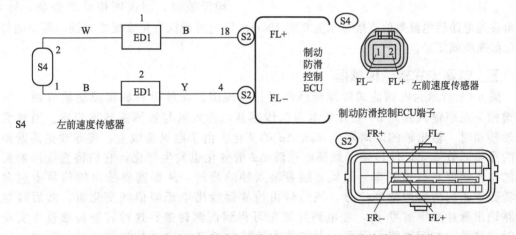

图 6-63　左前速度传感器与制动防滑控制 ECU 端子的连接线路和端子位置

（2）线路导通性检测　关闭点火开关，断开轮速传感器连接器和制动防滑控制 ECU 连接器，用万用表测量左前速度传感器 S4-2（FL＋）与 S2-18（FL＋）之间、S4-1（FL－）与 S2-4（FL－）之间的电阻，其值应小于 1Ω。

（3）绝缘性检测　关闭点火开关，断开制动防滑控制 ECU 连接器，用万用表测量 S2-18（FL＋）与搭铁之间、S2-4（FL－）与搭铁之间电阻，其值应大于 10kΩ。

（4）解码器检测　用解码器检测，如果左前速度传感器或线路有故障，会输出故障代码 DTC C0205/32 左前速度传感器、DTC C1272/72 左前速度传感器输出电压低。

（5）示波器检测　使用示波器，利用背插法，在不脱开端子的条件下测量，应该输出

图 6-64 所示波形，否则应检查线路或更换传感器。

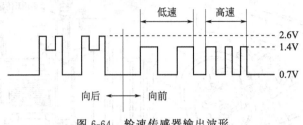

图 6-64 轮速传感器输出波形

3. 其他车型测量方法介绍

本田的飞度车使用的磁阻式集成电路轮速传感器，它通过检出输出电流的变化，从而达到检出速度的目的。使用示波器进行电流检测的方法，见第一章绪论中示波器的电流检测法的介绍。另外，通过万用表也可以对传感器进行简单的检测。将万用表拨至电流挡处，量程要定在 200mA 以上，见图 6-65，将表笔串在其中一根输出上，另一根输出正常接线，指针式万用表要注意极性。接通汽车点火开关，使 ABS 系统通电，用手缓慢转动传感器安装侧的车轮，正常情况下，电流指示应在 7～14mA 之间来回波动。如果读数值只固定在 7mA 或 14mA 上，同时调整空气间隙无效时，则说明传感器失效。另外，

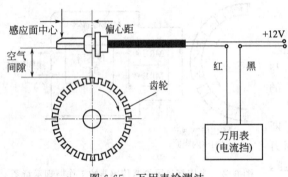

图 6-65 万用表检测法

如果接通电路后电流数值直接显示为 0 或 100mA 以上时确认万用表接线无误，则说明传感器已经断线或短路。

五、电涡流式转速传感器

图 6-66 所示为电涡流式转速传感器工作原理图。在软磁材料制成的输入轴上加工一键槽，在距输入表面 d_0 处设置电涡流传感器，输入轴与被测旋转轴相连。当被测旋转轴转动时，输出轴的距离发生 $d_0 + \Delta d$ 的变化。由于电涡流效应，将导致振荡谐振回路的品质因数变化，使传感器线圈电感随 Δd 的变化也发生变化，它们将直接影响振荡器的电压幅值和振荡频率。因此，随着输入轴的旋转，从振荡器输出的信号中包含有与转数成正比的脉冲频率信号。该信号由检波器检出电压幅值的变化量，然后经整形电路输出脉冲频率信号 f_n，经电路处理便可得到被测转速。这种转速传感器可实现非接触式测量，抗污染能力很强，可安装在旋转轴近旁长期对被测转速进行监视。最高测量转速可达 600000r/min。

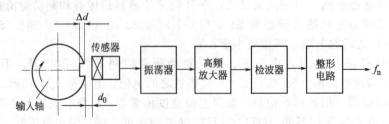

图 6-66 电涡流式转速传感器工作原理图

第四节　加速度与减速度传感器

为了能够更好地描述和研究汽车，在汽车理论中，建立了汽车坐标系，如图 6-67 所示。在汽车坐标系中，X 轴为汽车的长度方向，Y 轴为宽度方向，Z 轴为垂直高度方向，坐标系共存在 3 个速度和加速度矢量，3 个旋转角速度矢量。3 个速度和加速度矢量分别为横向、纵向、垂直方向的速度/加速度矢量。3 个旋转角速度矢量分别为横滚角速度、俯仰角速度、横摆角速度矢量。

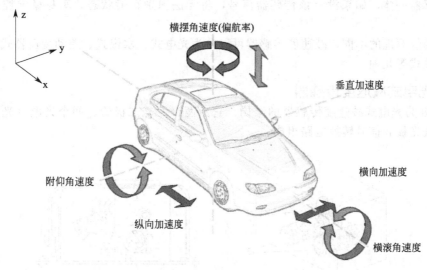

图 6-67　汽车坐标系

在驱动、制动过程中，汽车的纵向速度会发生变化，当需要研究汽车纵向速度和加速度的变化时，需要使用纵向速度传感器和加速度传感器。当汽车出现侧滑、横移现象时，会出现横向（侧向）速度和横向（侧向）加速度矢量，需要研究汽车横向滑移速度和加速度的变化时，需要使用横向（侧向）速度传感器和横向（侧向）加速度传感器。汽车在弯道出现转向不足或过度转向、打旋、甩尾时，会产生绕 Z 轴的横摆角速度，当需要研究汽车的自转速度时，需要使用横摆角速度传感器。

加速度可以分为速度增加的正加速度（加速度）和速度减小的负加速度（减速度）。

在制动过程中所用的加速度传感器，由于是测量车辆纵向速度降低的快慢程度，因此也被称为减速度传感器，或 G 传感器（但要注意，在有的车型上，也有把横向加速度传感器和纵向加速度传感器和整合安装在一起的加速度传感器也称为 G 传感器）。为了方便说明，在此使用减速度传感器表示纵向加速度，以和下面介绍的横向加速度区别开来。减速度传感器主要用于四轮驱动汽车的 ABS 系统，用于检测汽车制动时的纵向减速度的大小，ABS ECU 由此判断道路表面的附着系数，识别是否是雪路、冰路等易滑路面。

装用 G 传感器是四轮驱动汽车 ABS 与二轮驱动 ABS 最大的不同点。在二轮驱动的情况下，ABS ECU 对驱动轮和从动轮速度进行比较，以确定车速。四轮驱动汽车由于四轮驱动的前后轮系总是以一定的方式相互连接在一起，在摩擦因数小的路面上制动时，一个车轮抱死，带动其他车轮一起抱死，这样将不能依靠轮速传感器的信号计算出汽车速度，ABS 也将不能起作用。为了解决这个问题，四轮驱动汽车 ABS 必须有 G 传感器。ABS ECU 通过将减速度传感器信号与各个车轮的轮速传感器进行逻辑比较计算，来获得车辆的有关车速的准确信息，在汽车制动时，如果加速度传感器测量到的负加速度很小的话，说明路面的摩擦因数很小，ABS 自动进入低摩擦因数的制动控制程序，这样就能很好地进行制动控制，防止车轮抱死。如果没有此信号或信号异常，ABS ECU 会使 ABS 失去作用，点亮报警灯，并设置故障代码。

随着车身稳定控制系统的出现，除了用于纵向的加速度传感器外，又出现了用于检测车辆在转弯时侧向离心力的大小的侧向加速度的传感器，也称为横向加速度传感器。横向加速度传感器通过检测车辆在转弯时车身在横向的滑移速度变化率，使控制单元确定车辆的侧向力的大小。侧向加速度传感器一般安装位置在转向柱下方偏右侧，也有的单独安装，或者与偏摆率传感器一体，如果没有该传感器信号，将无法识别车辆状态，车身稳定控制系统将失效。

按照测量原理的不同，减速度传感器可以分为光电式、水银式、差动变压器式、惯性压阻式、开关式等几种。

一、光电式减速度传感器

图 6-68 为光电式减速度传感器的结构，它由两个发光二极管、两个光电（光敏）三极管、一个透光板和信号转换电路组成。

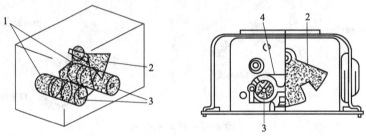

图 6-68 光电式减速度传感器的结构
1—发光二极管；2—透光板；3—光电三极管；4—信号转换电路

汽车匀速行驶时，传感器的透光板静止不动；汽车制动时，即减速行驶时，透光板则随着减速度的变化而沿汽车的纵轴方向进行摆动，如图 6-69 所示。

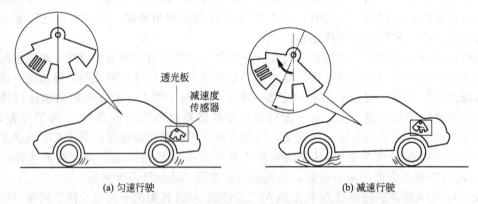

(a) 匀速行驶　　　　　　　　　　　(b) 减速行驶

图 6-69 匀速和减速行驶时光电式减速度传感器透光板的位置状态

透光板的作用是允许光线从发光二极管传送到光敏三极管，或切断发光二极管发出的光，使之不能到达光敏三极管，由此控制光敏三极管的开和关（见图 6-70）。

汽车匀速行驶时，透光板静止不动，传感器无信号输出。当汽车减速时，透光板沿汽车纵向摆动。减速度大小不同，透光板的摆动角度就不同，两只光电三极管的"导通"与"截

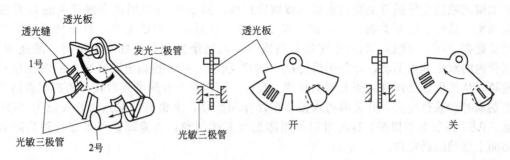

图 6-70　光电式减速度传感器的工作原理

止"状态也就不同。减速度越大,透光板摆动角度就越大。

两对发光二极管和光电三极管的组合可以将汽车的减速度分为 4 个等级,此信号送入电子控制器就能感知路面附着系数情况,从而 ABS ECU 采取相应的措施。具体的划分方法参见表 6-6。

表 6-6　减速度速率的等级

减速度速率	低减速率 1	低减速率 2	中等减速率	高减速率
光敏三极管 1	开	关	关	开
光敏三极管 2	开	开	关	关
透光板位置	光敏三极管1(开)　光敏三极管2(开)	关　　开	关　　关	开　　关

这种减速度传感器应用在早期的丰田公司的赛利卡、佳美等四轮驱动汽车上。

二、水银式减速度传感器

水银式减速度传感器应用在日产 4×4 全轮驱动汽车上,安装在排挡杆的后部,外形如图 6-71(a),安装位置如图 6-71(b)。

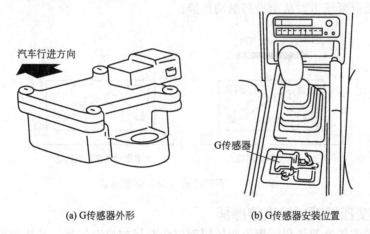

(a) G传感器外形　　　　(b) G传感器安装位置

图 6-71　水银式减速度传感器

水银式减速度传感器主要由水银和玻璃管组成，图 6-72 是采用单水银开关的 G 传感器的剖面图。这种水银开关如 A—A 剖面所示，与水平面有一定的夹角，汽车处于水平位置时开关处在"ON"状态。当汽车在附着系数较小的低摩擦因数路面上制动时，减速度小，玻璃管内的水银基本不动，开关仍保持在"ON"状态。ABS 控制电路接通，ABS 控制车轮防抱死，从而保证在该种路面上制动时的稳定性。而当汽车在附着系数较大的高摩擦因数路面上制动时，减速度大，开关内的水银靠惯性作用前移，水银离开触点，开关成为"OFF"状态。ABS 控制电路切断，这时可以不用防抱死方式制动，也能保证汽车在这种高附着系数路面上移动的稳定性。

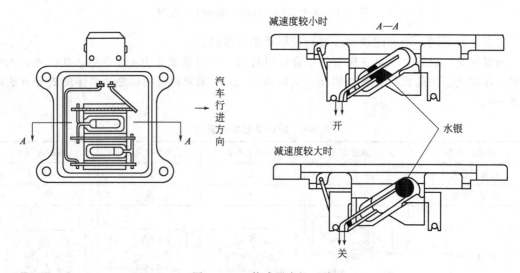

图 6-72　G 传感器水银开关

另外也有能传递前进和后退两个方向的路面信息的水银开关 G 传感器，如图 6-73 所示，不仅在前进方向起作用，在后退方向也能送出减速度信号。

水银式减速度传感器可以用作横向加速度传感器。当汽车的横向加速度低于设定值时，水银在玻璃管内基本不动，传感器电路接通，向 ECU 输入一个高电平信号；当汽车高速急转弯时，横向加速度超过设定值，水银在惯性力作用下移动，传感器电路断开，向 ECU 输入一个低电平信号。ECU 接收到横向加速度超过设定值的信号后，立即发出控制指令，修正左右车轮制动分泵压力，从而提高制动性能。

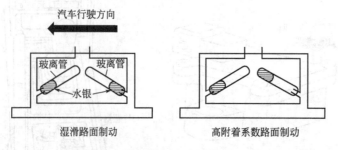

图 6-73　不同行驶方向水银的运动

三、差动变压器式减速度传感器

差动变压器式传感器是利用耦合变压原理工作获得加速度信号，其结构和工作原理图如图 6-74 所示。该传感器由固定的线圈和可移动的铁芯构成，铁芯在制动减速惯性力的作用下沿线圈轴向移动,可导致传感器电路中感应电量的连续变化。

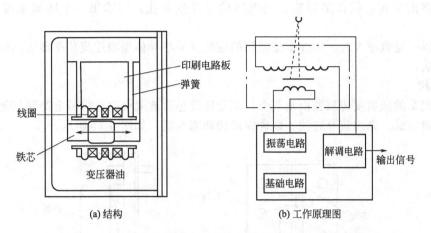

图 6-74　差动变压器式减速度传感器的结构和工作原理图

汽车正常行驶时,差动变压器铁芯处于中间位置,变压器次级绕组产生相位相反的电压,其大小相同,变压器输出电压为 0。当汽车制动时,在惯性力的作用下,差动变压器铁芯移动,从而使差动变压器线圈内的磁通量发生变化,使变压器次级绕组产生的电压一个增大,一个减小,变压器就会有输出电压,电压的大小与汽车减速度成正比,其输出特性如图 6-75 所示。

四、压电式减速度传感器

压电式减速度传感器又称压电式减速度计。它也属于惯性式传感器,它是利用某些物质如石英晶体的压电效应,在减速度传感器受振时,质量块加在压电元件上的力也随之变化。当被测振动频率远低于减速度传感器的固有频率时,则力的变化与被测减速度成正比。

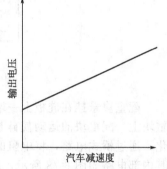

图 6-75　输出特性

常用的压电式减速度传感器的结构形式如图 6-76 所示。

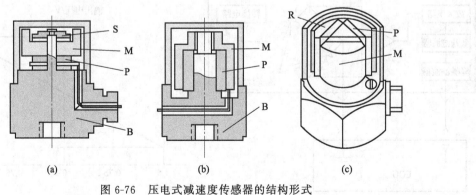

图 6-76　压电式减速度传感器的结构形式
S—弹簧；M—质块；B—基座；P—压电元件；R—夹持环

五、压阻式减速度传感器

压阻式减速度传感器也称为惯性压阻式减速度传感器、应变计式减速度传感器,由惯性压阻元件组成的电桥、恒压电路、抗干扰及温度补偿电路等组成。紧急制动时,传感器上的质量块随减速度的大小产生相应的惯性力,施加在压阻元件上,从而改变电桥的电阻,打破了电桥电路的平衡,使传感器输出的电压信号发生变化,即输出一个随减速度变化的电压差。

下面以三菱汽车 V31、V33 车型使用的应变计的半导体型减速度传感器为例说明其结构和检测方法。

1. 结构

三菱汽车的减速度传感器由塑料壳、配重块及包含放大电路、降噪电路和其他元件的复合集成电路组成。壳内装有硅油,以确保最佳动态性能。如图 6-77 所示。

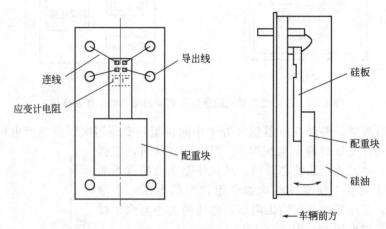

图 6-77 应变计的半导体型减速度传感器结构

配重块悬挂在硅板上一端,硅板上贴有应变片。当车辆加速或减速时,惯性力作用在配重块上,配重块的运动使硅板上的应变片向其中一方拉长或压缩,引起应变片电阻发生变化,通过桥式电路,将电阻的变化转化为电压的变化,代表纵向的加速度或减速度的大小。其内部电路如图 6-78 所示,输出特性如图 6-79 所示。

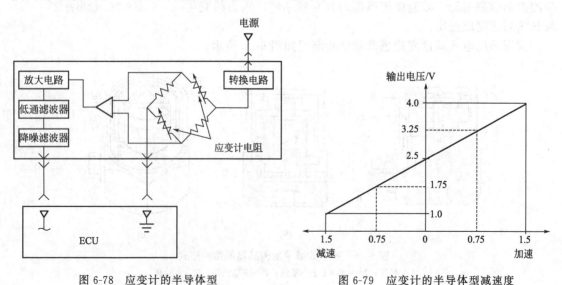

图 6-78 应变计的半导体型减速度传感器内部电路

图 6-79 应变计的半导体型减速度传感器输出特性

2. 检测

三菱 V31、V33 车用 G 传感器的电路连接图如图 6-80 所示。

第六章 速度与加速度传感器

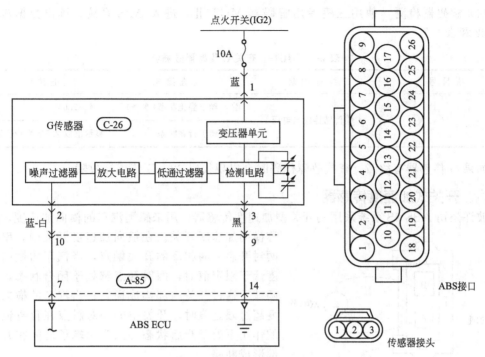

图 6-80 连接电路图和端子

(1) 供电电压的检查 关闭点火开关,断开 G 传感器与 ABS ECU 的插头,打开点火开关,用电压挡测量 G 传感器线束侧 1 脚与蓄电池负极间的电压,应为蓄电池电压。

(2) 搭铁检查 关闭点火开关,断开 G 传感器与 ABS ECU 的插头,打开点火开关,用电阻挡测量 G 传感器线束侧 3 脚与蓄电池负极间的电阻,应小于 1.5Ω。

(3) 输出信号检查 关闭点火开关,断开 G 传感器插接器,连接专用工具 MB991348（即专用三通插头）测试线束组,在断开的插接器端子间测量,如图 6-81 所示。

使点火开关转到"ON"的位置,读取在端子 2 和端子 3 之间的电压,标准值为 2.4~2.6V。

在连接专用工具 MB991348 情况下,转动使箭头面朝下,读取在端子 2 和端子 3 之间的输出电压,标准值为 3.4~3.6V。

如果电压值偏离标准值,确认电源供给线和接地线有无问题,然后更换 G 传感器。

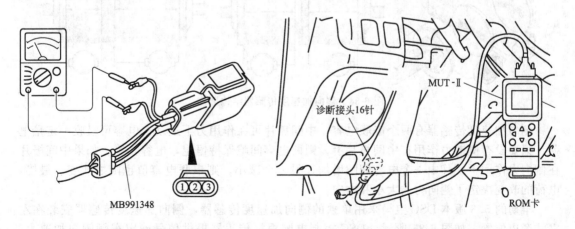

图 6-81 G 传感器测量方法　　　　　　图 6-82 MUT-Ⅱ的连接

191

（4）解码器检测　使用三菱专用解码器 MUT-Ⅱ，进入 ABS 系统，读出数据流，见图 6-82 和表 6-7。

表 6-7　MUT-Ⅱ有关 G 传感器数据流

项目号	检查项目	检查要求	正常值
32	G 传感器输出电压	当车辆于静止状态（水平）	2.4～2.6V
		当车辆于行驶状态	显示值以 2.5V 为均值波动

如果 G 传感器有故障，查找故障代码时会出现代码 32—G 传感器故障。

六、开关式加速度传感器

波许公司 ABS 2S 系统采用的开关型加速度传感器，用来感测汽车的横向加速度，故也称横向加速度开关。在横向加速度开关中，串联有两对开启方向相反的开关触点，当汽车的横向加速度低于限定值时，两对触点都处于闭合状态，插头两端子通过开关内部构成通路；当汽车的横向加速度超过限定值时，开关中的一对触点在自身惯性力的作用下处于开启状态，插头两端子之间在开关内部形成断路。

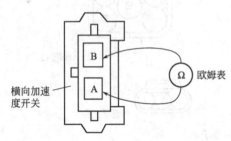

图 6-83　开关式加速度传感器的检测

检测：将点火开关置于"OFF"位置，将横向加速度开关线束插头卸下，将欧姆表搭接在横向加速度开关的两个端子上，欧姆表的读数应该为零，如果欧姆表的读数不等于零，则应更换横向加速度开关。如图 6-83 所示。

七、差动电容式加速度传感器

差动电容式加速度传感器是现在应用较多的加速度传感器，主要用于侧向加速度的检测。传感器是利用电容器的电容随极板间的距离变化而变化的原理进行工作的。工作原理如图 6-84 所示。

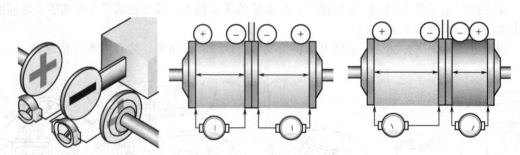

图 6-84　侧向加速度传感器结构原理

侧向加速度传感器有两个串联电容，中间极片可在作用力下运动。电容可吸收一定量电荷。只要没有侧向力作用在中间极片上，则两电容间隙保持恒定，电容相等。如果中间极片在侧向力作用下，其中一个电容间隙增加，另一个减小，则串联电容值也随之改变。最终，电荷的改变决定了侧向力的大小和方向。

早期的 5.3 版本 DSC 宝马采用单独的侧向加速度传感器，侧向加速度传感器安装在左立柱旁边位置，如图 6-85 所示。DSC 控制电脑根据传感器提供信号确定车辆侧向加速力，传感器采用电容式，内有两个极板，一个极板是活动的，另一个极板是固定的，在侧向加速力的影响下,活动极板向固定极板移动,传感器就产生电压,侧向加速力越大产生的电压就越高。传感器的电压信号从 0.5~4.5V,当车辆静止不动时,传感器产生约 1.8V 的电压。

该传感器信号和横摆率传感器信号相互关联,信号发到电脑,电脑用来确定保持车辆稳定的制动油压。

表 6-8 所示为侧向加速度传感器的端子名称和电压。

图 6-85 侧向加速度传感器的位置

表 6-8 侧向加速度传感器的端子名称和电压

项　　目		电压
1 脚	传感器信号	0.5~4.5V
2 脚	搭铁	0V
3 脚	电源	5V

第五节　横摆角速度传感器与组合传感器

车辆侧滑是造成交通事故的重要原因之一,因此在转向时如何保持车身的正确姿态非常重要。各个厂家为此开发出不同的控制车身姿态的系统,主动在危急时刻帮助操控车辆,使车辆安全行驶。表 6-9 为部分厂家对车身姿态控制系统的名称。

表 6-9 车身姿态控制系统的名称

缩　　写	厂　　家	名　　称
ESP	BENZ/AUDI/Volkswagen(奔驰/奥迪/大众)	电子稳定程序
DSC	BMW(宝马)	动态稳定控制
DSTC	Volvo(沃尔沃)	动态稳定和牵引力控制
VSC	TOYOTA(丰田)	车辆稳定控制
M-ASTC	MITSUBISHI(三菱)	三菱主动稳定和牵引力控制
PSM	PORSCHE(保时捷)	保时捷稳定管理系统
VDC	Delphi/NISSAN(德尔福及日产)	车辆动态控制
VSA	HONDA(本田)	车辆稳定辅助

以 ESP 系统为例,如图 6-86 所示,ESP 系统首先通过转向盘转角传感器及各轮速传感器识别驾驶员转弯方向,通过横摆角速度传感器识别车辆绕垂直于地面轴线方向的旋转角度侧向加速度传感器识别车辆实际运动方向。当 ESP 判定为出现不足转向,将制动内侧后轮,使车辆进一步沿驾驶员转弯方向偏转,从而稳定车辆。当 ESP 判定为出现过度转向,ESP 将制动外侧前轮,防止出现甩尾,并减弱过度转向趋势,稳定车辆。如果单独制动某个车轮不足以稳定车辆,ESP 将通过降低发动机扭矩输出的方式或制动其他车轮来满足需要。

转向盘转角传感器在第三章中已经讲述,上节中也对横向加速度和纵向加速度传感器进行了讲解,下面讲述横摆角速度传感器。

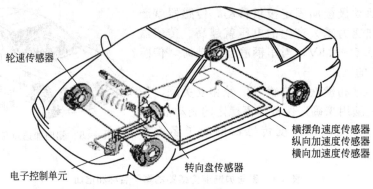

图 6-86 ESP 系统的组成

一、横摆角速度传感器

横摆角速度传感器，英文原称为 yaw rate sensor，由于翻译的不同，在中文中又称为横摆率传感器、侧滑传感器、翻转角速度传感器、偏摆率传感器、旋转率传感器、偏航率传感器、旋转传感器等。

横摆角速度传感器一般安装在车辆中部变速杆旁、行李箱上方、后座椅下方、转向柱下方偏右侧。横摆角速度传感器可以单独安装，也可以与侧向加速度传感器一体。其位置和外形如图 6-87 所示。

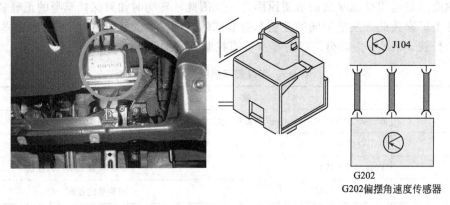

图 6-87 横摆角速度传感器位置和外形

横摆角速度传感器识别车辆绕垂直于地面轴线方向的旋转角度，记录汽车绕垂直轴线的运动，监测车辆后部因侧滑发生的甩尾，识别车辆实际运动方向，偏转角的大小代表汽车的稳定程度。它作用类似飞机陀螺，时刻监视着汽车方向的稳定性，确定汽车是发生侧滑或者甩尾，从而使 ESP 发生作用，确保汽车保持相对于垂直轴线的稳定性。没有此信号，控制单元不能识别车辆是否发生转向，ESP 功能将失效。

横摆角速度传感器的基本工作原理可以简化成图 6-88 中的双调节叉结构，分别为激励叉和测量叉。

双叉经过匹配，使得激励叉固有频率为 11kHz，测量叉固有频率为 11.33kHz。当向双叉施加 11kHz 的交变电压时，由于与激励叉固有频率相同，因此在激励叉上发生共振，而与测量叉固有频率不同，因此不发生共振。如图 6-88(b) 所示。

发生共振的调节叉对于外力的反应，要比没有发生共振的调节叉运动响应慢。这意味着，当车辆偏摆时，旋转角加速度使得测量叉与车辆同步运动，而激励叉滞后于车辆的运动。结果，双叉发生扭曲，如图 6-88(c) 所示。

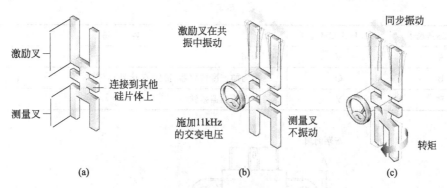

图 6-88 偏摆角速度传感器构造和工作原理

偏转的结果是改变了叉上的电荷分配,传感器检测此信号并将其传递给控制单元。控制单元可以通过输出信号的变化计算横摆角速度。

宝马在 DSC-Ⅲ中使用单独的横摆角速度传感器。横摆角速度传感器安装在驾驶座椅下面,检测车辆绕中间轴的旋转信号(横摆率信号)发送到 DSC 控制电脑,DSC 控制电脑提供 5V 电压到传感器,传感器在车辆发生横摆时产生一个 0.25~4.65V 的电压。其电路示意图如图 6-89 所示。

二、组合传感器

最初的车身姿态控制系统中纵向加速度传感器、横向加速度传感器和横摆角速度传感器都是单独实现的,随着科技的发展,现在基本都使用了传感器总成(sensor cluster)的模式,即将其中的两个或三个传感器设计为一体与 ECU 连接。最常见组合传感器为横向加速度传感器和横摆角速度传感器的组合。

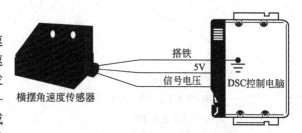

图 6-89 宝马 DSC-Ⅲ横摆角速度传感器电路示意图

与 ECU 连接通信的方式有两种:一种是普通线束连接;一种是采用新兴的 CAN(控制器局域网)总线与控制单元间以双绞线进行通信。

1. 使用一般电线连接的组合传感器

一汽马自达 6 的 DSC 系统采用了组合传感器,组合传感器安装在驻车制动杆的左侧,由横向加速度传感器与横摆角速度传感器组合而成,用以探测车辆横摆率(车辆转角速度)以及横向惯性力并把信号传输给 DSC HU/CM(动态稳定控制液压控制单元)。当传感器探测到旋转转向叉的转动速度所产生的自转偏向力(科氏力),就会按比例形成横摆角速度。当传感器探测到作用在硅检测部件上的惯性力时,就会按比例形成横向惯性力。当车辆保持静止,组合传感器输出横摆角速度信号和横向惯性力信号电压为 2.5V,并随着横摆角速度以及横向惯性力变动。组合传感器的外形和输出特性如图 6-90 所示。

组合传感器与 DSC HU/CM 的连接和各端子的功用如图 6-91 和表 6-10 所示。

表 6-10 组合传感器与 DSC HU/CM 各端子功用

组合传感器端子	DSC HU/CM 端子	名 称
C	P	组合传感器的功率输出(为传感器提供+5V 电压)
F	S	组合传感器诊断信号(为 3.5~5.0V 电压)
D	T	横摆角速度传感器输出

续表

组合传感器端子	DSC HU/CM 端子	名 称
A	V	未用
B	O	横向加速度传感器(横向-G 信号)
E	Y	组合传感器搭铁

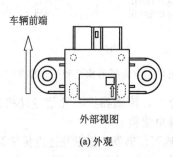

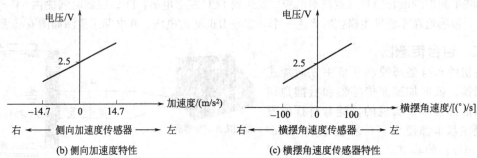

图 6-90 组合传感器的外形和输出特性

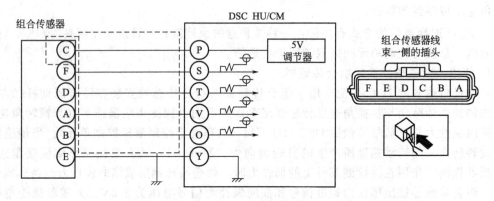

图 6-91 组合传感器与 DSC HU/CM 的连接和组合传感器端子

在检测组合传感器时,应注意不能让传感器跌落,如果传感器受到强烈冲击,应更换。

(1) 电源检测 将点火开关旋转到接通的位置(发动机关闭),测量组合传感器的端子 C(线束一侧)和地之间的电压,电压应在 4.5~5.5V 之间。

(2) 搭铁电路检测 将点火开关旋转到断开的位置,断开组合传感器,测量组合传感器线束侧的端子 E 与蓄电池负极之间的导通性,正常应导通。

(3) 横向加速度传感器的检测 连接插头,接通点火开关,根据下列内容检查端子 B

和 E 之间的电压。如果结果不满足技术规范，则更换横向加速度传感器。

① 水平，B 和 E 之间的电压应为 2.4～2.6V。

② 顶面向上（与水平面上倾 90°），B 和 E 之间的电压应为 3.3～3.7V。

③ 顶面向下（与水平面下倾 90°），B 和 E 之间的电压应为 1.3～1.7V。

(4) 横摆角速度传感器的检测　在静态条件下测定横摆角速度传感器的电压。当摆动速率传感器左右旋转时，测量端子 D 与 E 之间电压应符合下述规定。如果结果不满足技术规范，则更换横摆角速度传感器。如图 6-92 所示。

图 6-92　横摆角速度传感器的检测

① 向右旋转：在 2.5～4.62V 之间波动。

② 向左旋转：在 2.5～0.33V 之间波动。

注意：应注意旋转横摆角速度传感器时的旋转位置，因为旋转方向和电压方向相反，所以旋转位置处于相反状态。

(5) 解码器检测　诊断 DSC 系统时，可用 WDS 读取故障码，然后根据相关故障码的含义进行相应的维修。当诊断到故障码 DTC1280、DTC1730、DTC1952、DTC1951 和 DTC1959 时，参考表 6-11 故障代码与设置说明，对组合传感器进行更换或检修线路。

表 6-11　故障代码与设置说明

故障代码	设置说明
DTC1280	①横摆角速度传感器水平时输出值大于等于3,或者小于等于2 ②横摆角速度传感器输出的电压应保持不变 ③根据轮速传感器、侧面加速度传感器、转向角传感器计算出横摆角速度传感器的估计值，该估计值与横摆角速度传感器的输出值之间的差值超过了技术规格的规定
DTC1730	检测到的组合传感器的电压超过规定范围
DTC1952	检测到的横摆角速度传感器的控制器的电压小于等于3.5V
DTC1951	①检测到的侧面加速度传感器的控制器的电压大于等于4.5V,或者小于等于0.5V ②在 1s 内，检测到大于等于1.25V 的控制器的电压差在一个周期内出现 8 次
DTC1959	①侧面加速度传感器在 0 点的正确值应大于等于3,或者小于等于2 ②从侧面加速度传感器的零件上输出的电压应保持绝对不变 ③根据转向角传感器计算出侧面加速度的估计值，该估计值与横摆角速度传感器的输出值之间的差值超过了技术规格的规定

另外，值得一提的是，有些车型，如宝马 5.7 版本的 DSC 组合传感器，需要使用 12V 的工作电源。图 6-93 为其线路连接示意图。传感器产生一个 2.5V 的参考电压和一个 0.7～4.3V 线性变化的信号电压输送给 DSC 电脑，用来判断车辆旋转的幅度。同时，与其组合在一起的横向加速度传感器同时产生一个 0.5～4.5V 的线性变化电压输送给 DSC 电脑，用来检测车辆的横向加速度。

表 6-12 为组合传感器端子用途和标准电压值，检测时可以参考。

表 6-12　组合传感器端子用途和标准电压值

	项　目	电　压
1 脚	搭铁	0V
2 脚	电源	12V
3 脚	DSC 反馈信号	2.5V
4 脚	横摆角速度传感器输出信号	0.7～4.3V(-50°～+50°)
5 脚	横向加速度信号	0.5～4.5V

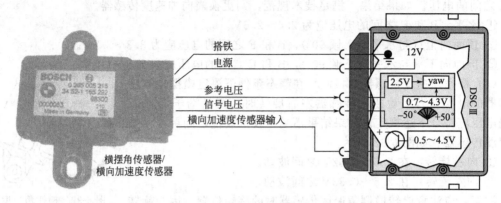

图 6-93　宝马 5.7 版本的 DSC 组合传感器线路连接示意图

2. 使用 CAN-BUS 连接的组合传感器的检测

新皇冠采用 CAN-BUS 连接的组合传感器，其电路图和端子形状如图 6-94 所示。

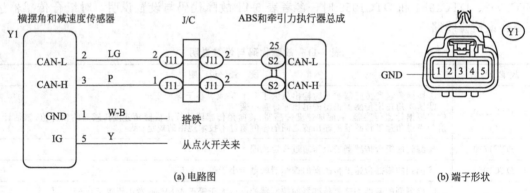

(a) 电路图　　　　　　　　　　　　　　　　(b) 端子形状

图 6-94　电路图和端子形状

（1）电源检测　关闭点火开关，断开横摆角和减速度传感器插头，打开点火开关，用万用表电压挡测量线束端 5 脚与搭铁间电压，正常值应在 10~14V 之间。

（2）搭铁检测　关闭点火开关，断开横摆角和减速度传感器插头，用万用表电阻挡测量线束端 1 脚与搭铁间电阻，正常电阻值应小于 1Ω。

（3）解码器检测　由于该组合传感器使用 CAN-BUS 进行通信。因此检测主要应依靠解码器来进行。表 6-13 为组合传感器的故障代码表。

表 6-13　组合传感器的故障代码表

故障代码	意　义	故障代码	意　义
C1279/79	减速度传感器发生故障	C1245/45	减速度传感器故障
C0371/71	横摆角速度传感器输出信号发生故障	C1210/36	未进行横摆角速度传感器零点校正
C1232/32	减速度传感器故障	C1336/39	未进行减速度传感器零点校正
C1234/34	横摆角速度传感器故障	C1381/97	横摆角速度传感器/减速度传感器电源电压故障
C1243/43	减速度传感器故障	U0123	失去与横摆角速度传感器模块的通信
C1244/44	减速度传感器电路开路或短路	U0124	失去与减速度传感器模块的通信

注：C1243/43、C1245/45、C1232/32 具体故障点需查阅维修手册。

复习思考题

1. 简述发动机转速传感器的类型、工作原理、检测方法。
2. 简述车速传感器的类型、工作原理、检测方法。
3. 简述两线制霍尔式车速传感器的结构、工作原理及检测方法。
4. 试述磁阻元件式车速传感器的结构、工作原理及检测方法。
5. 磁阻元件式轮速传感器是怎样工作的？如何检测？
6. G 传感器有何作用？为什么四轮驱动车辆中要使用 G 传感器？
7. 简述压阻式减速度传感器的结构、工作原理及检测方法。
8. 汽车坐标系是如何定义的？
9. 试述差动电容式加速度传感器的结构、工作原理及检测方法。
10. 横摆角速度传感器有什么作用？如何检测？
11. 组合传感器有什么作用？有哪些类型？

第七章

气体浓度传感器

学习目标

- ◆ 掌握二氧化锆式氧传感器的原理和结构、检测方法
- ◆ 掌握二氧化钛式氧传感器的原理和结构、检测方法
- ◆ 掌握宽域氧传感器的原理和结构
- ◆ 掌握氮氧化物传感器的原理和结构、检测方法
- ◆ 了解烟雾浓度传感器的原理和结构
- ◆ 掌握空气质量传感器的原理和结构、检测方法

在电子汽油喷射式发动机上进行反馈控制的传感器是氧传感器,它安装在发动机的排气管上,它的作用是通过检测排放气体中氧的含量来获得混合气的空燃比浓稀信息,并将检测结果转变成电压信号输入ECU,ECU根据氧传感器输入的信号,不断地对喷油脉宽进行修正,使混合气浓度保持在理想范围内,实现空燃比的反馈控制,即闭环控制。利用氧传感器对发动机混合气的空燃比进行闭环控制后,能使过量空气系数控制在0.98~1.02之间,使发动机在各种工况下获得最佳浓度的混合气,使有害气体的排放量降到最低,减少汽车排气污染。

目前汽车上采用的氧传感器有二氧化钛(TiO_2)式和二氧化锆(ZrO_2)式两种。氧传感器又分为加热型氧传感器和非加热型氧传感器两种。

随着汽油缸内直接喷射发动机(GDI)和燃油分层喷射发动机(FSI)的大量使用,稀薄燃烧技术也日益成熟,只能在理论空燃比附近间接测量混合气浓度的二氧化钛和二氧化锆氧气传感器已不能适应监测的需要,宽域氧传感器随之出现。这种传感器能在混合气极稀薄条件下,连续地检测出空燃比,实现稀薄领域的反馈控制。

氮氧化物是可燃混合气在高温、高压下燃烧后的产物,稀薄燃烧技术的应用,使在高温富氧的条件下更易生成NO_x,为了降低排放,在还原存储型催化转化器的后端加装了感测氮氧化物浓度的NO_x传感器,用于给ECU传输NO_x浓度信号,使电控发动机适时对存储在还原存储型催化转化器中的氮氧化物进行催化还原,最终以氮气形式排出车外。

烟雾浓度传感器用于空气净化装置中,该传感器通过检测烟雾浓度,可使空气净化器自动运转或停止,从而达到净化驾驶室内空气的目的。

第一节 氧传感器

在使用三元催化转化器降低排放污染的发动机上,氧传感器是必不可少的传感器。早期

的三元催化转化器安装在排气管的中段,现在的三元催化转化器大都安装在排气歧管近端,以便更有效地净化排气中 CO、C_xH_y 和 NO_x 三种主要的有害成分。但三元催化转化器只能在混合气的空燃比接近理论值的一个窄小范围内才能有效地起到净化作用。故在排气管中安装氧传感器,以检测废气中的氧

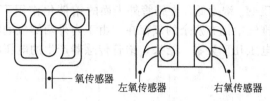

图 7-1 氧传感器的安装位置

浓度,并将其转换成电压信号,输入发动机 ECU,测定空燃比,从而反馈控制喷油量,使空燃比接近于 14.7 的理论空燃比。氧传感器的安装位置如图 7-1 所示。

目前使用的氧传感器有二氧化锆式和二氧化钛式两种,其中应用最多的是二氧化锆式氧传感器。

一、二氧化锆式氧传感器

1. 二氧化锆式氧传感器的结构和工作原理

二氧化锆式氧传感器的基本元件是二氧化锆陶瓷管(固体电解质),陶瓷体制成管状,因此亦称锆管。锆管固定在带有安装螺纹的固定套中,锆管内外表面都覆盖着一层多孔性的透气铂膜作为电极,氧传感器安装在排气管上,其内表面与大气接触,外表面与废气接触,为了防止废气中的杂质腐蚀铂膜,在锆管外表面的铂膜上覆盖着一层多孔的氧化铝保护层,并加装了一个防护套管,套管上开有通气槽。这样既可以防止废气烧蚀电极,又可保证废气渗进保护层和电极接触。氧传感器的接线端有一个金属护套,其上开有一孔,用于锆管内表面与大气相通,导线将锆管内表面铂极经绝缘套从传感器引出。如图 7-2 所示。

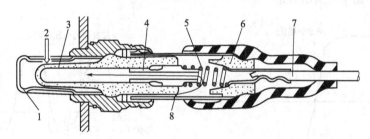

图 7-2 二氧化锆式氧传感器的构造(单线)

1—防护套管;2—废气;3—锆管;4—电极;5—弹簧;6—绝缘体;7—信号输出导线;8—空气

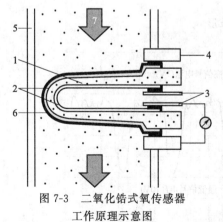

图 7-3 二氧化锆式氧传感器工作原理示意图

1—锆管;2—电极;3—电极引线;4—壳触点;5—排气管;6—多孔陶瓷支承;7—废气

锆管的陶瓷体是多孔的,允许氧渗入该固体电解质内,温度高于 300℃时,氧气发生电离,氧气渗入锆管的多孔陶瓷体,由于锆管内、外侧氧含量不一致,存在浓度差,因而氧离子从大气侧向排气一侧扩散,从而使锆管成为一个微电池,在两铂极间产生电压(见图 7-3)。当混合气的实际空燃比小于理论空燃比,即发动机以较浓的混合气运转时,排气中氧含量少,但 CO、C_xH_y 等较多。这些气体在锆管外表面的铂催化作用下与氧发生反应,将耗尽排气中残余的氧,使锆管外表面氧气浓度变为零,这就使得锆管内、外侧氧浓度差加大,两铂极间电压陡增,可以产生约 1V 的电压;当混合气的实际空燃比大于理论空燃比,即发动机以较稀的混合气运转时,氧气浓度高,CO、

C_xH_y 浓度低，在锆管外表面的铂催化作用下，即使 CO、C_xH_y 气体完全与氧发生反应，排气中仍有残余的氧存在，由于内外两侧氧的浓度差较小，几乎不能产生电动势，此时输出电压几乎为零。结果，锆管传感器产生的电压将在理论空燃比时发生突变（见图7-4）。

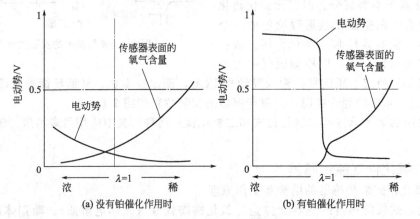

图 7-4　铂对于氧传感器的作用

根据氧传感器所产生的电压值就可测量氧传感器外表面氧气含量，而发动机废气排放中的氧含量主要取决于混合气的空燃比，因此，ECU 根据氧传感器输入的电信号分析汽油的燃烧状况，以便及时修正喷油量，使空燃比处于理想状况，即使空气过量系数 $\lambda=1$，所以这种传感器又称为 λ 传感器。其标准波形如图7-5所示。如果由于某种原因使混合气偏浓或偏稀时，会输出图7-6所示波形。

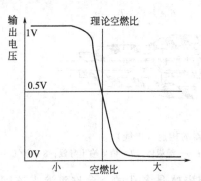
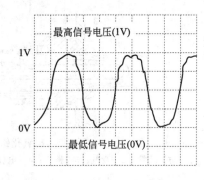

图 7-5　氧传感器标准波形

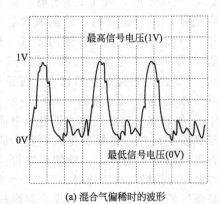
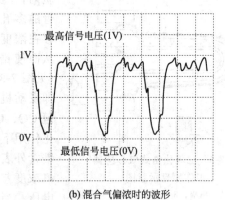

(a) 混合气偏稀时的波形　　(b) 混合气偏浓时的波形

图 7-6　混合气浓度与氧传感器输出的关系

要准确地完全保持混合气浓度为理论空燃比是不可能的，实际上氧传感器对喷油器的反馈调节是动态的，只能使混合气在理论空燃比附近一个较小的范围内波动，故氧传感器的输出电压在 0.1～0.8V 之间不断变化（通常每 10s 内变化 8 次以上）。如果氧传感器输出电压变化过缓（每 10s 内少于 8 次）或电压保持不变（不论保持在高电位或低电位），则表明氧传感器本体或线路有故障，需检查线路或更换传感器。

2. 加热型二氧化锆式氧传感器

二氧化锆式氧传感器输出信号的强弱与工作温度有关，只有在 300℃ 以上时传感器才能正常工作，早期使用的氧传感器靠排气加热，这种传感器必须在发动机启动运转数分钟后才能开始工作，因此，电控发动机在氧传感器正常工作之前是开环控制。现在，大部分汽车使用带加热器的氧传感器，这种传感器在原来传感器的基础上，增加了一个陶瓷加热元件用于加热传感器，可在发动机启动后的 20～30s 内迅速将氧传感器加热至工作温度，扩大了空燃比闭环控制的工作范围，故又称为加热型氧传感器。

图 7-7 所示为三线制加热式二氧化锆氧传感器的结构图。

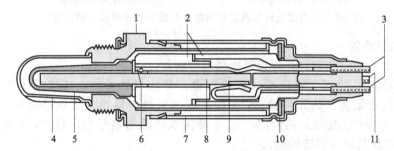

图 7-7　三线制加热式二氧化锆氧传感器的结构图
1—壳体；2—陶瓷管支承；3—加热电阻电缆；4—带槽的保护套；5—二氧化锆；
6—接触部；7—外保护套；8—加热元件；9—电加热接头；10—弹簧垫圈；11—氧传感器信号

氧传感器有一线制、两线制、三线制、四线制四种类型。一线制只有一根信号线与发动机 ECU 连接，传感器的另一极直接搭铁；两线制的两根线均与 ECU 相连，一根为信号线，另一根进入 ECU 后搭铁；三线制、四线制均属于加热式氧传感器，由于添加了两根加热电阻的接线，和氧传感器信号线组合成为三线制或四线制。加热电阻的两根接线，一根直接接控制继电器或主继电器，接受 12V 加热电源，一根由 ECU 控制搭铁端，控制加热电阻加热时间。

氧传感器加热器是正比例系数热敏元件，在传感器与线束断开的情况下，可以通过测量加热器的阻值来对加热元件进行检测。

3. 双氧传感器系统

随着排放法规越来越严格，现在，越来越多的车辆都在三元催化转化器的前后端分别安装了氧传感器，称为双氧传感器系统，一个在三元催化转化器之前，称作主氧传感器或上游氧传感器，用于混合气反馈控制，发动机电脑根据主氧传感器的反馈信号，增加或减少喷油量，将实际空燃比控制在理论空燃比附近；另一个位于三元催化转化器之后，称作副氧传感器或下游氧传感器，用于监测三元催化转化器的催化净化效率。

因为正常运行的三元催化转化器在转化 C_xH_y 和 CO 时要消耗氧气。所以副氧传感器输出的电压信号比主氧传感器输出的电压信号波动要缓慢得多，两个氧传感器电压幅度差值可反映出三元催化转化器存储氧以及转换有害气体的能力。当三元催化转化器损坏时，其转化效率丧失，这时在其前后的排气管中的氧气量十分接近，几乎相当于没有安装三元催化转化器，前、后两氧传感器的信号电压波形就趋于相同，并且电压波动范围也趋于一致，此时表明三元催化转化器转化能力下降。OBD-II 监视系统正是根据这个原理来检测三元催化转化器转化效率的。三元催化转化器正常和故障时，前后氧传感器的输出波形如图 7-8 所示。

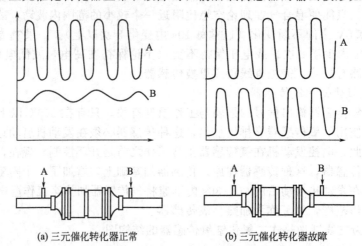

(a) 三元催化转化器正常　　　　　　(b) 三元催化转化器故障

图 7-8　三元催化转化器正常和故障时前后氧传感器的输出波形

4. 氧传感器检测

以桑塔纳 2000GSi 为例，介绍如何检测氧传感器。

桑塔纳 2000GSi 使用二氧化锆式氧传感器，部件代号 G39，其接线图和端子布置如图 7-9 所示，1、2 端为加热元件接头，1 端从汽油泵继电器送入蓄电池电压，2 端为搭铁端，接 ECU，由 ECU 控制加热时间；3、4 端为氧传感器信号端，其中，3 为信号电压正极，4 为信号电压负极（即搭铁端）。

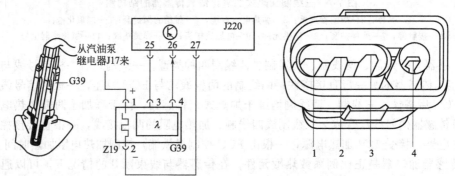

图 7-9　桑塔纳 2000GSi 氧传感器接线图和端子布置
1—加热元件正极；2—加热元件负极；3—信号电压正极；4—信号电压负极

(1) 故障现象判断　氧传感器对汽车电子控制燃油喷射发动机正常运转和尾气排放起着至关重要的作用，一旦氧传感器或其连接线路出现故障，不但会使排放超标，还会出现回火、放炮、急速熄火、发动机运转失准、油耗增大等各种故障，使发动机工况恶化。

(2) 解码器检测　氧传感器的异常工作，都会在 ECU 中存储故障码。因此，通过专用或通用解码器，可以查出氧传感器的故障代码 00525—氧传感器（G39）无信号，或氧传感器（G39）对正极短路，或者通过读取数据流，如果氧传感器示数长时间停滞在一个数值不变或变化缓慢，说明氧传感器有故障。

(3) 检测加热元件的电阻　在室温下，可用万用表进行检测。检测时，拔下氧传感器线束插头，检测插头上端子 1 与 2 之间的电阻，在常温下阻值应为 1～5Ω。如常温下阻值为无穷大，说明加热元件断路，应更换氧传感器。

(4) 检测传感器加热元件的电源电压　氧传感器加热元件的电压为蓄电池电压，当点火开关接通使燃油泵继电器触点接通时,加热元件的电源即被接通。检测加热元件的电压时,拔下氧传感器插头,启动发动机,检测连接器插座上的端子1与2之间的电压,电压值应不低于11V。如电压为零,说明熔断丝断路或燃油泵继电器触点接触不良,分别检修即可。

(5) 检测传感器的信号电压 因为当氧传感器工作温度低于300℃时,氧传感器没有达到正常工作温度,无信号输出。因此应在二氧化锆式氧传感器处于300℃以上工作状态时测量其输出电压。

用汽车万用表测压法检查二氧化锆式氧传感器的具体方法是:使发动机转速在2500r/min运行90s左右,插头与插座连接,将数字式万用表连接到氧传感器端子3与4连接的导线上,当供给发动机浓混合气(节气门突然踩到底)时,信号电压应为0.7~1.0V;当供给发动机稀混合气(拔下空气流量传感器至发动机之间的真空管)时,信号电压应为0.1~0.3V。否则说明氧传感器失效,应予以更换。

(6) 检测氧传感器的信号变化频率 可将一只发光二极管和一只300Ω/0.25W的电阻串联接在传感器3与4端子连接的导线之间进行检测。二极管正极连接到3端子上,二极管的负极经300Ω电阻连接到连接器4端子上。发动机怠速或部分负荷运转时,发光二极管应当闪亮。闪亮频率每分钟应不低于10次,如二极管不闪或闪亮频率过低,说明氧传感器失效,应更换传感器。

也可以用指针式万用表的直流电压挡来对氧传感器进行检测,方法如下:

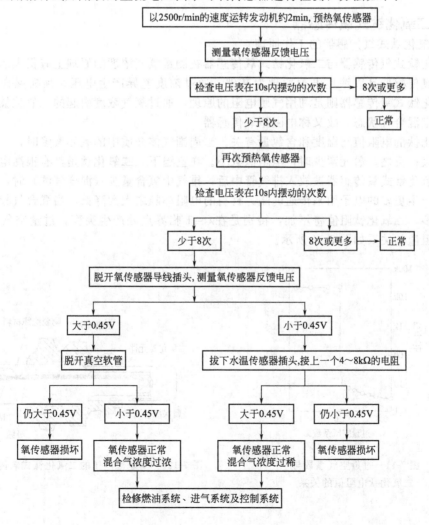

（7）示波器检测　用示波器检测氧传感器输出的信号波形，可以很直观地确定氧传感器是否良好。测试方法是启动发动机，使传感器预热到 300℃ 以上，发动机处于闭环工作状态时。用探针连接到传感器连接器信号端子 3 和 4 上。从怠速开始增大转速，观察氧传感器输出信号波形，并与标准波形比较，判断传感器的好坏。图 7-10 为氧传感器在怠速和 2500r/min 时的正常波形。

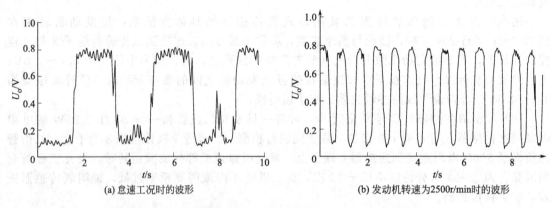

(a) 怠速工况时的波形　　(b) 发动机转速为2500r/min时的波形

图 7-10　正常氧传感器怠速和转速为 2500r/min 时的波形

二、二氧化钛式氧传感器

1. 二氧化钛式氧传感器的工作原理

二氧化钛式氧传感器与二氧化锆式氧传感器在测量氧气浓度的原理上有很大的不同：二氧化锆式氧传感器是以浓差电池原理为基础，通过浓度差异产生电压，判断混合气的稀与浓。二氧化钛式氧传感器则是利用气敏电阻的原理，通过氧气浓度引起的二氧化钛电阻值的改变来判定混合气状态，故又称电阻型氧传感器。

二氧化钛的电阻值与温度和含氧量有关。当周围气体介质中的氧元素多时，二氧化钛的电阻值增大；反之，氧元素少时，电阻值减小。在室温下，二氧化钛是具有很高电阻的半导体，当二氧化钛式氧传感器被放入排气管中后，排气中氧含量少（混合气浓）时，其晶体出现空缺，产生更多的电子用来传送电流，材料的电阻亦随之大大降低；当混合气较稀时，排气中氧较多，二氧化钛阻值将增加，特别是在 $\lambda=1$ 临界点处产生突变，过量空气系数与二氧化钛电阻值的关系如图 7-11 所示。

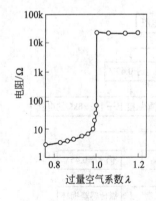

图 7-11　过量空气系数与二氧化钛电阻值的关系

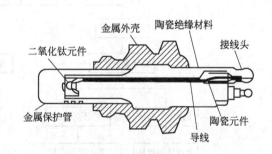

图 7-12　5V 基准电压的二氧化钛式氧传感器构造

2. 二氧化钛式氧传感器的构造

二氧化钛式氧传感器有两种形式：一种是早期使用的由发动机 ECU 提供 5V 基准电压的传感器；另一种是改良后的由发动机 ECU 提供 1V 基准电压的传感器。

由发动机 ECU 提供 5V 基准电压的二氧化钛式氧传感器，在传感器前端的护罩内是一个二氧化钛厚膜元件。精密电阻和二氧化钛敏感元件一起组成二氧化钛式氧传感器（见图 7-12）。二氧化钛元件为一圆板状电极，在绝缘体（陶瓷）的一端，装有精密电阻元件，从两元件的两端和中间连接点各引出一根导线，三线分别是基准电源端、传感器输出端和接地端。同时，由于在低温状态下，二氧化钛电阻值增大，影响其正常的性能，为使其快速升温以活化其性能，可在绝缘体表面缠绕钨丝加热线圈，从中又引出 2 根导线，形成 5 线制二氧化钛式氧传感器。其线路连接如图 7-13 所示。

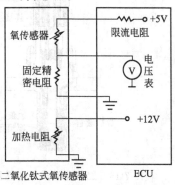

图 7-13 5V 基准电压的二氧化钛式氧传感器线路连接

其工作原理是：ECU 将一个恒定的 5V 电压加在二氧化钛式氧传感器的一端上，当排出的废气中氧浓度随发动机混合气浓度变化而在理论空燃比附近变化时，氧传感器的电阻随之跃迁改变，ECU 信号端子上的电压降也随之变化。混合气浓时，氧含量低，二氧化钛的电阻值较低，信号点电位为高电位电压（将近 5V）；反之，混合气稀时，信号点电位为低电位电压（将近 0V）。因此，由电阻的变化即可得知当时混合比的状况。其波形如图 7-14 所示。

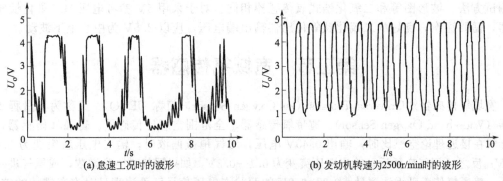

(a) 怠速工况时的波形　　(b) 发动机转速为 2500r/min 时的波形

图 7-14 5V 基准电压的二氧化钛式氧传感器波形

改良使用的二氧化钛式氧传感器由发动机 ECU 提供 1V 基准电压，外形和原理与上述二氧化锆式氧传感器相似，但为了使二氧化钛式氧传感器有着与二氧化锆式相同的变化，即和二氧化锆式氧传感器输出的 0～1V 的电压值相一致，将参考电压由原来的 5V 变为 1V，同时，为了降低传感器的重量和更换时的成本，将其中的精密电阻转移到了 ECU 内部，因此，在传感器的接线上减少一条引出线。其结构如图 7-15 所示。

其工作原理如图 7-16 所示，ECU 的 C 端子将一个恒定的 1V 电压加在二氧化钛式氧传感器的 A 端上，传感器的另一端子 B 与 ECU 的 D 端相接。当排出的废气中氧浓度随发动机混合气浓度变化而变化时，氧传感器的电阻随之改变，ECU 的 D 端子电位也随着变化，当 D 端子上的电压高于参考电压时，ECU 判定混合气过浓，当 D 端子上的电压低于参考电压时，ECU 判定混合气过稀。通过 ECU 的反馈控制，可保持混合气的浓度在理论空燃比附近。在实际的反馈控制过程中，二氧化钛式氧传感器与 ECU 连接的 D 端子上的电压也是在 0.1～0.9V 之间不断变化，这一点与二氧锆式氧传感器是相似的。

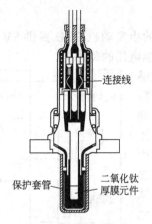 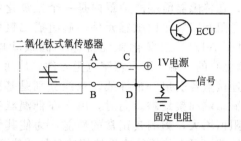

图 7-15 二氧化钛式氧传感器的结构　　　图 7-16 二氧化钛式氧传感器的工作原理

3. 二氧化钛式氧传感器的检测方法

二氧化钛式氧传感器加热电阻的检查，同二氧化锆式氧传感器基本相同，在此不再赘述。下面主要介绍其不同于二氧化锆式氧传感器的检测方法。

（1）万用表测阻法　万用表测阻法是利用二氧化钛式氧传感器的电阻特性来判断其在暖机状态和非暖机状态下的电阻值，以此来判断其是否损坏。正常氧传感器的电阻值为：充分暖机状态电阻值在 300kΩ 左右（不同厂家此值不同）；拆下传感器并暴露在空气中，冷却后测量其电阻值，若阻值很大，说明传感器良好；反之，则说明传感器已损坏，应予以更换。

（2）二氧化钛式氧传感器波形检测法　对于采用 1V 参考电压的二氧化钛式氧传感器，其测试方法、波形图等和二氧化锆式氧传感器相同。对于采用 5V 参考电压的二氧化钛氧传感器，需要注意，良好的二氧化钛氧传感器输出端电压，应以 2.5V 为中心上下波动。

第二节　宽域氧传感器

宽域氧传感器（Universal Exhaust Gas Oxygen Sensor，简称 UEGO），又称为宽量程氧传感器（Wide-band Oxygen Sensor）、宽带氧传感器、全范围空燃比传感器。普通氧传感器，当混合气在接近理论空燃比时，输出 0.45V 电压，尾气稍微偏浓时，输出电压就突变为 0.6～0.9V；反之，尾气变稀后，输出电压突变为 0.1～0.3V，如果尾气进一步增浓，或尾气进一步变稀，普通氧传感已无法测量，0.1～0.9V 的两状态电压信号已无法满足对汽车排放的控制。而宽量程氧传感器，是一种线性的、电流型的新型氧传感器，工作曲线平滑。

一、宽域氧传感器的工作原理

1. 宽域氧传感器的位置

一般来讲，宽域氧传感器只用于催化剂转换器之前，催化剂转换器之后必为普通氧传感器。后氧传感器只负责校验，当前氧传感器出现故障时，发动机进入开环紧急运行状态。

如果查看发动机盖下的标识，如标识为 HOS 则为普通氧传感器，如标识为 A/F sensor 则为宽域氧传感器。

2. 构造

宽域氧传感器由一个氧气泵单元、普通窄范围浓度差电压型二氧化锆式氧传感器、加热线圈、传感器控制器及扩散小孔、测量室等构成，如图 7-17 所示。

（1）二氧化锆泵电池（氧气单元泵）　如果 ZrO_2 元件两端的氧气浓度不均，就会导致 ZrO_2 两端产生微小电压，反过来，当在 ZrO_2 元件两端施加电压时，就会使氧气扩散。在宽域氧传感器中，泵单元是将尾气中的氧气通过扩散栅渗透到电源负极，在负极氧气分子得到4个电子变成氧离子，氧离子在电离作用下在 ZrO_2 电解质中运动到正极，在正极中和掉4个电子，又还原成氧气，这就是泵单元的泵氧原理。图7-18为泵电池原理，图7-19为泵电流特性。

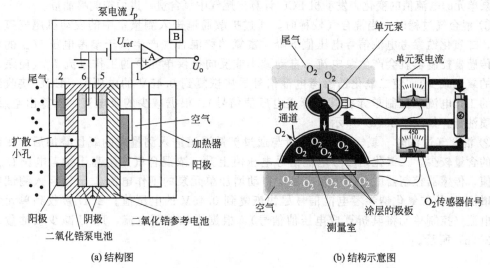

(a) 结构图　　　　　　　　　　　　　　(b) 结构示意图

图 7-17　宽域氧传感器的结构

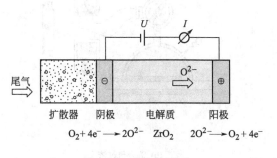

图 7-18　泵电池原理

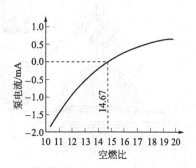

图 7-19　泵电流特性

(2) 二氧化锆参考电池　二氧化锆参考电池工作原理和常规 ZrO_2 相同，是普通窄范围浓度差电压型二氧化锆式氧传感器，其功能为采集混合气氧含量，二氧化锆式氧传感器产生的信号，是宽域氧传感器施加泵电流的依据信号。

(3) 加热线圈　是配合上述的普通窄范围浓度差电压型二氧化锆式氧传感器快速进入工作温度的加热装置，但又稍有差别：宽域氧传感器的加热速度远比普通氧传感器快，这使得发动机从开环到闭环的时间缩短。

(4) 测量室　尾气中的氧气和氧气泵产生的氧气汇集于测量室，二氧化锆式氧传感器，在此测量二者浓度之和与外部空气的浓差，并产生与普通窄范围浓度差电压型二氧化锆式氧传感器一样的用于分辨氧浓度的电压值。

(5) 传感器控制器　传感器控制器在接收到二氧化锆式氧传感器的反馈电压信号后，将产生一个泵电流流经宽域氧传感器氧气泵单元，氧气泵单元泵入或泵出氧离子，并使氧浓度达到 $\lambda=1$，以使其电压值控制在0.45V附近，发动机ECU根据氧气泵单元泵电流的大小和方向，判断汽缸内混合气稀浓程度，从而控制喷油脉宽。

3. 工作原理

宽域氧传感器是由泵单元与常规传感器单元相互作用而实现功能的。二氧化锆参考电池不断监测测量区氧气浓度，如果二氧化锆参考电池电压不在0.45V附近，传感器控制器运算放大器就会控制二氧化锆泵电池的泵电流 I_p，利用泵单元的泵氧作用，使二氧化锆参考电池目标电压值在0.45V附近，使测量区氧浓度达到 $\lambda=1$。在这一过程中泵单元的电流要发生变化，通过泵单元的电流值的变化，发动机ECU计算出尾气中氧含量，进而控制喷油量。

① 混合气过稀时　当混合气较稀时，通过扩散通道进入测量室中的发动机尾气氧含量较多，二氧化锆参考电池信号电压值下降，富氧的稀混合气产生低于参考电压 U_{ref} 的电压值，传感器控制器就会产生泵电流，自动减小或反向提供单元泵的工作电流 I_p（使泵入测试室的氧量减少），使二氧化锆参考电池信号尽快恢复到0.45V的电压值。ECU接收到单元泵的工作电流（控制单元将其折算成电压值信号），根据减少的泵电流，推算出空燃比，加大喷油量。如图7-20(a)所示。

② 混合气过浓时　氧气泵的泵氧量与通过扩散通道进入测量室的氧量叠加后，测量室中氧的含量较少，二氧化锆参考电池信号电压值上升，浓混合气产生高于参考电压 U_{ref} 的电压值，传感器控制器就会产生泵电流，自动增加单元泵的工作电流 I_p（使泵入测试室的氧量增加），使二氧化锆参考电池信号尽快恢复到0.45V的电压值。ECU接收到单元泵的工作电流（控制单元将其折算成电压值信号），根据增加的泵电流，ECU减少喷油量。如图7-20(b)所示。

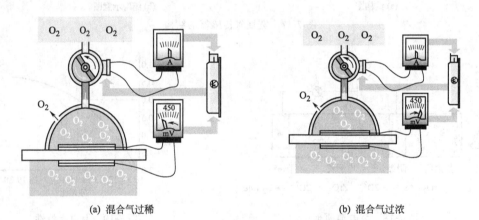

(a) 混合气过稀　　　　　　　　　　(b) 混合气过浓

图7-20　宽域氧传感器工作原理

4. 宽域氧传感器与二氧化锆氧传感器检测原理对比（见表7-1）

表7-1　宽域氧传感器与二氧化锆式氧传感器检测原理对比

项　目	宽域氧传感器	二氧化锆式氧传感器
检测原理	电流作为测量过量空气系数的参数。发动机控制单元将宽域氧传感器的电流信号转化为电压值显示出来	直接利用电压信号作为测量值
检测范围(空气过量系数)	0.686～1.405	0.98～1.02
信号特性	连续递增的电压信号	阶跃电压函数
理论空燃比电压	1.5V	0.45V
急加速与急减速时电压	电压可能到0.8V与4.9V	0.1～1V
端子线数	5线、6线	1线、2线、3线、4线
在三元催化转化器的位置	三元催化转化器前端	三元催化转化器前端、后端
检测方式	万用表、示波器、解码器	万用表、解码器、示波器

二、宽域氧传感器的检测

以宝来轿车为例，说明其检查过程，电路图如图7-21所示。

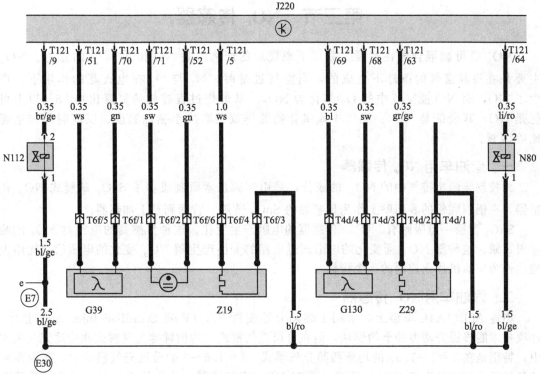

图 7-21　宝来轿车宽域氧传感器电路图
G39—宽域氧传感器；J220—ECU

宽域氧传感器性能的检查可用三种方法：一是观察氧传感器外观的颜色；二是检测氧传感器加热电阻；三是测量氧传感器电压输出信号。

1. 外观颜色检查

通过观察氧传感器顶部的颜色，可以判断故障的原因。氧传感器顶部的正常颜色为淡灰色，如果发现氧传感器顶部颜色发生变化，则预示着氧传感器存在故障或故障隐患。氧传感器顶部呈黑色，是由于积炭污染造成的，可拆下氧传感器后清除其上的积炭。氧传感器顶部呈红棕色，说明氧传感器受铅污染。

2. 检查氧传感器加热器电阻

当发动机温度达到正常后，拔下氧传感器连接器，用电阻表检测传感器端子之间的电阻值。前氧传感器加热器电阻：3-4针脚的电阻为2.5～10Ω。后氧传感器加热器电阻：1-2针脚的电阻为6.4～47.5Ω。否则应更换氧传感器。

3. 检查单元泵电阻

用万用表欧姆挡检测前氧传感器单元泵电阻，即2-6针脚的电阻为77.5Ω。

4. 检查二氧化锆参考电池输出电压

用万用表直流电压挡检测1-5针脚，氧传感器电压应保持在0.4～0.5V附近。

5. 检查宽域氧传感器输出电压

宽域氧传感器输出电压不能用万用表直接测量，而应通过专用解码器读取数据流。发动机控制单元将宽域氧传感器的电流信号转化为电压值显示出来，其规定电压值为1.0～2.0V，发动机运转时宽域氧传感器的输出电压应在1.0～2.0V之间波动。电压值大于1.5V

时表示混合气过稀；电压值小于 1.5V 时，表示混合气过浓。当电压值为 0V、1.5V、4.9V 的恒定值时，表明氧传感器本身或其线路有故障。

第三节　NO_x 传感器

NO_x 是可燃混合气在高温、高压下燃烧后的产物，是 NO 和 NO_2 等的总称。NO_x 主要是在高温富氧的条件下生成的，当空气过量时，N_2 与 O_2 在电火花的作用下，产生了 NO，而 NO 被空气中的 O_2 氧化为 NO_2。从燃烧过程排放的氮氧化物 95% 以上可能是 NO，其余的是 NO_2。尾气中氮氧化物的排放量取决于燃烧温度、反应时间和空燃比等因素。

一、柴油车用 NO_x 传感器

为控制柴油机排气中的 NO_x 的成分，采用薄膜技术研制成功了 SnO_2 薄膜式 NO_x 传感器，在铝制底板的表面贴上作为传感器的 SnO_2 薄膜，背面则贴上加热器。

SnO_2 薄膜一旦吸附有 NO_x，传感器的电阻产生变化。这种传感器的电阻对 NO_2 的响应很灵敏。这种随 NO_x 而变化的电阻通过电路的变换产生随 NO_x 变化的电压信号输给电脑，作为柴油机优化控制的一个指标。

二、汽油车用 NO_x 传感器

奥迪 A8L、A4L 车型上，采用了燃油分层喷射 FSI（Fuel Stratified Injection）技术，这项技术能够提升动力并节省燃油，但在分层充气模式、均质稀薄充气模式和均质充气模式中，特别是在 $\lambda=1\sim1.55$ 的均质稀薄充气模式、$\lambda=1.6\sim3$ 的分层充气模式中，高温富氧的条件下更加容易生成 NO_x，因此必须对 NO_x 进行控制。传统的闭环三元催化转化器不能快速地将燃烧过程中产生的氮氧化物高效地转换成氮气，新开发的氮氧化物存储式催化转化器才能使 FSI 发动机在各种模式下的排放符合欧Ⅳ标准。

奥迪 A8L、A4L 在发动机上安装了两个催化式排气转化器：其中一个离发动机很近，是多级三元催化转化器，位于排气歧管的排放近端；另一个为氮氧化物存储式催化转化器，位于盘形地板下（见图 7-22）。在 $\lambda=1$ 的均质操作模式中，氮氧化物存储式催化转化器的功能与普通闭环催化转化器的功能基本相同。在分层充气模式中和均质稀薄充气模式中，氮氧化物存储式催化转化器不再转换氮氧化物，而是进行氮氧化物的存储。

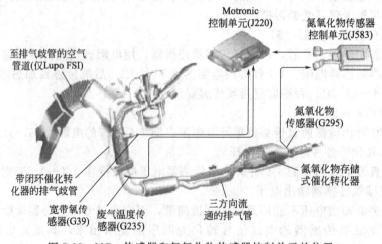

图 7-22　NO_x 传感器和氮氧化物传感器控制单元的位置

氮氧化物存储式催化转化器除了有铂、铑和钯的涂层外，还有一层钡氧化物形式的第四涂层，这就使得它能在稀薄充气模式中存储氮氧化物。它包含两个过程：存储过程和再生过程。

存储过程：分层充气模式、均质稀薄充气模式下，氮氧化物被铂涂层氧化后生成二氧化氮，二氧化氮与氧化钡反应生成钡硝酸盐并被吸藏。

再生过程：当存储式催化转化器的空间用完，就会启动再生周期，发动机 ECU 按照理论空燃比控制喷油器喷油，使废气中大量存在的一氧化碳将催化转化器中的氮氧化物释放：一氧化碳使得钡硝酸盐变成钡氧化物，二氧化碳和一氧化二氮被释放。最后，铑和钯把氮氧化物分解成氮，并使得一氧化碳氧化成二氧化碳。

1. NO_x 传感器和氮氧化物传感器控制单元的位置

氮氧化物传感器控制单元（J583），位于车身底部氮氧化物传感器旁边，如图 7-23 所示。这种靠近传感器的布置能避免外部干扰防止 NO_x 传感器产生错误信号。氮氧化物传感器控制单元的任务是处理来自 NO_x 传感器的信号并把它传送至发动机控制单元。如果氮氧化物控制单元发生故障，发动机电控系统从闭环控制切换至开环控制。

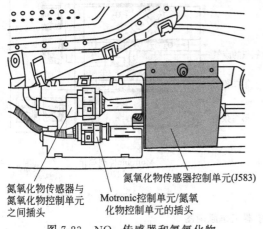

图 7-23　NO_x 传感器和氮氧化物传感器控制单元线路连接图

2. NO_x 传感器（G295）的功用

NO_x 传感器被直接拧紧在氮氧化物存储式催化转化器的后面，它确定废气中氮氧化物和氧气的残留量并把此信号传送给氮氧化物控制单元。

NO_x 传感器主要有以下功能。

① 用来识别和检查催化转换器的功能是否正常。

② 用来识别和检查催化转换器前端宽域氧传感器调节点是否正常或是否需要修正。

③ 检测 NO_x 浓度。传感器产生的信号被传送至氮氧化物传感器控制单元。

④ 当 NO_x 传感器感测到氮氧化物存储式催化转化器的存储空间达到饱和时，就会启动一个氮氧化物再生周期，即提供给 ECU 信号，使发动机在短时间内生成更浓的混合气体，使排气温度升高，转化器钡涂层便开始释放氮氧化物。氮氧化物会随之被转化为无害氮气。

⑤ 信号失灵时的影响：如果 NO_x 传感器的信号发生故障，发动机仅能在均质充气模式中运行。

3. NO_x 传感器的构造和工作原理

如图 7-24 所示，NO_x 传感器包含两个腔室、两个泵室、四个电极和一个加热器。传感器元件是用二氧化锆制成的。此材料的典型特点是：如果对它施加电压，它就能使负的氧离子从负电极迁移到正电极，相当于气泵将氧气从一侧泵入另一侧，因此，习惯上也被称为氧气泵。

NO_x 传感器的检测原理也是以氧气测量为基础，并

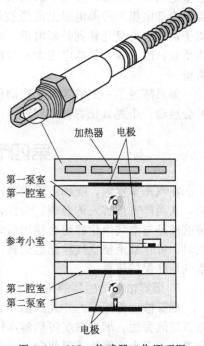

图 7-24　NO_x 传感器工作原理图

且可以从一个宽带λ探针上检测到氧气含量。

NO_x 传感器工作过程可以分为两个阶段。

(1) 确定第一腔室中的λ数值 如图 7-25(a) 所示,一部分废气流入第一腔室中。由于废气中的氧气残留量与参考小室中的氧气残留量不同,就能在电极上测量出一个电压,氮氧化物传感器控制单元将此电压设定为恒定的 450mV,这相当于空气/燃油比 λ＝1。如果偏离此数值,氧气被泵出或者泵入,使 450mV 的电压保持恒定。

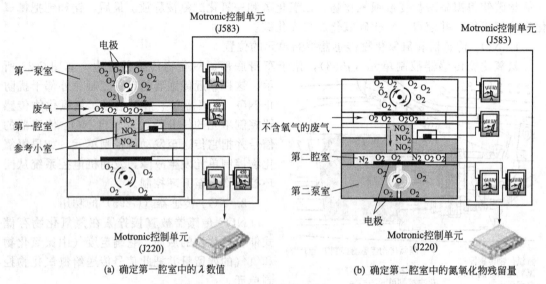

图 7-25 NO_x 传感器工作原理图

(2) 确定第二腔室中的氮氧化物残留量 如图 7-25(b) 所示,不含氧气的废气从第一腔室进入第二腔室,废气中的氮氧化物分子被一个特殊的电极分裂成氮气和氧气。因为第二腔室内部电极和外部电极上电压被调整至恒定的 450mV,所以氧气泵必须通入电流,使氧离子从内部电极迁移到外部电极。在此过程中氧气泵流动的电流表征的是第二腔室中的氧气残留量。因为氧气泵的电流大小与废气中的氮氧化物成正比,为此就能够确定氮氧化物的残留量。

如果超过了一定的氮氧化物阈值,氮氧化物存储式催化转化器的存储空间就会用完,这时会启动一个氮氧化物再生周期。

第四节 烟雾浓度传感器

在汽车车室内,吸烟者吸烟发出的香烟烟雾,以及车外侵入的灰尘都会造成车内空气污染,从而严重危害人体健康。为此,汽车上需安装空气净化器除去空气中的烟尘。烟尘浓度传感器是与空气净化器配套使用的装置,用于检测烟雾,当烟雾浓度传感器探测到烟尘的存在时,可自动地使空气净化器运转;没有烟尘时使空气净化器自动停止运转,从而使车室内空气始终保持清新。

1. 烟雾浓度传感器的构造与工作原理

烟雾浓度传感器的外观如图 7-26 所示,它是由本体和盖板组成的,安装在车室顶棚上室顶灯的旁边。烟尘浓度传感器本体上设置有许多可以使烟雾自由进入的细缝,当检测出有烟雾时,烟尘浓度传感器使空气净化器的鼓风机自动运转。在一般情况下,当烟雾浓度达到 $0.3\%/m^3$,即抽 1～2 根香烟时,就可使烟尘浓度传感器动作。在烟尘浓度传感器的本体上还设有感测灵敏度调整旋钮（灵敏度用电位器），转动旋钮，即可调整传感器的灵敏度。

烟雾浓度传感器是由发光元件、光敏元件及信号处理电路部分组成的，其结构如图 7-27 所示。

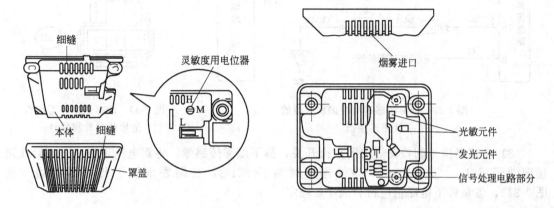

图 7-26　烟雾浓度传感器的外观　　　　图 7-27　烟雾浓度传感器的结构

烟雾浓度传感器的工作原理如图 7-28 所示。当空气进入烟雾浓度传感器壳体的窄缝光敏元件后，可以自由地流动，发光元件（发光二极管 LED）间歇地发出肉眼不可见的红外光，在空气中没有烟雾的情况下，这种红外光射不到光敏元件上，电路不工作；但当烟雾等进入到烟雾浓度传感器的壳体内时，烟雾粒子对间歇的红外光进行漫反射，使部分红外光照射到光敏元件上，这时传感器判断出车内有烟雾存在，就会使空气净化器系统的鼓风机旋转。

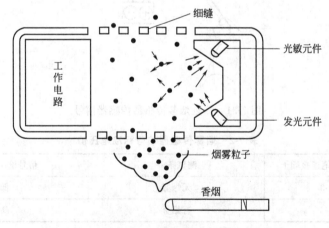

图 7-28　烟雾浓度传感器的工作原理

2. 检测方法

丰田新皇冠在空调系统中使用了光电式的烟雾浓度传感器，如图 7-29 为烟雾传感器与空调放大器的线路连接图。烟雾传感器连接器的形状和针脚标号如图 7-30 所示。

(1) 搭铁端子电阻的检测　关闭点火开关，从烟雾传感器上断开连接器，用万用表电阻挡测量烟雾传感器线束端 S21-1（E 端）与车身接地间的电阻，其值应小于 1Ω。

(2) 传感器电源的检测　关闭点火开关，拆开烟雾传感器连接器，打开点火开关，用万用表电压挡测量烟雾传感器线束端 S21-3（B 端）与车身接地间的电压，其值应在 10～14V 之间。

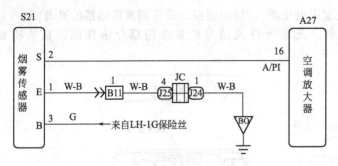

图7-29 烟雾传感器与空调放大器的线路连接图

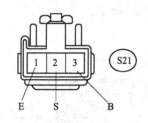

图7-30 烟雾传感器连接器的形状和针脚标号

(3) 传感器信号的检测 关闭点火开关,拆下烟雾传感器,将蓄电池正极(+)导线连接到端子S21-1,负极(-)导线连接到端子S21-3,点燃香烟置于传感器旁边(见图7-31),各条件下电压值应符合表7-2规定。

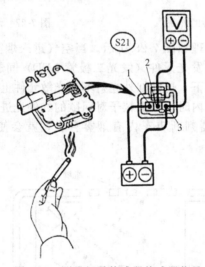

图7-31 测量烟雾传感器传感器信号

表7-2 烟雾传感器信号标准电压值

用万用表电压挡时表笔连接端子	测试条件	信号输出电压标准值
S21-2 与 S21-3	无烟雾	低于1V
S21-2 与 S21-3	有烟雾	高于4V

第五节 空气质量传感器

1. 空气质量传感器作用

空气质量传感器也称多功能传感器,是众多汽车全自动分区空调系统的组成部分,主要用于测量空气中的水分、环境温度、外界空气污染程度(外部空气中可氧化或可还原的有害气体)。若外部空气质量较差,如堵车或穿过隧道时,前面或邻近的车辆的尾气有可能进入本车辆,如果空气质量传感器感测到外部空气中污染物含量超标时,全自动空调系统的控制单元会自动停止进气外循环而转为内循环,阻止外部污染物进入。而当车外空气清新时又自动转为外循环。此外，当挂入倒车挡或者清洗前挡风玻璃而喷射清洗液时，自动空调也会自动地将循环模式转为内循环，防止倒车时的有害尾气和喷射清洗液时的异味进入车内。

各个公司对空气质量传感器的叫法不尽相同。雷克萨斯 LS430、现代悦翔都把空气质量化学传感器称为 AQS（Air Quality Sensor），大众汽车全自动分区空调系统（Climatronic）把空气质量传感器称为 APS（Air Purity Sensor），沃尔沃把装备在 S80L 中配备有空气质量传感器的车内空气质量控制系统称为内部空气质量系统 IAQS（Interior Air Quality System）。

有些车辆的空气质量系统还可由开关控制手动操作，实现打开或关闭。

2. 位置

奥迪 A4L、沃尔沃 S80L 等车型空气质量传感器在传统的空调滤清器前安装，而现代悦翔空气质量传感器位置在冷凝器前安装，如图 7-32 所示。

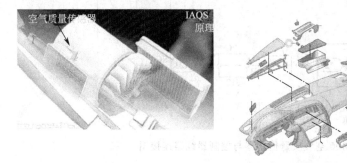

(a) 沃尔沃S80L　　　　(b) 奥迪A4L　　　　(c) 现代悦翔

图 7-32　不同车型的空气质量传感器位置

3. 结构和工作原理

空气质量传感器工作原理与氧传感器十分相似，是利用金属氧化物对有害气体的敏感反应实现的。若有害气体接触到加热的金属氧化物（如 SnO_2、ZnO、TiO_2 等），在催化剂如钯（Pd）、铂（Pt）等作用下其氧化还原反应会引起金属氧化物电阻值变化。空气质量传感器就是通过测量这种电阻的变化并经过复杂的算法来计算评估空气质量的。传感器可探测汽油发动机机尾气，如 HC、CO，柴油发动机尾气，如 NO_x、SO_2，反应时间小于 1s，耗电大约为 0.5W。图 7-33 空气质量传感器工作原理图。

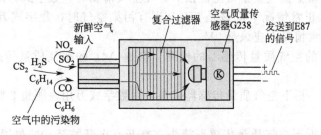

图 7-33　空气质量传感器工作原理图

目前的车用空气质量传感器是一个高度集成的产品，一般由气敏单元（含加热和测量电路）、信号处理单元和接口组成。信号处理单元内含微控制器，其接收气敏单元的信号，根据预设算法计算出有害气体的含量并作出是否需要关闭空调系统进风口的决定，并将测出的环境空气中污染物的平均含量、类型和数量通过 PWM（脉宽调制信号）或者 LIN 信号，以方波信号传送给空调控制单元。控制单元根据外部温度及空气的污染程度在污染度达到最高时关闭外循环,这样避免了通风系统在严重污染区域工作。

4. 空气质量传感器检测

(1) 凌志 LS400 空气质量传感器与检修　凌志 LS400 空气质量传感器电路如图 7-34 所示。

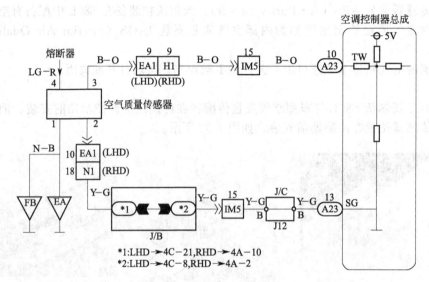

图 7-34　凌志 LS400 空气质量传感器与控制器线路连接图

① 电压测试　点火开关处于 ON 位置 30s 后,电压为 0.1～4.5V(10～35℃)。

② 电阻测试　拆下空气质量传感器接头,把传感器 4 号脚接蓄电池正极,1 号脚搭铁,30s 后测量传感器 2 号与 3 号脚,电阻应在 5～100kΩ(10～35℃)。

(2) 现代悦翔的空气质量传感器的检测　现代悦翔的空气质量传感器电路如图 7-35 所示。

① 搭铁端检查　拆下空气质量传感器接头,用数字式万用表测量 2 脚与搭铁间的电阻,应为 0。

② 电压测试　拆下空气质量传感器接头,打开点火开关至 ON 位置,用数字式万用表测量 1# 脚与 2# 脚的电压,应为蓄电池电压。

③ 信号检测　接上空气质量传感器接头,在空气清新时,数字式万用表测量 3# 信号脚与 2# 之间的电压,正常情况下应该是 5V。当有污染空气时,数字式万用表 3# 信号脚与 2# 之间的电压,正常情况下应该是 0V。

(3) 奥迪 A4L 的空气质量传感器的检测　奥迪 A4L 的空气质量传感器电路如图 7-36 所示。

① 搭铁端检查　拆下空气质量传感器接头,用数字式万用表测量 2 脚与搭铁间的电阻,应为 0。

② 电压测试　拆下空气质量传感器接头,打开点火开关至 ON 位置,用数字式万用表测量 1# 脚与 2# 脚的电压,应为蓄电池电压。

③ 信号检测　接上空气质量传感器接头,用示波器测量 3# 信号脚与 2# 之间的波形,应有方波波形输出。

④ 解码器检测　利用大众故障诊断仪 VAG 1551,查询空调故障代码功能,空气质量传感器如果有故障,会出现 01592-空气过滤器传感器-G238 故障。

第七章 气体浓度传感器

AQS开关

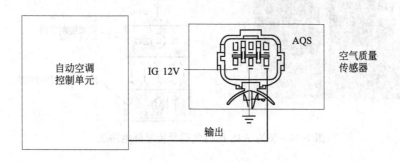

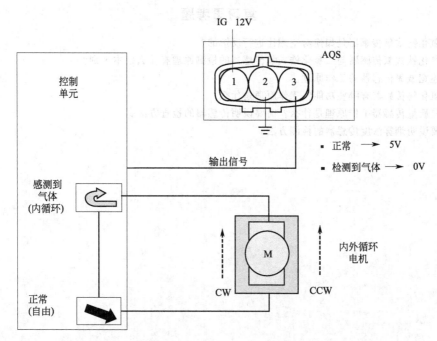

图 7-35 现代悦翔的空气质量传感器电路图

还可以利用大众故障诊断仪 VAG 1551，读取测量数据块功能，进入 014 组号，查看第三区，辅助解决空气质量传感器情况。

*：—not fitted，没有安装或编码错误
—0，254 或 255，空气质量传感器无信号
—1，可氧化气体增长较小
—2，可氧化气体增长较大
—3，可还原气体增长较小
—4，可还原气体增长较大
—5 或 7，新鲜空气模式，污染值没有上升

 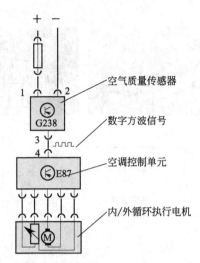

图 7-36 奥迪 A4L 的空气质量传感器电路图

复习思考题

1. 二氧化锆式氧传感器是如何对空燃比进行反馈的?
2. 二氧化钛式氧传感器与二氧化锆式氧传感器的检测原理有什么根本区别?
3. 简述宽域氧传感器的工作原理。
4. 氮氧化物传感器有哪些功能?工作原理是什么?
5. 空气质量传感器工作原理是什么?简要说明传感器的检查方法。
6. 简要说明烟雾浓度传感器的检测方法。

第八章

爆震、碰撞和扭矩传感器

学习目标

- ◆ 掌握爆震传感器的功用、分类、工作原理和检测方法
- ◆ 掌握碰撞传感器的功用、分类、工作原理和检测方法
- ◆ 掌握扭矩传感器的功用、分类、工作原理和检测方法

第一节 爆震传感器

一、汽油车用爆震传感器

点火时间过早是产生爆震的重要原因,采用点火时刻闭环控制可以防止这种现象的发生。点火时刻的闭环控制是采用爆震传感器(knock sensor)检测发动机是否发生爆震作为反馈信号,从而决定点火时刻是提前还是推迟。所以爆震传感器是点火时刻闭环控制系统必不可少的重要部件。

利用发动机爆震信号作为反馈信息的闭环控制方式中,爆震传感器将发动机的爆震信息提供给 ECU,一旦爆震程度超过规定的标准,ECU 立即发出推迟点火指令;当爆震程度低于规定的标准时,ECU 又会将点火时刻提前。循环调节点火时刻的结果,使发动机始终处于临界爆震的工作状态,可使发动机获得最大的动力性能,经济性能也可以得到一定程度的改善。

检测发动机爆震通常有三种途径:一是检测汽缸压力;二是检测发动机振动;三是检测燃烧噪声。其中检测汽缸压力的方法,精度最好,但是存在着传感器的耐久性差和难以安装的问题;检测燃烧噪声的方法,由于是非接触式的,其耐久性很好,但是精度和灵敏度偏低;现在常用检测发动机振动的方法来判断有无爆震,这种方法可获得高输出信号,灵敏度高,安装简单,应用最为广泛。

用于发动机机体振动检测的爆震传感器有共振型和非共振型两大类,共振型又分为磁致伸缩式和压电式两种;非共振型有压电式。共振型传感器在发动机爆震时输出的电压比较高,因此无需使用滤波器即可判别有无爆震产生;而非共振型的爆震传感器需经滤波器检出爆震的信号。现代绝大多数汽车采用共振型压电式爆震传感器,它是利用发动机产生爆震时其振动频率和传感器本身的固有频率一致而产生共振的现象,用以检测爆震是否产生,其输出信号为电压,电压值的大小表示爆震的强度。

爆震传感器通常安装在发动机的侧面,有的发动机还装有两个爆震传感器。在发动机上的安装位置参见图 8-1。

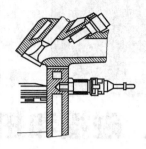

图 8-1 爆震传感器安装位置

二、磁致伸缩式爆震传感器

磁致伸缩式爆震传感器应用较早，它是一种磁电感应式传感器，属于共振型爆震传感器。其结构如图 8-2 所示，由永久磁铁、靠永久磁铁励磁的强磁性铁芯以及铁芯周围缠绕的感应线圈和壳体组成。

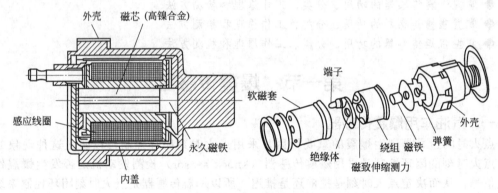

图 8-2 磁致伸缩式爆震传感器的结构

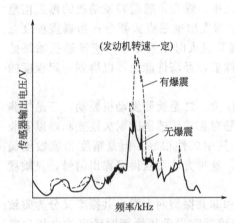

图 8-3 磁致伸缩式爆震传感器的输出特性图

磁致伸缩式爆震传感器安装在发动机上，它将发动机振动的频率变换成电压信号，来检测爆震强度。其工作原理是：当发动机的汽缸体出现振动时，外壳和感应线圈绕组随发动机振动，磁铁因弹簧的存在由于惯性而保持不放，这样磁铁和感应线圈间便存在相对运动。根据电磁感应原理，绕组中就会有感应电动势产生，当频率在 7kHz 左右时，传感器将产生共振，使传感器感应线圈的感应电压显著增大。图 8-3 为磁致伸缩式爆震传感器的输出特性图。

三、压电式爆震传感器

压电效应就是指当沿着一定方向向某些电介质施力而使其变形时，其内部会发生极化，同时在其表面产生电荷的现象。压电式爆震传感器是利用结晶或陶瓷多晶体的压电效应和硅压电效应，把爆震传到缸体上的机械振动转变成电信号。

压电式爆震传感器从振动方式上可分为非共振型和共振型两种。共振型爆震传感器是由与爆震几乎具有相同共振频率的振子和能够检测振动压力并将其转换成电信号的压电元件构成，非共振型爆震传感器是用压电元件直接检测爆震信息。除此之外，还有在火花塞的垫圈部位装上压电元件,根据燃烧压力检测爆震信息。

1. 共振型压电式爆震传感器

共振型压电式爆震传感器的结构主要由压电元件 5、振荡片 4、基座 3 等组成,如图 8-4(a) 所示。

压电元件 5 紧密地贴合在振荡片 4 上,振荡片则固定在传感器的基座 3 上。振荡片随发动机的振动而振荡,波及压电元件,使其变形而产生电压信号。当发动机爆震时的振动频率与振荡片的固有频率相同时,振荡片产生共振,此时压电元件将产生最大的电压信号。共振型压电式爆震传感器的输出特性见图 8-4(b)。该爆震传感器在发动机爆震时输出的电压比较高,因此即可判别有无爆震产生。

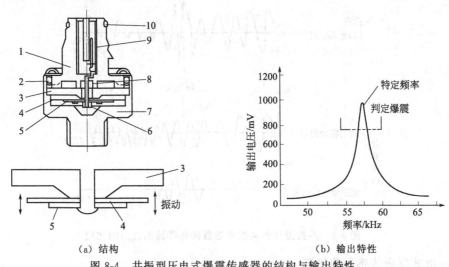

(a) 结构　　　　　　　　　　　(b) 输出特性

图 8-4　共振型压电式爆震传感器的结构与输出特性

1—连接器;2,10—O 形环;3—基座;4—振荡片;
5—压电元件;6—引线端头;7—外壳;
8—密封剂;9—接线端子

2. 非共振型压电式爆震传感器

非共振型压电式爆震传感器由平衡块、压电元件、壳体、电气连接装置等组成。平衡块由螺钉固定在壳体上,两个压电元件同极性相向对接,输出电压由两个压电元件的中央取出。这种传感器与共振型传感器结构的不同之处在于它内部没有振荡片,但设置了一个平衡块。平衡块以一定的预紧力压紧在压电片上。当发动机产生爆震时,发动机缸体的振动传到爆震传感器壳体上,平衡块就产生一个正比于加速度的交变力,壳体与平衡块之间就产生相对运动,使夹在中间的压电元件所承受的压紧力发生变化,压电元件承受推压作用力产生电压,并作为电信号输出。非共振型压电式爆震传感器结构简单,制造时不需要调整。

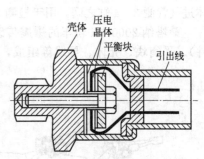

图 8-5　非共振型压电式爆震
传感器结构示意图

非共振型压电式爆震传感器结构示意图如图 8-5 所示。

非共振型传感器在爆震时输出电压较无爆震时无明显增加,具有平缓的输出特性,不像共振型爆震传感器在爆震时会输出较高的电压。爆震是否发生是靠滤波器检出传感器输出信号中有无爆震频率来判别的。因此,必须将反映发动机振动频率的输出电压信号输送给识别爆震的滤波器中,判别发动机是否有爆震产生。

3. 共振型压电式爆震传感器与非共振型压电式爆震传感器的比较

① 电压：共振型在爆震时输出电压明显增大，非共振型输出电压增大不明显。

② 测量：共振型电压易于测量，但传感器必须与发动机配套使用；非共振型用于不同发动机时，只需调整滤波器的频率范围就可以工作，不需要更换传感器，通用性比较强，但爆震信号的检测复杂一些。

③ 共振型爆震传感器的输出波形可以直接观察出爆震的波形，即爆震点，而非共振型的爆震传感器需经滤波器检出爆震的信号。共振型和非共振型爆震传感器输出波形的比较如图 8-6 所示。

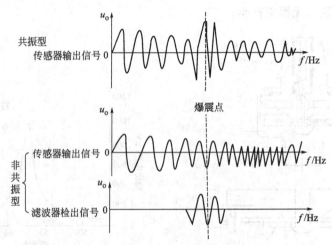

图 8-6　共振型和非共振型爆震传感器输出波形的比较

4. 压电式爆震传感器的检测

下面以桑塔纳 2000GSi 轿车压电式爆震传感器为例，说明压电爆震传感器的检测。

桑塔纳 2000GSi 轿车设有两个爆震传感器。爆震传感器Ⅰ（G61、白色插头）安装在缸体进气管侧 1、2 缸之间，用于检测 1、2 缸的爆震情况；爆震传感器Ⅱ（G66、蓝色插头）安装在缸体进气管侧 3、4 缸之间，用于检测 3、4 缸的爆震情况。爆震传感器的位置如图 8-7 所示。

桑塔纳 2000GSi 轿车的爆震传感器是根据压电原理制成的，传感器由压电陶瓷（压电元件）、平衡块、壳体、导线等组成，如图 8-8 所示。

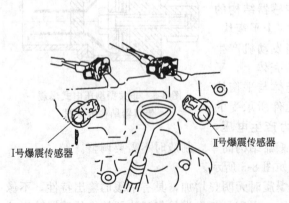

图 8-7　桑塔纳 2000GSi 轿车的爆震传感器的位置

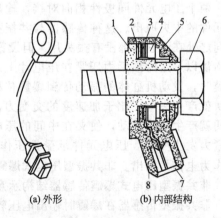

图 8-8　爆震传感器的结构
1—套筒；2—绝缘垫圈；3—压电元件；4—平衡块；
5—壳体；6—固定螺栓；7—插座；8—电极

传感器与ECU的电路连接如图8-9所示。

传感器的检测方法如下。

① 爆震传感器的随车检查。在进行爆震传感器的检查时，可轻轻敲击该爆震传感器附近的缸体，发动机的转速应随之下降。

② 在发动机工作过程中，如果爆震传感器发生故障，监测爆震信号中断，电脑就会将点火提前角推迟一定角度，汽车在行驶过程中，驾驶员就会明显感觉到发动机动力不足，这时发动机电控系统会诊断到故障，并使故障指示灯点亮。

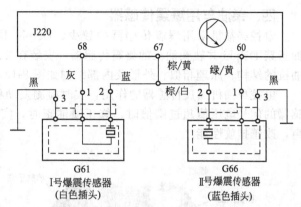

图8-9 爆震传感器与发动机ECU连接的电路图

③ 用正时灯观察点火提前角的变化：轻轻敲击该爆震传感器附近的缸体，此时点火提前角应该突然向后推迟，然后又向前提前，此现象即说明爆震传感器在起作用，爆震传感器及其线路基本没有问题。反之，说明爆震传感器或线路出现故障。

④ 电阻检查：关闭点火开关，分别拔下Ⅰ、Ⅱ号爆震传感器的3芯插头，用万用表的电阻挡分别测量3芯插头各端子之间的电阻值，如图8-10所示。各端子间的电阻值应都大于1MΩ。

⑤ 检测爆震传感器线束的导通性。关闭点火开关，分别拔下Ⅰ、Ⅱ号爆震传感器的3芯插头，然后拔下ECU（J220）的60芯插头。用万用表的电阻挡分别测量Ⅰ号爆震传感器3芯插座1、2、3号端子与ECU（J220）的68、67及搭铁之间的电阻值，应均小于0.5Ω；用万用表的电阻挡分别测量Ⅱ号爆震传感器3芯插座1、2、3号端子与ECU（J220）的60、67及搭铁之间的电阻值，也应均小于0.5Ω；如果电阻值过大或为无穷大，则线束与端子可能接触不良或存在断路，应及时排除。

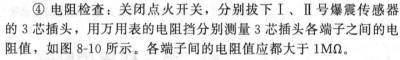

图8-10 检测爆震传感器的电阻值

⑥ 用专用诊断仪V.A.G1551或V.A.G1552专用诊断仪，通过诊断插座读取有关故障的信息：00524-G61传感器对地开路或短路，或者00540-G66传感器对地开路或短路。

⑦ 检测爆震传感器的输出信号。检测爆燃传感器的输出信号时，应先关闭点火开关，拔下传感器的连接器插头，再打开点火开关，启动发动机使之怠速运转，用示波器或万用表电压挡检测传感器的两个接线端子1与2，如图8-11所示波形输出。否则，应更换爆震传感器。

⑧ 爆震传感器安装注意事项。为了避免爆震传感器误传输爆震信号，必须保证爆震传感器固定螺栓的拧紧力矩准确无误。在安装爆震传感器时若紧固扭矩过大，爆震传感器感知汽缸爆震信号电压太低，从而出现点火过早现象；若紧固扭矩过小，爆震传感器会感知汽缸爆震信号电压太高，出现点火过迟现象。例如，捷达、桑塔纳轿车爆震传感器固定螺栓标准力矩应为20N·m。

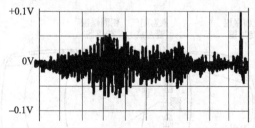

图8-11 爆震传感器的输出波形

四、柴油车用爆震传感器

电控柴油机采用爆震传感器的较少，Delphi 共轨柴油机部分机型采用了爆震传感器。如玉柴 Delphi 共轨柴油机的爆震传感器，安装在 2、3 缸之间，靠近活塞上止点位置。与汽油机的结构、原理相似。外形及内部结构如图 8-12 所示。

电控柴油机爆震传感器的作用：实时检测发动机的震动信号，当 ECU 接收到的爆震传感器的信号电压值超过阈值时，修正喷油正时，实现对预喷射的精确控制，有利于降低噪声，改善排放性能。

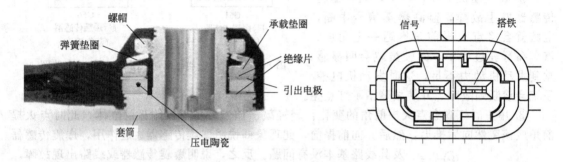

图 8-12 玉柴 Delphi 共轨柴油机的爆震传感器

第二节 碰撞传感器

碰撞传感器用于安全气囊系统中，是 SRS-ECU 主要的信号输入装置，其作用是在汽车发生碰撞时，检测汽车碰撞强度，并将信号输入给安全气囊 ECU，安全气囊 ECU 根据碰撞传感器传送的信号来决定是否引爆气体发生器使气囊充气，提高乘员的安全性。

碰撞传感器按其功用可分为碰撞信号传感器（impact sensor）和安全传感器（ssafing sensor）。平时所说的碰撞传感器其实是指碰撞信号传感器，也有称为碰撞强度传感器、触发碰撞传感器，其作用是将汽车碰撞时的强度信号输入 SRS ECU，用于判断是否需要引爆气囊，一般采用机电结合式结构或机械式结构。正面的碰撞传感器常安装在散热器支架内，侧面的碰撞传感器安装在 B 柱内。安全传感器又称为碰撞防护传感器、防护传感器或保险传感器，一般安装在 SRS ECU 内部，其功用是防止气囊在非碰撞情况下发生错误引爆。安全传感器与碰撞信号传感器串联，且一般采用电子式结构。这三种碰撞传感器的安装位置如图 8-13 所示，正面和侧面碰撞传感器、安全传感器的连接关系如图 8-14 所示。

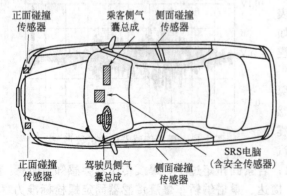

图 8-13 碰撞传感器在汽车上的位置

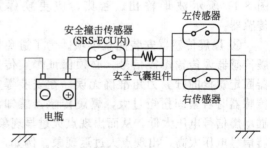

图 8-14 安全传感器与碰撞传感器的连接关系

按照结构来分,碰撞传感器可分为机械式碰撞传感器、机电式碰撞传感器、电子式碰撞传感器。

机械式碰撞传感器常见的有阻尼弹簧式,没有电子设备,只靠机械力控制气囊电路的接通和切断。

电子式碰撞传感器没有电器触点,目前常用的有电阻应变式和压电效应式两种。电阻应变式碰撞传感器在发生碰撞时应变电阻发生变形,使电阻发生变化,传感器输出信号电压发生变化,当电压值超过预定值时,气囊被触发;压电式碰撞传感器在碰撞时压电晶片输出电压发生变化,当变化的电压达到预定值时,气囊被触发。

机电结合式碰撞传感器是利用机械的运动(滚动或转动)来控制电器触点动作,再由触点断开和闭合来控制气囊电路的接通和切断,常见的有滚球式、滚轴式和偏心锤式碰撞传感器。

一、滚球式碰撞传感器

1. 滚球式碰撞传感器的结构

滚球式碰撞传感器亦称偏压磁铁式碰撞传感器,如图 8-15 所示,该传感器主要由固定触点 1、滚球 2、永久磁铁 3 和壳体等零件构成。滚球用铁材料制成,能在柱状滚道内滚动。略带弹性的两个固定触点绝缘固定在壳体上,并分别引出两个传感器引线端子。

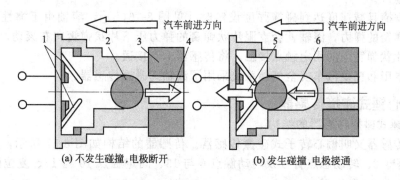

图 8-15　滚球机电开关式碰撞传感器
1—固定触点;2—滚球;3—永久磁铁;4—磁力;5—碰撞时的惯性力;6—惯性力与磁力的合力

日本尼桑和马自达汽车公司采用这种滚球式碰撞传感器,用于 SRS 安全气囊系统。该碰撞传感器由德国博世(BOSCH)公司生产。

2. 滚球式碰撞传感器的工作原理

汽车未碰撞时[图 8-15(a)],传感器处于静止状态,滚球在永久磁铁的磁力作用下,被吸向磁铁,静止于磁铁侧,两个触点未被连通,无碰撞信号输入。

当汽车受碰撞且减速度达到碰撞强度设定的值时[图 8-15(b)],滚球由于惯性产生的惯性力大于永久磁铁的磁力,滚球克服磁力在柱状滚道内滚动到两个固定触点侧,将两个固定触点搭接,使传感器电路接通,碰撞强度信号即输入。

二、滚轴式碰撞传感器

1. 滚轴式碰撞传感器的结构

滚轴机电开关式碰撞传感器由止动销、滚轴、滚动触点、固定触点、片状弹簧和底座等零件构成。片状弹簧 5 的一端固定在底座 6 上,另一端略微弹起。滚轴 2 可沿片状弹簧 5 滚动,滚动触点 3 固定在滚轴 2 上,可随滚轴一起滚动并引出传感器的一个电极。固定在片状弹簧 5 上并与之绝缘的固定触点 4 接传感器的另一个电极。如图 8-16 所示。

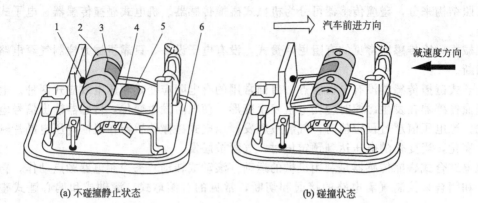

图 8-16 滚轴机电开关式碰撞传感器
1—止动销；2—滚轴；3—滚动触点；4—固定触点；5—片状弹簧；6—底座

2. 滚轴式碰撞传感器的工作原理

汽车未碰撞时［见图8-16(a)］，传感器处于静止状态，此时滚轴在弹起的片状弹簧作用下，靠向止动销一侧，滚动触点与固定触点形成的开关处于断开状态，传感器电路不接通，无碰撞信号输入。

当汽车碰撞且减速度达到碰撞强度设定时［见图8-16(b)］，滚轴由于惯性产生的惯性力大于片状弹簧的弹力，滚轴就会克服片状弹簧的弹力压下片状弹簧向右滚动，使滚轴上的滚动触点与片状弹簧上的固定触点接触，将传感器电路接通。

丰田、本田和三菱汽车安全气囊系统采用了滚轴式碰撞传感器。

三、偏心锤式碰撞传感器

1. 偏心锤式碰撞传感器的结构

该碰撞传感器又叫偏心转子式碰撞传感器。传感器的结构如图8-17所示，主要由偏心锤1、偏心锤臂2、转动触点臂3及转动触点6与13、固定触点10与16、复位弹簧19、挡块9和壳体4与12等组成。

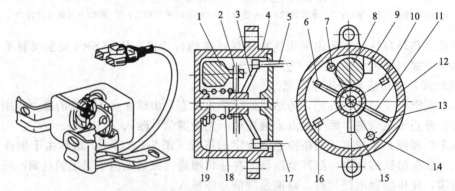

图 8-17 偏心锤式碰撞传感器的结构
1,8—偏心锤；2,15—偏心锤臂；3,11—转动触点臂；4,12—壳体；5,7,14,17—固定触点引线端子；
6,13—转动触点；9—挡块；10,16—固定触点；18—传感器轴；19—复位弹簧

转子总成由偏心锤1、转动触点臂3、11及转动触点6、13组成，安装在传感器轴上。偏心锤1偏置安装在偏心锤臂2与15上；转动触点臂3、11两端有固定触点6、13，触点随触点臂一起转动。

两个固定触点10、16绝缘固定在传感器壳体上,并用导线分别将传感器固定触点引线端子7、14与5、17连接。

2. 偏心锤式碰撞传感器的工作原理

当传感器处在静止状态时,在复位弹簧弹力作用下,偏心锤与挡块保持接触,转子处于静止状态,转动触点与固定触点处于断开状态,如图8-18(a)所示。

当汽车遭受碰撞时,偏心锤的惯性力矩大于复位弹簧的弹力力矩,惯性力矩就会克服弹簧力矩使转子总成转动,从而带动转动触点臂转动,使转动触点与固定触点接触,接通SRS气囊的搭铁回路,如图8-18(b)所示。

丰田雷克萨斯LS400轿车使用的是偏心锤式碰撞传感器。

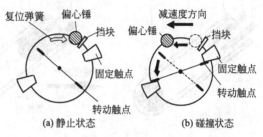

图8-18 偏心锤式碰撞传感器的工作原理

四、电阻应变计式碰撞传感器

电阻应变计式碰撞传感器的结构如图8-19(a)所示,主要由电子电路4、电阻应变计5、振动块6、缓冲介质7和壳体3等组成。电子电路包括稳压与温度补偿电路W、信号处理与放大电路A。应变计的电阻R_1、R_2、R_3、R_4制作在硅膜片8上,如图8-19(b)所示。当膜片产生变形时,应变电阻的阻值就会发生变化。为了提高传感器的检测精度,应变电阻一般都连接成桥式电路,并设计有稳压和温度补偿电路,如图8-19(c)所示。

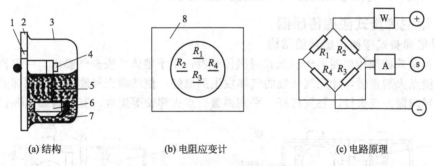

图8-19 电阻应变计式碰撞传感器

1—密封树脂;2—传感器底板;3—壳体;4—电子电路;5—电阻应变计;6—振动块;7—缓冲介质;8—硅膜片

当汽车遭受碰撞时,振动块振动,缓冲介质随之振动,应变计的应变电阻产生变形,阻值随之发生变化,经过信号处理与放大后,传感器S端输出的信号电压就会发生变化。SRS电脑根据电压信号强弱便可判断碰撞的强度,即碰撞激烈程度。如果信号电压超过设定值,SRS电脑就会立即向点火器发出点火指令引爆点火剂,使充气剂受热分解产生气体。

五、压电效应式碰撞传感器

压电效应是指压电晶体在压力作用下,晶体外形发生变化而使其输出电压发生变化的效应。利用压电效应制成的碰撞传感器被应用在汽车SRS安全气囊系统中。该传感器所用的压电晶体通常用石英或陶瓷制成。

当汽车遭受碰撞时,传感器内的压电晶体在碰撞产生的压力作用下,输出电压就会变化。SRS电脑根据电压信号强弱便可判断碰撞的强度。如果电压信号超过设定值,SRS电脑就会立即向点火器发出点火指令,引爆点火剂给气囊充气,SRS气囊膨开,达到保护驾驶员和乘员的目的。

六、水银开关式碰撞传感器

1. 水银开关式碰撞传感器的结构

水银开关式碰撞传感器利用水银导电良好的特性制成。一般用作防护传感器（安全传感器）。水银开关式碰撞传感器的结构见图8-20，水银开关式碰撞传感器由电极1和5、密封圈2、水银珠4、螺塞6和壳体3等零件构成。能够在管状壳体内移动的水银珠是一个良导电体。安装在绝缘螺塞上的两个电极互相绝缘，并各引出一个传感器电极。螺塞和壳体也是绝缘的。

2. 水银开关式碰撞传感器的工作原理

汽车未碰撞时，如图8-20（a）所示，传感器处于静止状态，水银珠在重力作用下处于壳体下端，传感器的两电极断开，传感器电路未接通，无碰撞信号。

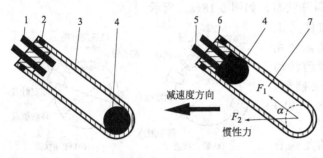

图8-20 水银开关式碰撞传感器的结构
1—接引爆管电极；2—密封圈；3—壳体；4—水银珠；
5—接电源电极；6—螺塞；7—水银运动方向

当汽车碰撞且减速度达到碰撞强度设定值时［见图8-20（b）］，水银珠由于碰撞产生的惯性力在壳体轴线方向的分力，克服了水银珠重力在壳体轴线方向的分力，将水银珠抛向传感器电极一端，并将两电极接通，产生碰撞强度信号。

七、阻尼弹簧式碰撞传感器

1. 阻尼弹簧式碰撞传感器的结构

阻尼弹簧式碰撞传感器属于机械式碰撞传感器，用于整体式安全气囊内，一旦汽车发生碰撞，它可使点火剂点燃，让充气装置的气体发生剂燃烧，使气囊充气膨胀。阻尼弹簧式传感器由球体、导向筒、点火针、触发杠杆、平衡弹簧、点火弹簧等组成，其结构如图8-21所示。

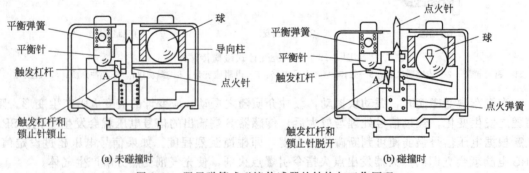

图8-21 阻尼弹簧式碰撞传感器的结构与工作原理

2. 阻尼弹簧式碰撞传感器的工作原理

阻尼弹簧式碰撞传感器的工作原理如图8-21所示。当汽车发生碰撞时，传感器受到一个向后的惯性力作用，传感器内球体在惯性力作用下沿导向筒向下移动，推动触发杠杆绕支点A转动，触发杠杆左端压缩弹簧；当冲撞减速度达到一定值时，触发杠杆转动到触发杠杆上的锁止针失去锁止作用的位置，点火针在点火弹簧作用下上移，高速冲击点火剂而点燃气体发生剂。这种方式没有电子元件，其结构简单，只能作为气囊装置发挥作用，且没有可靠的补救功能和自我诊断功能。

八、应变仪式安全传感器

1. 应变仪式安全传感器的结构

应变仪式安全传感器与应变电阻计式碰撞传感器原理基本相同,但主要用作安全传感器,安装在安全气囊电脑(SRS ECU)的内部,应变仪式安全传感器的结构及电路如图 8-22 所示,由悬臂、计示电阻及集成电路等组成,计示电阻是一个半导体应变片,半导体应变片两端被悬臂架压住。

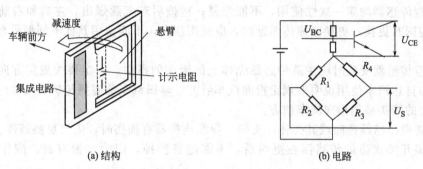

图 8-22 应变仪式安全传感器的结构及电路

2. 应变仪式安全传感器的工作原理

当汽车发生碰撞时,半导体应变片在悬臂架惯性力作用下发生弯曲应变,受压后的半导体应变片的电阻值产生变化,电阻的变化引起集成电路输出电压 U_S 的变化。汽车的速度越大,碰撞后产生的减速度越大,传感器输出的电压越大。由于半导体压力传感器的输出特性受温度影响,因此常采用晶体管的基极-发射极间的电压变化来对温度进行修正。安全气囊 ECU 根据碰撞信号进行分析处理,若需要引爆安全气囊,安全气囊 ECU 便会接通点火电路,如此时前方碰撞传感器的触点同时也闭合,则气体发生器的电路接通,安全气囊引爆。

九、碰撞传感器的检测

1. 雷克萨斯 LS400 碰撞传感器的检测

下面以雷克萨斯 LS400 碰撞传感器为例,说明其检测过程,图 8-23 是其安全气囊系统线路图。

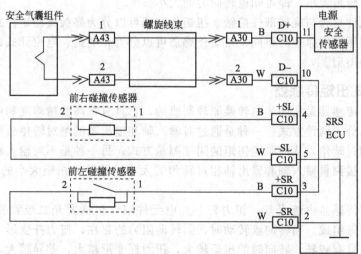

图 8-23 雷克萨斯 LS400 型轿车安全气囊系统线路图

① 电阻检查　由于碰撞传感器内与触点并联的都有一个固定电阻，作为诊断检测电阻，因此先进行诊断端子电阻检查。断开前碰撞传感器，测量传感器本体两个端子间电阻，应为755～855Ω。

② 绝缘检查　用万用表接传感器测任一端子和外壳间的电阻，应不导通，否则，更换碰撞传感器。

2. 检测注意事项

① 碰撞传感器均应一次性使用，不能修复；碰撞后若气囊爆出，左前和右前碰撞传感器更换时应同时更换；更换碰撞传感器时，应使用新品，不能使用其他不同型号车辆上的零部件。

② 碰撞传感器安装时应注意传感器壳体上的箭头的指向，一定要按规定方向安装。日本尼桑和马自达汽车使用说明书规定指向汽车后方，丰田汽车前碰撞传感器安装时则要求传感器壳体上的箭头必须指向汽车前方。

③ 当碰撞传感器摔碰或其壳体、支架、导线连接器有损伤时，应当更换新件。

④ 水银开关式防护传感器在更换后，不能随意扔掉，因为水银有毒，应作有害物品处理。

⑤ 检查 SRS 安全气囊系统部件之前，应先关闭点火开关，拔下 SRS 系统熔断器，过90s 待备用电力电容完全放电后进行操作，防止气囊在检修时引爆。

⑥ 前碰撞传感器的导线连接器装有电路连接诊断机构。安装连接器时，插头和插座应当插牢固。当连接器插头与插座未插牢时，自诊断系统会检测出来，视为故障，并将以故障码的形式存入存储器中。

第三节　扭矩传感器

扭矩传感器主要用于电子控制的转向系统中，如电动助力转向系统、主动转向系统、随速转向系统等。扭矩传感器用来测量驾驶员操纵方向盘的转向力矩，并将其转变为电子信号输出至控制单元，从而决定助力的程度和附加角度的大小。

扭矩传感器通过检测弹性扭转杆因转向盘的扭矩所产生的变形角度来测量转向盘操纵力矩。当操作转向盘时转向扭杆将产生扭转变形，其变形的扭转角与转向盘所受扭矩成正比，所以只要测定扭转角大小，即可知道转向力的大小。

按照测试元件是否与旋转部件接触，扭矩传感器可以分为接触式扭矩传感器和非接触式扭矩传感器。按照工作原理的不同，扭矩传感器可以分为光电式、电位计式、电感式、分相器型、磁阻式等类型。

一、光电式扭矩传感器

光电式扭矩传感器是利用光电转换原理制成的，它具有很高的精确度和可靠性。光电式扭矩传感器可以分为两种方式：一种是通过对输入轴和输出轴的绝对转角分别测量，计算二者转角差确定相对转角，从而确定扭矩的间接测量方式；另一种是不对输入轴和输出轴的绝对转角测量，直接测量输入轴和输出轴相对转角的大小，测量出扭矩大小的直接测量方式。如图 8-24 所示。

光电式扭矩传感器由遮光盘、扭力杆、光电元件组（包括发光二极管和光敏晶体管）、扭矩传感器模块等组成。当转向盘转动时，因转向阻力的存在，扭力杆变形，所以光电元件组输出的光电信号有差异。转向时的扭矩越大，扭力杆变形越大，差异越大，扭矩传感器模块则转向 ECU 输出相应的信号。

第八章 爆震、碰撞和扭矩传感器

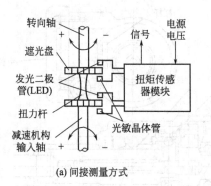

(a) 间接测量方式

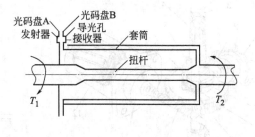

(b) 直接测量方式

图 8-24 扭矩测量方式

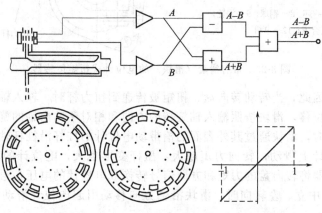

图 8-25 LUCAS EPS 系统的光电式扭矩传感器

LUCAS 公司生产的用于电动助力转向系统的光电式扭矩传感器，属直接测量式光电扭矩传感器，其结构如图 8-25 所示，发光管发出的光穿过 2 个带孔的光码盘照射到由 64 个光敏二极管组成的光接收装置上，两个光码盘分别与扭杆的两端相连，其上各有 2 圈共 24 个孔，1 个光码盘上的孔同相位分布，另一个光码盘上的孔反相位布置。当扭杆受扭矩作用时，两光码盘上的内、外两圈孔的重叠面积将变化，从而光敏二极管的输出电压也变化，据此可检测出所施加扭矩的大小和方向。如图 8-25 所示。

二、电位计式扭矩传感器

电位计式扭矩传感器是接触式扭矩传感器，它利用操纵力矩引起的扭杆的扭转角位移经转换成为电位计的电阻变化作为扭矩信号。根据构造的不同，电位计式扭矩传感器常见的也有两种类型：一种是采用滑套（滑块）机构将转角差变换为电位计摆臂摆动，实现扭矩测量的方式；另一种是在输入轴与输出轴间安装电位计直接测量转矩的方式。

1. 带有滑套（滑块）的电位计式扭矩传感器

(1) 构造及工作原理　昌河北斗星 CH7100A 上采用的是带有滑套（滑块）的接触式扭矩传感器，如图 8-26 所示，接触式双电位计扭矩传感器有扭力杆、滑块、钢珠、环和电位计组成，其安装在转向轴上，检测转向盘的操作力矩大小和方向，并把它转换为电压值，送给电动助力转向控制模块 ECU。

钢球固定在输入轴外侧的螺旋球槽和滑块内侧共同形成的螺旋球道里。滑块相对于输入轴可以在螺旋方向移动。同时，滑块通过一个销安装到输出轴，使它仅可以相对于输出轴在

233

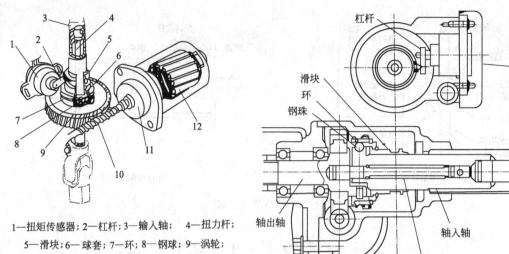

1—扭矩传感器；2—杠杆；3—输入轴；4—扭力杆；
5—滑块；6—球套；7—环；8—钢球；9—涡轮；
10—涡杆；11—离合器；12—电机

图 8-26 带有滑套（滑块）的电位计式扭矩传感器

垂直方向上移动。因此，当转动转向盘，扭矩被传递到扭力杆时，输入轴和输出轴之间的旋转角度出现相对角位移，滑块按照输入轴旋转的方向和相对于输出轴的旋转量，在轴方向即竖直方向移动，同时，滑块通过其外表面的槽带动电位计的杠杆沿杠杆轴线转动，电位计里的触针便可在电位计上滑动，转向力矩越大，扭杆变形也大，电位计的杠杆转动角度就越大。由此扭矩传感器将转向盘的力矩和方向信号转换成电位计的电压信号，并传送给ECU。图 8-27 是右转向、中立、左转向时，滑块沿轴方向移动引起电位计滑动触点臂的旋转角度的变化关系。

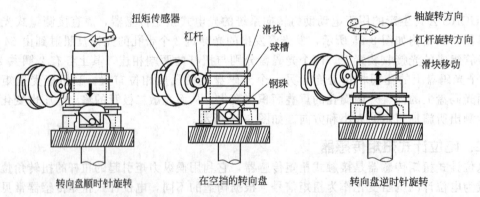

图 8-27 右转向、中立、左转向时，滑块沿轴方向移动引起电位计滑动触点臂的旋转角度的变化关系

扭矩传感器采用由电动助力转向控制模块 ECU 提供 5V 工作电压的电位计式传感器，为确保扭矩传感器信号的可靠性，接触式扭矩传感器里设计了两套电位计，向 ECU 同时输送主、副信号，ECU 将主、副信号进行对比，判断扭矩信号的正确性。两套电位计为反相输入型，即在旋转方向不同时，一个电位计输出信号电压增大，则另一个电位计输出信号减小，并且两个电位计传感器在转向盘中立时，都以 2.5V 输出电压为中心。其输出关系如图 8-28 所示。

(2) 检测

① 故障征兆诊断 扭矩传感器性能不良，会出现以下症状：转向沉重；在直行时车总

是偏向一侧；转向回位不良等。

② 电压检测 两套电位计与电动助力转向控制模块ECU的电路连接如图8-29(a)所示，扭矩传感器和转向控制模块ECU的插头形状如图8-29(b)所示。A3为5V转矩传感器电源，A8为扭矩传感器主信号，A9为扭矩传感器搭铁，A10为扭矩传感器辅助信号。

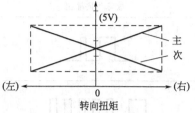

图8-28 电位计输出特性

a. 供电电压检测。由电路图可知，扭矩传感器的d脚，即电动助力转向控制模块ECU的A3为电位计的5V电源，扭矩传感器的c脚，即电动助力转向控制模块ECU的A9为电位计的搭铁脚。因此，关闭点火开关，断开扭矩传感器插头，打开电源开关，用万用表测量d和c脚电压，应为5V，如果没有5V电压，用同样的方法在电动助力转向控制模块ECU的A3与A9间测量，电压应为5V。如果有5V电压，应检查A3与d、A9与c间是否有短路；如果没有5V电压，更换电动助力转向控制模块ECU。

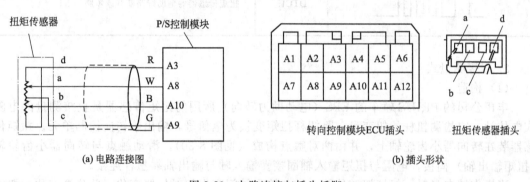

图8-29 电路连接与插头插脚

b. 中位电压测量。在中位时，电位计应输出中值电压2.5V，因此，在点火开关打开，发动机怠速运转，转向盘固定在车辆直行位置的情况下，利用背插法检查两个传感器的信号输出端，即a、b端与搭铁间（或与A9端）的电压，应为2.5V。

③ 电阻的检查 由于是电位计式传感器，因此可以用万用表的电阻挡来测量扭矩传感器各端子之间的电阻方法来对扭矩传感器本体进行检测，其值应符合表8-1规定。

表8-1 电阻标准值

线路名称	本体检测	数 值
扭矩传感器主线路	点火开关关闭，断开扭矩传感器连接器，在扭矩传感器"d"和"a"测量	大约0.82Ω（转向盘固定在汽车朝正前方向行驶的位置）
		大约0.48Ω（转向盘完全转向右边）
		大约1.02Ω（转向盘完全转向左边）
扭矩传感器辅助线路	点火开关关闭，断开扭矩传感器连接器，在扭矩传感器"d"和"b"测量	大约0.82Ω（转向盘固定在汽车朝正前方向行驶的方向）
		大约1.02Ω（转向盘完全转向左边）
		大约0.48Ω（转向盘完全转向右边）
电源线路	在"d"和"c"测量	大约1.09Ω

④ 故障代码检测 北斗星电机助力转向系统可以用手工调码法调出故障代码，故障代码表如表8-2所示。清除故障诊断代码（DTC）时，除用诊断仪外，还可断开蓄电池的负极电缆30s或更长时间，清除存储器中的代码。

表 8-2 故障代码表

故障代码输出	故障代码	含 义
⊓⊓	DTC11	扭矩传感器的主线路断开或短路
⊓⊓⊓⊓⊓	DTC13	扭矩传感器在主线路和辅助线路输出之间有很大差异
⊓⊓⊓⊓	DTC14	扭矩传感器电源电压过高或过低
⊓⊓⊓⊓⊓	DTC15	扭矩传感器的辅助线路断开或短路

2. 直接测量式

(1) 构造

丰田公司的 PRIUS 轿车的 EPS（电动助力转向）所用的扭矩传感器是直接测量的电阻式电位计，它检测扭杆的扭变量，将扭杆扭矩变换为电信号，输出给转向控制单元。扭矩传感器装在转向器小齿轮轴上，并由两对触点构成（见图 8-30），滑动触点与转向器小齿轮轴（扭矩输出轴）固接，电阻与扭矩输入轴固接。输入轴与输出轴靠扭杆连接。

当操作转向盘时，扭杆扭转使输入轴与输出轴间产生相对位置变化。此位置变化由扭矩传感器转换为电压变化，并向转向控制单元输出。扭矩传感器的输出电压特性见图 8-31。

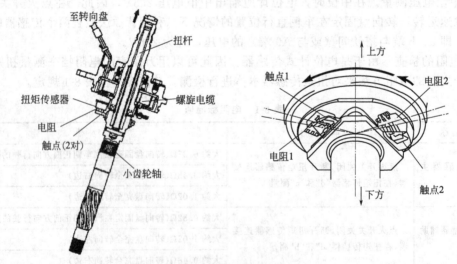

图 8-30　扭矩传感器的位置和组成

① 直行状态　汽车直行时，驾驶员不转动转向盘，因输入轴没有产生扭矩，扭杆不扭转，扭矩传感器的电阻不变化。如图 8-32(a) 所示。

② 转向状态（右转向）　如图 8-32(b)。驾驶员向右转向时，输入轴转动，输入轴与小齿轮相连的扭杆扭转，直至与因路面反力作用形成的扭矩达到平衡为止。固定在输入轴上的

第八章 爆震、碰撞和扭矩传感器

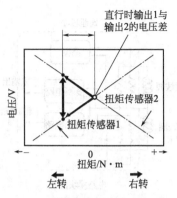

图 8-31 扭矩传感器的输出电压特性

图 8-32 直行和转向时触点在滑动电阻上的位置

电阻与固定在小齿轮上的触点间发生相对位移,由于电阻的变化,扭矩传感器输出 1、输出 2 的电压变化,转向控制单元根据这个电压差,计算得出助力扭矩值,向助力电动机输出电流,驱动助力电动机转动,经减速机构在转向器小齿轮上产生辅助转向助动力。

③ 转向稳定状态 当驾驶员转动转向盘保持位置不动时,转向扭矩与电动机助力扭矩之和与路面反力达到平衡状态,扭杆仍处于扭转位置,此时系统保持转向稳定状态。

(2) 检测 扭矩传感器与电动助力转向 ECU 连接电路图如图 8-33 所示。

PRIUS 电位计式扭矩传感器检测方法同上例北极星,主要内容也是供电电压、电阻、搭铁的检查,在此不再赘述。不同点在于:在系统出现异常时,警告

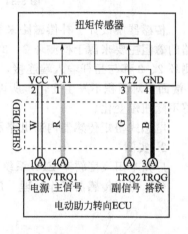

图 8-33 扭矩传感器与电动助力转向 ECU 连接电路图

灯点亮并记忆故障代码,可以使用诊断仪器 S2000 对系统进行故障诊断。故障代码及诊断项目见表 8-3。

表 8-3 故障代码及诊断项目

故障代码(SAE)	故障部位	诊断项目
C1511	扭矩传感器	扭矩传感器异常
C1512		扭矩传感器电源异常

三、电感式扭矩传感器

1. 原理

电感式扭矩传感器的结构如图 8-34(a) 所示,检测环 1 与输出轴相连,检测环 2、检测环 3 都与输入轴相连。传感器存在两个磁路:由检测环 1、2 与检测线圈壳体等构成的检测磁路和由检测环 2、3 与补偿线圈壳体等构成的补偿磁路。其中线圈壳体和检测环 1、2、3 由高导磁材料制成。

转向时,由于扭杆的变形,使得与扭杆输出端连接的检测环 1 和与扭杆输入端连接的检测环 2 之间产生相对转动,检测环 1、2 上端面齿的正对面积随之发生变化,从而使得端面齿间的磁阻发生变化,由于该磁路其他地方的磁阻不随扭矩变化,所以检测磁路的总磁阻发生变化,即检测线圈的电感发生变化。

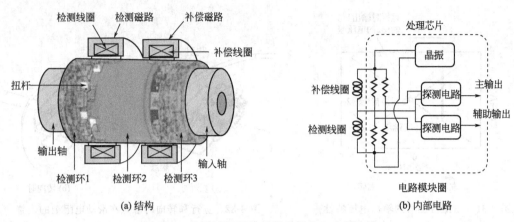

图 8-34 电感式扭矩传感器的结构和内部电路

传感器中设计了补偿磁路来补偿环境参数变化而引起检测线圈自感发生的变化,补偿磁路的磁阻主要来源于检测环 2、3 上端面齿间的空气隙磁阻和其他部分存在的磁阻,由于检测环 2、3 都与扭杆输入端连接,施加扭矩时,检测环 2、3 间没有相对转动,即检测环 2、3 端面正对面积不发生变化,所以补偿磁路的两部分磁阻都不随扭矩变化,即补偿线圈的自感不随扭矩变化。

电感式扭矩传感器内部电路示意图如 8-34(b) 所示。

2. 实例

广州本田飞度轿车 EPS 系统采用电感式扭矩传感器,下面介绍其工作原理和检测方法。

(1) 扭矩传感器工作原理　广州本田飞度轿车 EPS 系统由机械转向系统和 PS 控制系统组成。扭矩传感器安装在转向器小齿轮轴上,用来检测转向盘操作力矩的大小和方向,并把它转换为电压值传给 ECU。助力电机的助力大小与扭矩传感器的扭矩大小成正比,即扭矩传感器扭矩越大,助力电机助力作用越大。

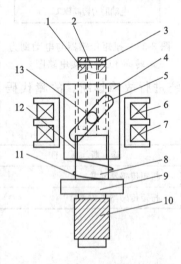

图 8-35 广州本田飞度轿车 EPS 系统扭矩传感器的结构示意

1—输入轴;2—扭杆;3—固定销钉;
4—阀芯;5—斜槽;6—线圈 1;
7—线圈 2;8—输出轴;9—蜗轮;
10—小齿轮;11—弹簧;
12—滑动平键;13—固定销

图 8-35 为扭矩传感器的结构示意。扭杆 2 穿在中空的输入轴 1 内,扭杆的输入端通过固定销钉 3 和输入轴固连在一起,扭杆的另一端和输出轴 8 固连在一起。在输入轴和输出轴的外面套有阀芯 4,阀芯为中空结构,通过其下端内部的滑动平键 12 和输出轴连在一起,阀芯相对于输出轴可沿轴向上下移动。在阀芯的表面上开有斜槽 5(上下各一个),与输入轴固连在一起的固定销 13 穿在斜槽中。弹簧 11 通过其弹力将阀芯向上推,用来消除固定销 13 和斜槽之间的间隙。

扭矩传感器工作原理如图 8-36 所示。当转向盘在中位时,固定销在斜槽的中间位置。从输入轴端看,当向右转动转向盘时,由于小齿轮 10 处有转向阻力,于是输入轴和输出轴之间发生相对位移,扭杆发生扭转变形。由于输入轴向右转动,输入轴上的固定销也向右转动,固定销通过斜槽预推动阀芯向右转动,但因阀芯只能沿

着轴线方向移动,固定销和斜槽之间的法向作用力产生使阀芯向上运动的分力,因此阀芯向

上移动。转向阻力越大,扭杆变形越大,阀芯向上移动的距离越大。通过这种结构,可将扭杆的角变形转变成阀芯的上下直线位移。

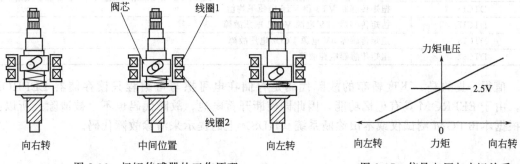

图 8-36 扭矩传感器的工作原理　　图 8-37 信号电压与力矩关系

同理,当转向盘向左转动时,阀芯向下移动。当阀芯在感应线圈 6、7 中上下移动时,感应线圈产生感生电压,电压信号经扭矩传感器中的集成放大电路放大处理后传送给 EPS 的 ECU。为保证扭矩传感器信号的可靠性,扭矩传感器中设计有两个线圈,向电脑同时输送主、辅信号,电脑将主、辅信号进行对比,判断力矩信号的正确性。

扭矩传感器输出的信号电压如图 8-37 所示。

(2) 检测

① 电压测量　图 8-38 是扭矩传感器与 EPS ECU 的线路连接图。

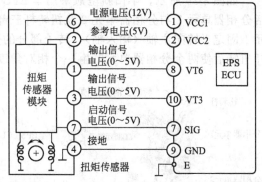

图 8-38　扭矩传感器与 EPS ECU 的线路连接图

依据线路图,在点火开关打开、插头连接的情况下,利用数字式万用表,采用背插法对 EPS ECU 的接线端进行电压测量,其值应符合表 8-4 电压值的规定。

表 8-4　扭矩传感器标准电压值

端子编号	导线颜色	端子符号	说　明	测量(断开 ABS/TCS 控制装置的 47P 插接器)		
				端子	条件	电压值
1	棕	VCC1(12V)电压(公共 1)	扭矩传感器电源	1-接地	启动发动机	蓄电池电压
					点火开关 OFF	0V
2	红	VCC2(5V)电压(公共 2)	扭矩传感器参考电压	2-接地	启动发动机	约 5V
					点火开关 OFF	0V
6	黄	IG1(点火 1)	系统激活电源	6-接地	点火开关 ON	蓄电池电压
					点火开关 OFF	0V
7	灰/蓝	SIG(扭矩传感器 F/S 信号)	检测扭矩传感器信号	7-接地		短暂出现 5V
8	黄	VT6	扭矩传感器信号	8-接地	启动发动机	为 0～5V
9	白	GND(扭矩传感器接地)	扭矩传感器接地	9-接地	—	
10	蓝	VT3	扭矩传感器信号	10-接地	启动发动机	为 0～5V

② 故障代码检测　将点火开关置于 OFF 位置,将本田 PGM 测试仪或本田诊断系统(HDS)与仪表板下的 16 芯数据传输插接器连接后,将点火开关置于 ON 位置,如果扭矩传感器有故障,应该存储表 8-5 所示故障代码。

表 8-5 故障代码及原因

故障代码	故障内容
DTC12	扭矩传感器 AMP 放大电路故障
DTC16	扭矩传感器 VT3 和 VT6 电压平均值故障
DTC17	扭矩传感器 12V 电源 VCC1 电压故障
DTC18	扭矩传感器 5V 电源 VCC2 电压故障
DTC67	扭矩传感器电路故障

值得一提的是，飞度轿车的故障代码是存储在电可擦写可编程只读存储器 EEPROM 中，由于 EEPROM 具有记忆功能，因此即使断开蓄电池，故障代码也不会被清除。所以必须根据本田 PGM 测试仪或本田诊断系统（HDS）上的提示来清除故障代码。

四、分相器型扭矩传感器

1. 结构

如图 8-39 所示，丰田新皇冠乘用车 EPS 采用分相器型扭矩传感器，转向扭矩传感器包括分相器单元 1 与分相器单元 2 及扭转杆三部分。定子部分固定不动，转子部分的分相器单元 1 固定于转向主轴（输入轴），转子部分的分相器单元 2 固定于小齿轮的输出轴上。扭转杆扭转后使两个分相器单元产生一个相对角度。

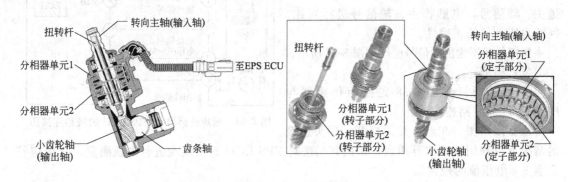

图 8-39 分相器型转向扭矩传感器的位置和结构

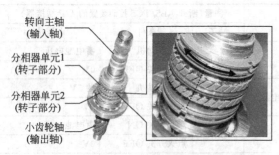

图 8-40 转子的结构

（1）转子部分 由上下两层构成，且均装有扭矩传感器感应线圈，如图 8-40 所示。转向扭矩传感器的上层部分由转向盘直接驱动，所以它的转动量与转向盘转轴完全同步。但扭矩传感器的下层部分带有转向小齿轮（有一定阻力），中间通过扭杆驱动，导致下层转子的转动量相对较小，这就造成上、下层转子在机械上会产生相对角位移差。当汽车转向时，在不同的道路条件遇到不同的转向阻力时，输入轴与输出轴这两个转轴会产生与转向力矩大小相应的角度差。

（2）定子部分 亦有上下两层线圈，分别对应转子的上下部。定子线圈部分有两种线圈分布，分别是励磁线圈和检测线圈（见图 8-41），在定子上共有七根不同颜色的细导线与电动助力控制单元相连接。励磁线圈由电动助力控制单元提供一定的励磁信号，在每一层上的检测线圈分别输出具有一定相位差的两组信号，从而分别确定输入轴与输出轴相对于固定的定子的绝对旋转角度，控制单元根据上下两层绝对旋转角度的不同，计算出输入轴与输出轴的相对旋转角度,以此反映扭矩传感器检测到的力矩大小。

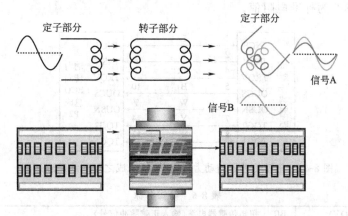

图 8-41 分相器式扭矩传感器的工作原理

2. 原理

(1) 单个分相器单元工作特性　单个分相器单元用于确定各自单元所监测的轴相对于固定不动的定子的绝对旋转角度的大小。当 EPS ECU 给定子上部的励磁线圈提供正弦励磁信号时,励磁线圈对转子部分的线圈通过电磁感应起励磁作用;当转子与定子有相对位置变化时,转子上的感应线圈在互感作用下,能够感应励磁线圈的信号,并同时影响检测线圈的输出,因此,引起绕在定子上的检波线圈产生不同的信号波形。静止和运转时输出波形如图 8-42 所示。

每个分相器单元输出两个相位差相差 90°的信号来检测定子和转子的相对角度变化,如图 8-42(a) 所示。当静止时分相器单元的转子部分输出定值信号,如图 8-42(b) 所示。

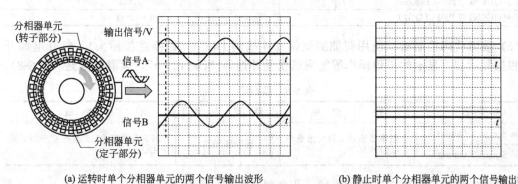

(a) 运转时单个分相器单元的两个信号输出波形　　(b) 静止时单个分相器单元的两个信号输出波形

图 8-42 单个分相器单元输出波形

(2) 两个分相器对相对转角的确定　分相器 1 输出两个相位差相差 90°的信号来检测上部输入轴和定子的相对旋转角度 θ_1,分相器 2 也会输出两个相位差相差 90°的信号来检测下部定子和输出轴的相对旋转角度 θ_2,输入轴和输出轴的相对旋转角度 θ 便可由 $\theta_1-\theta_2$ 来确定方向和大小,因此,EPS ECU 便可根据 θ 角的大小确定两个分相器单元的相对位置,从而决定对 EPS 电机提供多大的电流。

3. 检测

(1) 故障现象检测　当扭矩传感器故障时,会抑制电动助力转向系统的助力作用,因此会出现转向沉重、左右转向力不同或不均匀、行驶时转向力不随车速变化或转向盘不能正常回位等故障现象。

(2) 电阻检查 图 8-43 为扭矩传感器与动力转向 ECU 总成之间的线路连接图，表 8-6 为针脚名称，表 8-7 为标准电阻值。

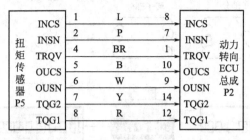

图 8-43 扭矩传感器与动力转向 ECU 总成之间的线路连接图

表 8-6 针脚名称

P5-4	P2-1(TRQV)	BR	扭矩传感器电源(输入正弦脉冲信号)
P5-2	P2-7(INSN)	P	SIN 相位输出信号(扭矩传感器输入轴侧)
P5-1	P2-8(INCS)	L	COS 相位输出信号(扭矩传感器输入轴侧)
P5-6	P2-9(OUSN)	W	SIN 相位输出信号(扭矩传感器输出轴侧)
P5-5	P2-10(OUCS)	B	COS 相位输出信号(扭矩传感器输出轴侧)
P5-8	P2-12(TQG1)	R	扭矩传感器电源接地
P5-7	P2-14(TQG2)	Y	扭矩传感器检测电路接地

表 8-7 标准电阻值

端 子	电 阻
P5-1(INCS)与 P5-7(TQG2)	90～170Ω
P5-2(INSN)与 P5-7(TQG2)	300～430Ω
P5-4(TRQV)与 P5-8(TQG1)	4～14Ω
P5-5(OUCS)与 P5-7(TQG2)	90～170Ω
P5-6(OUSN)与 P5-7(TQG2)	300～430Ω

(3) 故障代码检测法 使用智能测试仪Ⅱ连接到 DLC3（诊断连接插头），打开电源开关，根据显示器上显示的步骤操作智能测试仪Ⅱ并选择"Data List"，读取数据流（表 8-8）。

表 8-8 数据流

项 目	项 目 说 明	检 查 条 件	参 考 值
Torque Sensor 1 Output	扭矩传感器 1 转向角最小 0°,最大 360°	转动转向盘	转向盘每转 22.5°值在 0°～360°间变化
Torque Sensor 2 Output			

如果扭矩传感器有故障，智能测试仪Ⅱ会存储表 8-9 所示故障码。

表 8-9 故障码显示

DTC 码	意 义	故障原因		P/S(警告灯)
C1511/11	扭矩传感器信号 1 错误或终止	①线束或连接器		点亮
C1512/11	扭矩传感器信号 2 错误或终止	②扭矩传感器		点亮
C1513/11	超过最大扭矩传感器	③动力转向 ECU 总成	禁止转向助力控制	
C1515/15	扭矩传感器零位调整未进行			点亮
C1516/16	扭矩传感器零位调整未完成			点亮

五、磁阻式扭矩传感器

速腾轿车的转向扭矩传感器为磁阻式传感器，其磁性转子和转向柱连接块为一体，磁阻传感元件和转向小齿轮连接块为一体,当转动转向盘时,转向柱连接块和转向小齿轮连接块相对反向运动,即磁性转子和磁阻传感元件反向运动,因此转向力矩的大小可以被测量出来并传递给控制单元,其工作原理如图 8-44 所示。

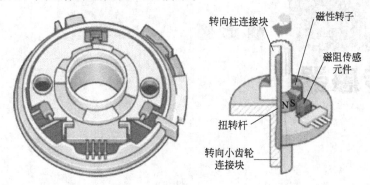

图 8-44　磁阻式扭矩传感器外观和工作原理

根据不同工作状况的需要,驾驶员作用于转向盘上的力矩大小不同,由该力矩产生的驱动转向小齿轮旋转的力矩大小也不同。转向扭矩传感器根据小齿轮杆的旋转情况,检测出转向力的大小并输送至控制单元;同时转向盘转角传感器将检测到的驾驶员转动转向盘的角度也输送给控制单元;控制单元计算出合适的电流,控制电动机工作。

如果扭矩传感器信号失效,转向助力系统将柔软地逐步关闭,在此过程中,助力转向力的大小是由控制单元通过电机转子角度和转向盘转角等信号计算出的故障失效保险值所代替。故障警报灯 K161 亮起。

复习思考题

1. 爆震传感器的功用是什么?爆震传感器可以分为几种类型?现在常见的爆震传感器是哪种类型?其工作原理是什么?如何检测爆振传感器?
2. 碰撞传感器的功用是什么?可以分为几种类型?
3. 试分析一下,扭矩传感器与转角传感器有什么区别?
4. 什么是绝对角度测量?什么是相对角度测量?
5. 简述光电型扭矩传感器的工作原理和检测方法。
6. 如何对电感式扭矩传感器进行检测?
7. 简述分相器型扭矩传感器的工作原理和检测方法。

第九章 其他传感器

学习目标

- ◆ 掌握光量传感器的功用、分类和工作原理
- ◆ 掌握湿度、结露、雾气传感器的功用和工作原理
- ◆ 掌握电流检测传感器检测原理
- ◆ 掌握测距传感器的分类和检测原理
- ◆ 掌握智能型蓄电池传感器的功用和工作原理

本章所介绍的传感器大部分为车身控制用传感器。采用这类传感器的目的主要是提高汽车安全性、可靠性、舒适性等，其耐恶劣环境技术要求不如发动机、底盘用传感器那么严格，一般工业用传感器稍加改进即可应用。如应用于空调自动控制系统中的日照传感器；应用于汽车灯光控制上的光敏电阻式光量传感器、装有光敏二极管的自动控制用光量传感器；用于检测汽车车灯是否断丝的晶体管式电流传感器、舌簧开关式电流传感器、电阻-集成电路式电流传感器、集成电路式灯泡断丝检测传感器；用于汽车门控电机上的 PTC 正温度系数式电流传感器；用于车窗玻璃防霜和结雾的湿度传感器等。

第一节 光量传感器

一、日照传感器

1. 功用

日照传感器，又称为日光传感器，用于汽车自动空调控制系统中，根据阳光照射的强弱，能够把日光照射量转化为电流，根据电流的大小准确地检测出日照射量的变化，并把信息送入空调 ECU，使 ECU 根据此信号调整车内空调器吹出的风量与温度。当阳光照射增强时，混合门移向"冷"侧，鼓风机转速提高；反之，阳光照射减弱时，混合门移向"热"侧，鼓风机转速降低。

2. 安装位置

日照传感器一般安装在仪表板的上侧、前风挡玻璃底下，如图 9-1，此处最容易检测到日照的变化。

3. 结构与原理

日照传感器主要有壳体、滤光片及光电二极管组成，通过光电二极管可检测出日光照射量的变化。光电二极管对日光的照射变化反应敏感：当没有阳光照射在二极管上时，只有很

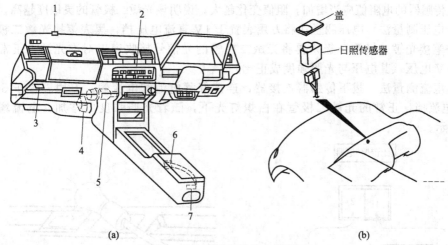

图 9-1 日照传感器的安装位置

1—日照传感器；2—按钮与微机；3—鼓风机控制；4—主微机；5—动力伺服；6—电动机；7—车内温度传感器

少量的电流能够通过，当有阳光照射在二极管上时，电流量增加，照射的阳光越强，电流就越大，而自身不受温度的影响。将日照变化转换成电流变化，根据电流的大小就可以知道准确的日照量如图 9-2 所示。

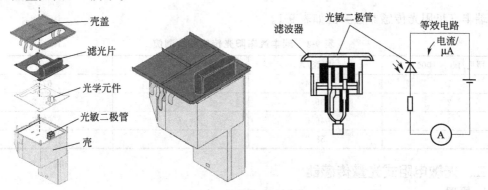

图 9-2 日照传感器结构

4. 检测

图 9-3 为日照传感器与 A/C-ECU 的连接图，其中 1 端子为光电二极管正极，2 为光电二极管负极。

(1) 简易判断法　打开自动空调，用手遮盖住日光传感器感光部分，鼓风机转速应下降，否则应更换传感器。

(2) 电阻测量法　拔下日照传感器导线连接器，用黑布遮住传感器光信号接收窗口，然后用万用表 R×1k 挡测量日照传感器连接器端子 1 与 2 间的正、反向电阻值，在正常情况下，1 与 2 的正向电阻值在 10~20kΩ 之间，2 与 1 的反向电阻值为∞，若测得正、反向电阻值均很小或均为无穷大，则是该光敏二极管漏电或开路损坏。

掀开日照传感器上的布，并用灯光照射日照传感器，继续测量连接器端子 1 与 2 间的电阻值，正常情况下应为 4kΩ。当灯光逐渐从传感器上移开时，即光照由强变弱时，

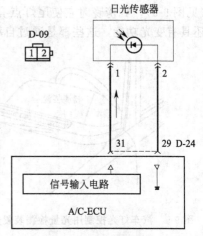

图 9-3 日光传感器与 A/C-ECU 的连接图

日照强度传感器的电阻值应当增加。阻值变化越大，说明该光敏二极管的灵敏度越高。

（3）电压测量法　电压测量法将万用表置于1V直流电压挡，黑表笔接光敏二极管的负极，红表笔接光敏二极管正极，再将光敏二极管的光信号接收窗口对准光源。正常时应有0.2~0.4V电压（其电压与光照强度成正比）。

（4）电流测量法　拔下传感器连接器，连接好蓄电池和电流表。万用表置于50mA或500mA电流挡，正常的光敏二极管在白炽灯光下，随着光照强度的增加，电流增大。如图9-4所示。

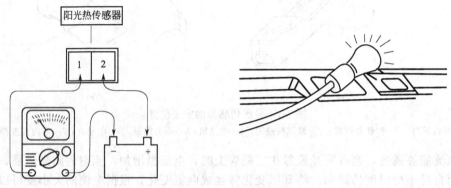

图9-4　电流测量法

瑞丰汽车阳光传感器检测值如表9-1。

表9-1　瑞丰汽车阳光传感器检测值

照度/lx(×1000)	电流/A	照度/lx(×1000)	电流/A
1	21.4	5	67.7
2	36.0	6	76.2
3	46.0	7	83.7
4	58.8		

二、光敏电阻式光量传感器

1. 原理

光敏电阻式光量传感器应用于汽车灯光控制上，汽车灯光控制器安装在仪表板的上方（见图9-5），到傍晚时它使尾灯点亮，当天色变得更暗时，前照灯被点亮。当对方来车时，还具有变光功能，这些都是通过自动控制完成的。

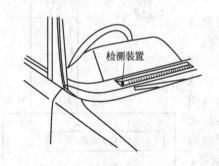

图9-5　汽车灯光控制用光量检测装置安装位置

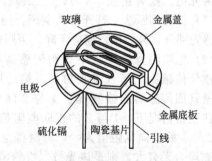

图9-6　光敏电阻式光量传感器的结构

光敏电阻式光量传感器的结构如图9-6所示。光敏电阻式光量传感器内装有半导体元件硫化镉，硫化镉为多晶硅结构，在传感器中把硫化镉做成曲线形状，目的是增大与电极的接触面积，从而提高该传感器的灵敏度。它的特性是当周围较暗时，其阻值较大；当周围环境较亮时，它的阻值又会变小。光敏电阻式光量传感器用在汽车灯光控制器上的电路如图 9-7 所示，它的工作原理是，当点火开关接通后，也就是把灯光控制器的转换开关置于 AUTO（自动）挡，控制器获得传感器的输入信号，自动控制尾灯及前照灯的亮灭。当关闭点火开关后，控制器的电源电路被切断，这时与周围环境条件无关，车灯熄灭。此外，利用灵敏度调整电位器可以调整自动亮灯及熄灯的敏感程度。灯光控制器工作情况见表 9-2。

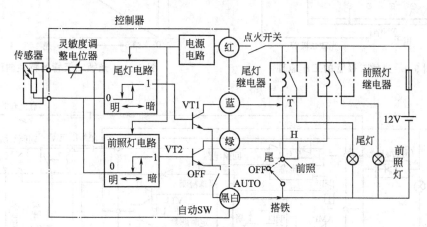

图 9-7　灯光控制器的电源电路

表 9-2　灯光控制器的工作情况

周围条件	尾灯电路		前照灯电路		尾灯小灯	前照灯
	输出	VT1	输出	VT2		
明亮（传感器电阻小）	0	OFF	0	OFF	灯灭	灯灭
稍暗（传感器电阻稍大）	1	ON	0	OFF	灯亮	灯灭
很暗（传感器电阻很大）	1	ON	1	ON	灯亮	灯亮

2. 检测

光敏电阻式光量传感器的检测可以根据光敏电阻的电阻值随光强的变化特点来测量。光照强时，其电阻值小；光照弱时，其电阻值大，否则必须更换传感器。

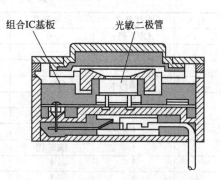

图 9-8　自动控制器用光量传感器的结构

三、光敏二极光量传感器

灯光自动控制器可以自动地点亮和熄灭前照灯和尾灯，灯光自动控制器主要由光量传感器、尾灯继电器和前照灯继电器等组成。

自动控制器用光量传感器的结构如图 9-8 所示，它把自动控制继电器作为混合集成电路的基片，和传感器形成一个整体。

光敏二极管的工作原理如图 9-9 所示。当 PN 结上有光照射时，PN 结吸收光能产生大量的电子和空穴，P 型半导体上产生的电子向 N 型半导体中移动，N 型半导体上产生的空穴向 P 型半导体上移动。所以，当把半导体分别装上电极并从外部短路时，从 P 侧电极到 N 侧电极有光电流通过，光敏二极管就是利用这种原理制作的。光敏二极管中的电流与照射到元件上的光量成正比，如图 9-10 所示。图 9-11 为灯光自动控制器逻辑电路，该系统在进行自动控制时工作状况如表 9-3 所示。

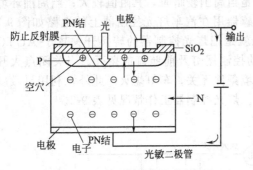

图 9-9　光敏二极管的工作原理

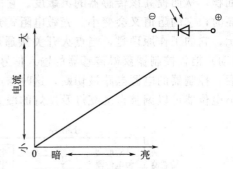

图 9-10　光敏二极管的特性曲线

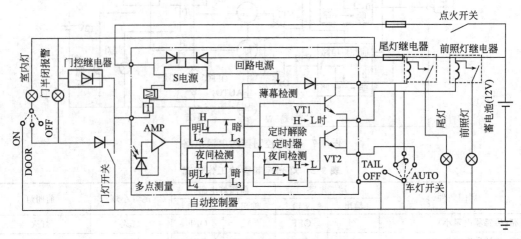

图 9-11　灯光自动控制器逻辑电路

表 9-3　灯光自动控制器的部件工作状况

序号	车灯开关	点火开关	司机座上门灯开关	环境状况	尾灯	前照灯
1	OFF 挡	—	—	—	×	×
2	小灯挡	—	—	—	○	×
3	前照灯挡	—	—	—	○	○
4	自动挡	ON 挡	OFF 挡	明亮	×	×
5	↑	↑	↑	稍暗	○	×
6	↑	↑	↑	暗	○	○
7	↑	↑	↑	瞬间明亮	○	○
8	↑	OFF 挡	↑	暗	×	×
9	↑	↑	ON 挡	↑	×	×
10	↑	↑	OFF 挡	↑	×	×
11	↑	ON 挡	↑	↑	○	○
12	↑	↑	ON 挡	↑	○	○

注：○表示灯亮，×表示灯灭。

四、光敏三极管光量传感器

日产自动灯光系统用光敏三极管光度传感器。

自动灯光系统结构原理：车身控制模块 BCM 根据光度传感器、照明开关、驾驶员开关和点火开关信号控制自动灯光操作，光度传感器监测的环境亮度为 800～2500lx（照度是在给定方向上的任何表面的每单位投影面积上的光照强度，照度的单位是勒克斯 lx），传感器把亮度转换成电压,然后把光度传感器信号发给车身控制模块 BCM。发动机室智能电源分配模块 IPDME/R 根据车身控制模块 BCM 发送的 CAN 信号控制,自动灯光系统可以控制前照灯、驻车灯、牌照灯、前雾灯。

在点火开关打开,组合开关置于 Auto 时,BCM 车身控制模块根据光敏传感器感受到外界的光线强度而点亮或熄灭灯光,同样也是由 can-bus 数据线传输此信号的。

① 当外界光线下降到 500lx 以下时,车辆的驻车灯、示宽灯和尾灯在驾车 60s 或 100s 后点亮;

② 当外界光线突降至 50lx 以下时,这些灯会迅速点亮,而当外界光线升至 1300lx 以上时灯光在 8s 后关闭;

③ 当外界光线下降至 100lx 以下时车辆前行 30m 后所有前照灯会点亮,同样在光线降至 50lx 以下时,前照灯迅速点亮,反之在光线上升至 1300lx 以上时灯光则在 1s 后关闭。

1. 位置

光敏三极管光量传感器安装位置如图 9-12 所示。

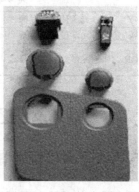

图 9-12 光敏三极管光量传感器安装位置

2. 结构与原理

TIIDA 的传感器用的是"光敏三极管",光敏三极管是把照度变成电流的器件,光敏三极管有两个 PN 结,集电极电流将随入射光照度的改变而更加明显地变化,因而可以获得电流增益,它比光敏二极管具有更高的灵敏度,图 9-13 是光敏三极管的光电特性曲线,曲线反映了当外加电压恒定时,光电流与光照度之间的关系。

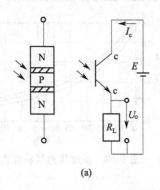
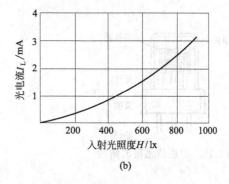

图 9-13 光敏三极管原理和特性曲线

3. 检测

光敏三极管光量传感器的内部电路和线路连接如图 9-14 所示。

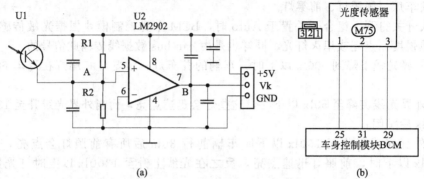

图 9-14 光敏三极管光量传感器的内部电路和线路连接

参照表 9-4，检测参考电压和检测输出电压的值。

表 9-4 参考电压和输出电压标准值

25	Y	光学传感器电源	输出	ON	—	大约 5.0V
29	V	光学传感器接地	—	ON	—	大约 0V
31	GR	光学传感器信号	输入	ON	有强光照射时	3.1V 以上
					无光照射时	0.6V 以下

第二节 湿度传感器

一、湿敏电阻式湿度传感器

1. 原理

湿敏电阻式湿度传感器主要用于汽车风挡玻璃的防霜，化油器进气部位空气湿度的测定以及自动空调系统中车内相对湿度的测定。

湿敏电阻式湿度传感器装有金属氧化物系列陶瓷材料制成的多孔烧结体，湿度传感器就是利用烧结体表面对水分子的吸附作用来工作的。当烧结体吸附了水分子时，它的电阻值会发生变化，根据电阻值的变化即可检测出湿度的变化。湿度传感器的结构如图 9-15 所示，该传感器的电阻值与湿度关系曲线如图 9-16 所示。从曲线上可知，当湿度加大时，传感器电阻值减小，当相对湿度从 0 变化到 100%，传感器的电阻值有数万倍的变化，但这种传感器的电阻值随温度变化也会变化，为了使其更精确，给湿度传感器再配以温度补偿热敏电阻。

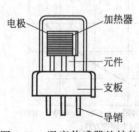

图 9-15 湿度传感器的结构

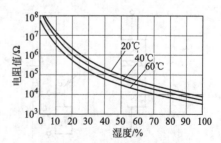

图 9-16 湿度传感器特性曲线

2. 检测

① 可用万用表测量湿度传感器的电阻大小。当湿度变化时，电阻值应当改变，相对湿

度越大,电阻值越小;相反,则其电阻值越大,否则应更换传感器。

② 检测传感器端子间的输出电压。在不同的湿度下,输出电压应符合规定值,否则应进一步检查线束或更换湿度传感器。

二、结露传感器

1. 原理

结露传感器用于检测车窗玻璃的结露,当车窗玻璃湿度较大处于结露状态时,结露传感器使汽车空调以除霜模式运行,以确保车内乘员、驾驶员良好的视野,确保行车安全。

该传感器为密封式,它由内部电极、感湿膜片、湿敏电阻及铝基板等组成,如图9-17所示。

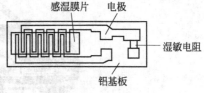

图9-17 结露传感器结构

湿敏电阻主要包括氯化锂湿敏电阻,碳湿敏电阻、氧化物湿敏电阻、高分子湿敏电阻。由于制造湿敏电阻的材料不同,导致电阻值与相对湿度的关系特性曲线趋势呈现相反的趋势。

碳膜湿敏电阻的电阻值和相对湿度之间函数关系如图9-18(a) 所示。碳膜湿敏电阻器是在绝缘的基体上先制备两个电极,然后在电极间喷涂一层含有碳粉粒的有机胶状纤维素湿敏膜构成。当碳膜湿敏电阻器吸湿后,由于体积增大使碳颗粒的密度降低,碳颗粒之间的距离增加,从而造成电阻值的增大;当干燥时,湿敏膜脱水收缩,碳颗粒之间的距离减小,从而又使电阻值变小。

高分子电阻式湿敏元件主要使用高分子固体电解质材料作为感湿膜,由于膜中存在可动离子而产生导电性,随着湿度的增大,其电离作用增强,使可动离子的浓度增大,电极间的阻值减小。当湿度减小时,电离作用也相应减弱,可动离子的浓度也减小,电极间的电阻值增大。这样,湿敏元件对水分子的吸附和释放情况,可通过电极间电阻值的变化检测出来,从而得到相应的湿度值。高分子湿敏元件的电阻值与相对湿度的关系曲线如图9-18(b) 所示。

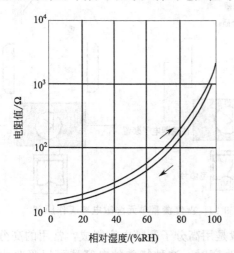

(a) 碳膜湿敏电阻电阻值与相对湿度的关系曲线　　(b) 高分子湿敏元件的电阻值与相对湿度的关系曲线

图9-18 关系曲线

2. 检测

可用万用表测量结露传感器的电阻,用电吹风将结露传感器表面吹干,然后在结露传感器上面逐渐加湿,测量电阻值的变化是否符合特性需求,否则应更换结露传感器。

三、雾气传感器

宝马 E60 空调系统采用湿敏电容性雾气传感器。

1. 位置和功用

雾气传感器位于挡风玻璃内部，后视镜支架盖板下面，雨天和照明传感器下部。传感器位于刮水区域内，以获得与驾驶员视野内相同的条件。图 9-19 为宝马 E60 湿敏电容性雾气传感器的位置。

图 9-19 湿敏电容性雾气传感器的位置
1—雨天/行车灯传感器；2—雾气传感器

该传感器可以在自动恒温空调自动程序下测量车厢内部和挡风玻璃内侧的空气相对湿度。雾气传感器测量车内挡风玻璃上的潮湿度及挡风玻璃的温度，然后发出一个与频率相关的信号。它在雾气凝结到挡风玻璃上之前，自动识别上面可能的雾气。并采取防雾气的措施：如继续打开除霜风门；提高风扇风量；降低脚部风量；升高标准温度值等。

2. 结构与原理

宝马 E60 湿敏电容性雾气传感器由传感器电子装置 1、到自动空调的 3 芯接口 2、湿度测量单元 3 和带激光补偿电阻的匹配单元（由生产厂家校正使用）4 组成。湿敏电容性雾气传感器的结构如图 9-20 所示。

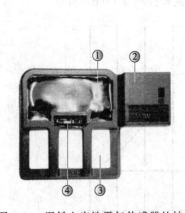

图 9-20 湿敏电容性雾气传感器的结构

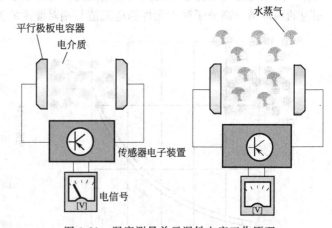

图 9-21 湿度测量单元湿敏电容工作原理

湿度测量单元 3 采用湿敏电容，湿敏电容一般是用高分子薄膜电容制成，常用的高分子材料有聚苯乙烯、聚酰亚胺等。当环境湿度发生改变时，这种特殊的电容器可以吸收水蒸气，吸收的水分改变了电介质的介电常数，从而改变了湿敏电容的电容量。所以测得的电容值就表示了空气湿度。其工作原理如图 9-21 所示。

电子装置是将传感器所测得电容值转换成特定的输出信号的装置。电子装置包含有电子振荡电路，电容性传感器元件相当于电子振荡电路的一个组件。湿度的变化引起敏电容的电容量发生，电容的变化引起电子振荡电路振荡频率的变化，因此振荡电路的谐振频率可以看作空气相对湿度的判断尺度。输出频率与挡风玻璃上的湿度变化成一定比例。自动恒温空调控制单元对这个与频率相关的信号以及车内、车外温度和车内挡风玻璃上的温度进行分析，当雾气传感器测得挡风玻璃上的空气相对湿度超过65％时，自动恒温空调控制单元就会启动程序，避免挡风玻璃上形成雾气。

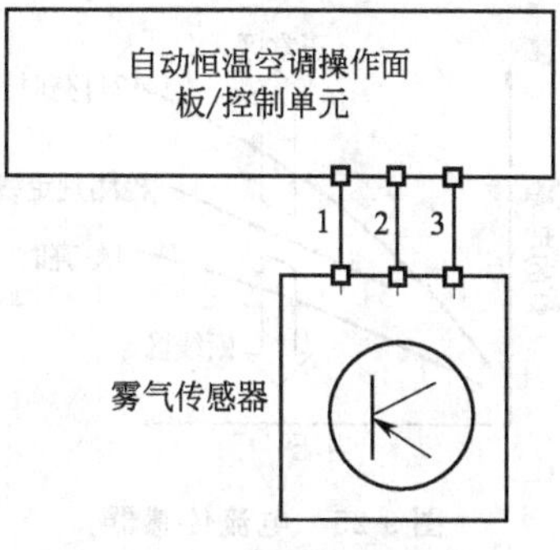

3. 检测

雾气传感器与恒温空调-ECU 的连接如图 9-22 所示。

3 芯接口的接口布置为：线脚 1—搭铁；线脚 2—频率信号输出；线脚 3—5V 电源。

图 9-22 雾气传感器与恒温空调-ECU 的连接

可以使用示波器对雾气传感器进行检测：输出信号为 0～5V 方波，频率在 32～38Hz 之间，湿度大频率小。如果传感器失灵，则自动空调无自动除雾功能；若拔掉雾气传感器不连接，则传感器采用默认的湿度最大失效模式来替代。

雾气传感器输出信号频率信号如表 9-5 所示。

表 9-5 相对湿度与输出频率的关系

相对湿度	0％	80％	100％
输出频率/Hz	37.4	34.0	32.7

第三节 电流检测传感器

一、晶体管式电流传感器

晶体管式电流传感器内部设有检测电流用电阻。使负荷电流通过该电阻，并利用运算放大器（OP 比较电路）将其电压降与基准电压进行比较，当电流检测电阻上的电压降低于基准电压时，比较器的输出电流点亮报警灯。

图 9-23 为传感器电路图，图 9-24 为该传感器用于检测制动灯灯丝断开的实例，这种传感器也可以应用在尾灯电路中。在车上使用 2～4 个灯的电路中，如有 1 个以上灯丝断线时，可以使报警灯点亮。

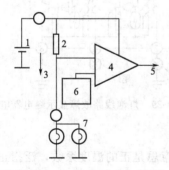

图 9-23 晶体管式电流传感器电路
1—蓄电池；2—检测电阻；3—电流；4—比较器；
5—输出；6—基准电压；7—负荷灯泡

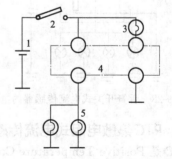

图 9-24 制动灯灯丝断开检测系统电路
1—蓄电池；2—制动开关；3—报警器；
4—传感器；5—制动灯

图 9-25 为电流传感器的特性曲线，它具有适应灯泡电流的电压补偿特性。

二、舌簧开关式电流传感器

舌簧开关式电流传感器广泛用在汽车灯具系统，检测制动灯、尾灯、牌照灯及停车灯的

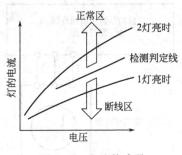

图 9-25 电流传感器的特性曲线

灯丝是否断开，当有 1 个灯泡灯丝断开时，报警灯点亮。该传感器的外形如图 9-26 所示，它的结构如图 9-27 所示。舌簧开关式电流传感器在其电流线圈的外面绕有电压补偿线圈，它的作用是防止电压的变化引起传感器的误动作。在骨架的中间设置有舌簧开关。

图 9-28 为电流传感器电路，当开关闭合时，若灯泡全部工作正常，电流线圈中有额定电流流过，这时在线圈产生的磁力的作用下，舌簧开关闭合，如果有灯泡断丝，相应的电流线圈中电流减小，磁力减弱，使舌簧开关断开，进行报警。图 9-29 为该传感器的应用实例，图 9-29 中继电器就是检测制动灯、尾灯灯丝断开时的传感器。

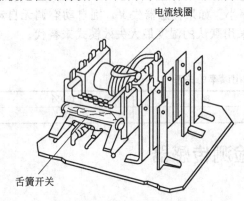

图 9-26 舌簧开关式电流传感器的外形

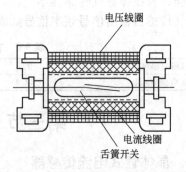

图 9-27 舌簧开关式电流传感器的结构

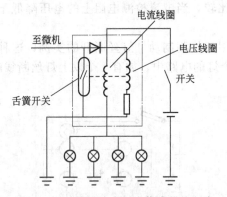

图 9-28 舌簧开关式电流传感器的电路

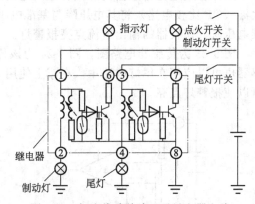

图 9-29 灯泡线路故障显示继电器电路

三、PTC 热敏电阻式电流传感器

PTC 是 Positive Temperature Coefficient 的缩写，意思是正的温度系数，泛指正温度系数很大的半导体材料或元器件。通常提到的 PTC 是指正温度系数热敏电阻，简称 PTC 热敏电阻。它是由陶瓷半导体构成的，是用钛酸钡再加上各种添加物烧结而成。PTC 热敏电阻是一种典型具有温度敏感性的半导体电阻，超过一定的温度（居里温度）时，它的电阻值随着温度的升高呈阶跃性的增高。图 9-30 为 PTC 热敏电阻式电流传感器的特性曲线。图中标有"居里点"，其含义是电阻值为常温两倍的点，此时的温度叫作居里温度。按照用途可制作出不同特性的 PTC 电流传感器，这时需要改变填充物的数量。从特性曲线上可知，温度低时，电阻值也较低，这时消耗的电流也较大，传感器要发热，当温度上升到居里点以上

时，电阻值也增大，抑制了电流的增长。即使没有温度传感器及电流控制回路，PTC元件本身一直能控制电流并维持在一定温度，而且还具有仅取决于散热量的发热特性。

PTC热敏电阻式电流传感器还可以用在汽车门控电机上，如图9-31所示。在门控电机电路中，用PTC元件作断路器，以控制电机的制动电流。图9-32为PTC断路继电器的工作特性，在电机制动时，制动电流通过PTC元件，使PTC元件的温度上升，其电阻值也增加，经过一定时间之后，制动电流减小，这样可有效地防止电机过热。

用在保护空调鼓风电机的PTC保护器的结构如图9-33所示。防止鼓风机电机烧损的电路原理如图9-34所示。PTC热敏电阻的阻值与电流的关系如图9-35所示，电机卡死又修复后可以继续使用。

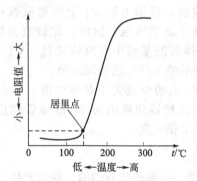

图9-30 PTC热敏电阻式电流传感器的特性曲线

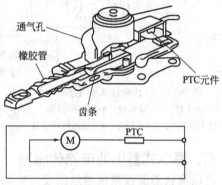

图9-31 门控电机的结构及电路

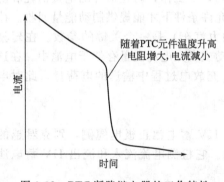

图9-32 PTC断路继电器的工作特性

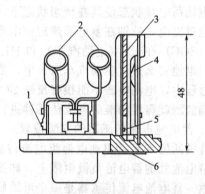

图9-33 PTC保护器的结构
1,5—接线柱；2—保护线圈；
3—PTC元件；4—弹簧；6—底板

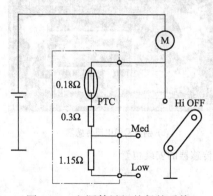

图9-34 空调鼓风机的保护系统

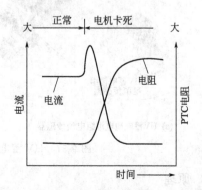

图9-35 PTC热敏电阻的阻值与电流的关系

四、电阻-集成电路式电流传感器

电阻-集成电路式电流传感器的功用是用来检测尾灯、牌照灯、制动灯及前照灯是否断丝。当出现故障时，传感器点亮报警灯通知驾驶人员。

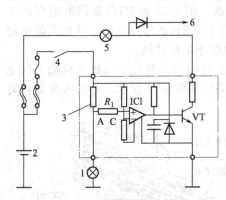

图 9-36 灯具断丝检测电路
1—停车灯；2—蓄电池；3—检测电阻；
4—停车灯开关；5—报警灯；6—至电压调节器

灯具断丝检测电路如图 9-36 所示。电路内部有比较放大器 IC1，这是专用检测断丝的集成电路，C 点处有基准电压形成。正常情况，电流检测电阻 R_1 上的电流要大于基准电流，A 点电位低于基准电压，比较放大器 IC1 的输出为 0，晶体管 VT 截止，报警灯不亮。

通过电流检测，得知电阻 R_1 上的电流减小，A 点电位升高并高于基准电压，这时，比较放大器 IC1 的输出为 1，晶体管的基极中有电流通过，VT 导通，报警灯点亮，表示停车灯已经出现故障。

检测电阻 R_1 上的电流大于基准电流，A 点电位低于基准电压，比较器的输出为 0，晶体管截止，报警灯不亮，说明工作正常。

五、霍尔式蓄电池电流传感器

蓄电池状态监控模块通过温度传感器、电压传感器、电流传感器的输入信号监控动力蓄电池的状态，测定充放电比率且将这些信息输入电机控制模块（MCM）。蓄电池监控模块控制蓄电池荷电量状态使其在理想状态下（20%～80%）下工作，防止额外的电量消耗和防止蓄电池过充电，特别在蓄电池规定荷电量（SOC）允许条件下才能提供制动能量回收。荷电状态（SOC）在 EV（电动汽车）和 HEV（混合动力汽车）是一个关键的参数。在驾驶过程中，电池要么通过驱动汽车来放电，要么通过制动或者充电将能量存储于电池中。在这些瞬态过程中，电池电压不能很好反映 SOC 状态——充放电过程中输送的电荷量。此时电池的精确监测就需要精准的电流传感器进行测量。

1. 蓄电池电流传感器的安装位置

普锐斯的 HV 蓄电池电池组电流传感器安装在 HV 蓄电池正极电缆侧，别克君越的连接在蓄电池处的蓄电池负极电缆上。如图 9-37 所示。它检测电流流入和流出 HV 蓄电池的安培数。蓄电池电流传感器是一个可维修部件。

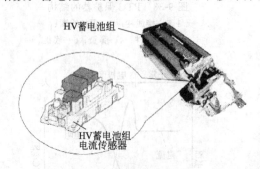
(a) HV蓄电池电池组电流传感器

(b) 别克君越电流传感器

图 9-37 HV 蓄电池电池组电流传感器的安装位置

2. 原理

电流传感器采用霍尔效应原理进行测量，其示意图如图 9-38 所示，将载流导体通过霍尔元件，原边电流流过导体产生的磁场聚集在磁环内，这一磁场的大小与流过导体的电流成正比，同时霍尔元件电流端通一规定的电流 I，则霍尔元件端就会产生霍尔电压，通过磁环气隙中霍尔元件进行测量并放大输出，其输出电压 VS 精确地反映原边电流的大小。

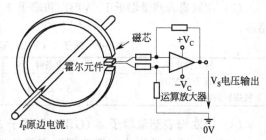

霍尔电流传感器输出信号可以为模拟电压，也可以输出频率信号。别克君越的蓄电池电流传感器监测蓄电池电流，并将信号直接输

图 9-38 霍尔效应电流传感器测量原理示意图

入至车身控制模块。该传感器产生 128Hz、0～100％占空比的 5V 脉宽调制信号。正常占空比在 5％～95％之间。如果占空比在 0～5％和 95％～100％之间，则需要进行诊断。

3. 实例

普锐斯混合动力　蓄电池电流传感器是一个 3 线霍尔效应电流传感器。普锐斯混合动力的 HV 蓄电池组电流传感器与蓄电池智能控制单元连接电路如图 9-39 所示。

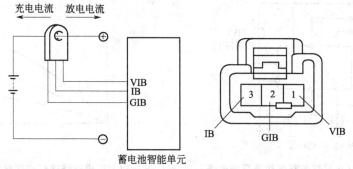

图 9-39　HV 蓄电池组电流传感器与蓄电池智能控制单元连接电路和插头形状

蓄电池智能单元接收 0～5V 之间的电压，此电压与电缆的安培数流量成比例，电流传感器输出特性曲线如图 9-40 所示。该电压从蓄电池电流传感器进入端子 IB，蓄电池电流传感器输出电压低于 2.5V 表示 HV 蓄电池正在放电，电压高于 2.5V 表示 HV 蓄电池正在充电。

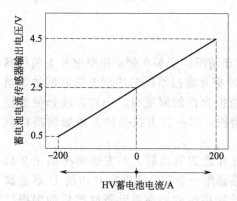

根据从蓄电池电流传感器输入到蓄电池智能单元端子 IB 的信号，混合动力车辆控制 ECU 确定由 HV 蓄电池接收的充电量或放电量的安培数。根据累计的安培数，混合动力车辆控制 ECU 也计算 HV 蓄电池的 SOC（充电状态）。

4. 检测

三个端子 VIB、GIB 是电源和地，IB 是信号输出。可以采用静态测试方法，检查蓄电池电流传感器的电阻

（1）用欧姆表测量端子 1（VIB）和端子 2（GIB）间电阻（见表 9-6）。如果不符合标准值，则更换蓄电池电流传感器。

图 9-40　电流传感器输出特性曲线

表 9-6　端子 1（VIB）和 2（GIB）间的电阻标准值

测试仪连接	规定条件	测试仪连接	规定条件
正极探针到端子1(VIB) 负极探针到端子2(GIB)	3.5～4.5kΩ	正极探针到端子2(GIB) 负极探针到端子1(VIB)	5～7kΩ

(2) 用欧姆表测量端子 1（VIB）和端子 3（IB）标准值（见表 9-7），则更换蓄电池电流传感器。

表 9-7 端子 1（VIB）和 3（IB）间的电阻标准值

测试仪连接	规定条件	测试仪连接	规定条件
正极探针到端子 1（VIB） 负极探针到端子 3（IB）	3.5～4.5kΩ	正极探针到端子 3（IB） 负极探针到端子 1（VIB）	5～7kΩ

(3) 用欧姆表测量端子 2（GIB）和端子 3（IB）间的电阻。

标准：0.2kΩ 或更小。即使探针变换位置，电阻也不变。如果不符合标准值，则更换蓄电池电流传感器。

六、(ABS)集成电路式灯泡断丝检测传感器

这种传感器也用于检测前照灯、尾灯、制动灯、牌照灯的灯丝状况，它可以检测出灯泡全部点亮时的电流与一个灯丝断开时的电流变化量，然后，将断丝信息通过报警灯点亮方式向驾驶员报警，该报警系统电路如图 9-41 所示。

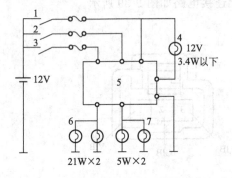

图 9-41 制动灯与尾灯的断丝检测系统电路
1—点火开关；2—尾灯开关；3—制动灯开关；4—报警灯；
5—灯泡断丝检测传感器；6—制动灯；7—尾灯

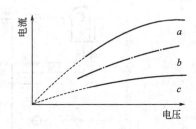

图 9-42 集成电路式灯泡断丝检测传感器特性
a—灯全亮时的电流；b—判定基准；
c—1 个灯断丝时的电流

集成电路式（IC）灯泡断丝检测传感器是利用 IC 比较器进行检测，它的特性可用图 9-42 说明，图中，b 设定在灯全亮时的电流特性 a 与一个灯断丝电流特性 c 的变化范围之间，由此可以检测出灯泡有无断丝。

七、制动器摩擦片磨损检测传感器

磨损检测传感器用于检测汽车制动器摩擦片的磨损情况。安装在制动钳摩擦片上的传感器如图 9-43 所示。摩擦片磨损情况的检测方法有两种，当制动钳摩擦片超过磨损允许的限度时，一种方法是使磨损检测传感器本身被磨损，另一种方法是使其接触磨损检测传感器。

磨损检测传感器在盘式制动器上的安装情况如图 9-44 所示。磨损检测传感器用一个安装在摩擦片中的 U 形金属丝检测，U 形金属丝的顶端就处在制动器摩擦块的磨损极限位置上，制动器摩擦片没有磨损到极限位置时，输出电压为 0，当摩擦片磨损到规定限度时，U 形金属丝部分被磨断，电路断开，这时输出电压为高电平，异常信号输入电控单元中或通过电阻 R 接通报警电路，使灯泡点亮，图 9-45 为磨损检测传感器工作电路。

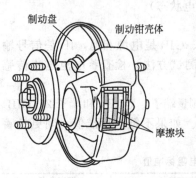

图 9-43 磨损检测传感器的安装位置及结构

第九章　其他传感器

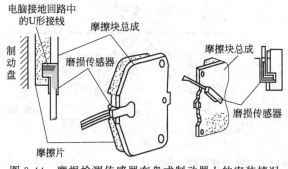

图 9-44　磨损检测传感器在盘式制动器上的安装情况

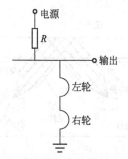

图 9-45　磨损检测传感器工作电路

第四节　雨滴（雨量）传感器

雨滴传感器又称为雨量传感器，主要是用来检测是否下雨及雨量的大小，用于汽车智能灯光系统、汽车自动雨刷系统、智能车窗系统。

在汽车自动雨刷系统中，若刮水器开关置于自动（AUTO）挡，当雨滴传感器感应到挡风玻璃表面有水时，自动启动刮水电机。并利用控制器将检测出的信号进行变换，根据变换后的信号自动地按雨量设定刮水器的间歇时间。

在汽车智能灯光系统中，当汽车在雨雪天等恶劣天气下行车时，由雨滴传感器向自动灯光系统微电脑提供信号，微电脑自动调整前照灯的宽度、远近度，明暗度；同时天窗系统也会自动关闭车窗。

雨滴传感器位于前挡风玻璃中间的顶部，靠近后视镜，通常在内视镜支架座的下方。雨滴传感器通过硅胶垫粘贴在前挡风玻璃的内侧，如图 9-46 所示。

　　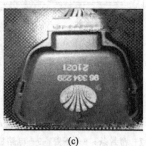

(a)　　　　　　　　　　　(b)　　　　　　　　　　　(c)

图 9-46　雨滴传感器安装位置和形状

根据检测雨滴的方法不同，雨滴传感器分为四种类型：流量型雨滴传感器、电容式雨滴传感器、压电式雨滴传感器和红外线式雨滴传感器。常见的有红外线式、压电式和电容式。

一、红外线式雨滴传感器

红外线式雨滴传感器又称为红外散射式、光学式雨滴传感器，是目前雨滴传感器的主要类型。红外散射式雨滴传感器由光学元件、发光二极管、光电二极管组成。光学元件通过硅胶垫粘贴在前挡风玻璃的内侧，通常在内视镜支架座的下方。发射管 LED、接收管（光电二极管）在雨滴传感器的 PCB 板上。发光二极管在接收电信号后能够发出一束锥形红外光线，这束光穿过透过玻璃入射到玻璃外表面，接收管（光电二极管）能够接收红外光线并转换为电信号。其工作原理如图 9-47 所示。

光学元件的导光面为一抛物面，发射管、接收管均放置在抛物面的焦点上，在玻璃外表面没有雨水、干燥的情况下，则通过光学元件入射到挡风玻璃上的光线可以认为是平行光

259

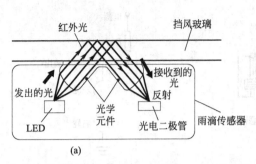 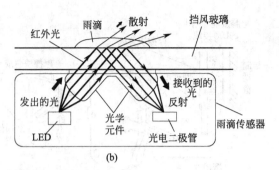

图 9-47 红外散射式雨滴传感器的工作原理

线,发射管发出的光平行入射到挡风玻璃上后被 100% 反射回来,通过光学元件汇聚后由接收管接收,并将此信号转换成电信号。

当挡风玻璃外表面有雨滴时,入射到挡风玻璃上的光线被部分散射掉,反射后接收管的光线变少,雨滴越大则反射回来的光线越少。通过与挡风玻璃干燥情况下接收光强的比较,就可以得出目前挡风玻璃上水滴的大小和多少,接收管接收并将此信号转换成电信号发送至车身控制器 BCM 或者独立的控制器,使控制刮水器完成间歇刮水、低速连续刮水以及高速连续刮水。

二、压电式传感器

压电式传感器由振动板、压电元件、放大电路、壳体及阻尼橡胶构成,振动板要通过阻尼橡胶才能在外壳上保持弹性,阻尼橡胶除了可以屏蔽车身传给外壳的高频振动外,它的支撑刚性还可避免对振动板的振动工况发生干扰。雨滴检测传感器的构成如图 9-48 所示。

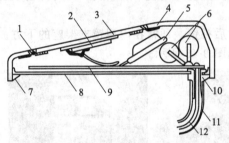 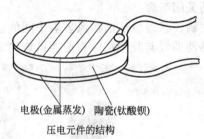

图 9-48 雨滴检测传感器的构成
1—阻尼橡胶;2—压电元件;3—不锈钢振动板;
4—上盖(不锈钢);5—混合集成电路;6—电容器;
7—密封条;8—下盖;9—电路板;10—密封套;
11—套管;12—线束

图 9-49 压电元件的结构

压电振子利用压电效应将机械位移(振动)变成电信号。压电振子受到雨淋,按照雨滴的强弱和雨量作振动;将雨滴的冲击能量变换成电压波形,再输入到雨刮控制器,该电压波形的积分值(斜线部分的面积)与某一定值的速度对应,这样就可控制刮雨器的速度。压电

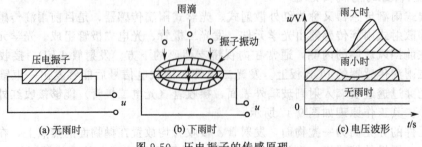

图 9-50 压电振子的传感原理

元件的结构如图9-49所示,压电振子的传感原理如图9-50所示。

三、电容式传感器

静电电容因电极之间的物质不同而具有不同的储存电荷的能力,在雨滴传感器中为"空气"和"水"。正常天气情况下,电容式传感器有一固定的电容值,当有雨下到电容的栅极之间时,改变了电容的介电常数从而改变电容值,以此判断雨量的大小。静电电容的传感原理如图9-51所示。

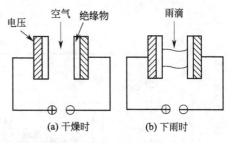

图 9-51 静电电容的传感原理

四、雨滴传感器实例

雨滴传感器连接方式可以分为:导线直接连接、总线连接。其中总线连接包括 LIN、CAN、VAN、K 线等各种总线方式。如图 9-52 所示。

1. 导线直接连接

雨滴传感器需要直接驱动刮水系统或者通过独立的自动刮水控制器来间接驱动刮水系统。

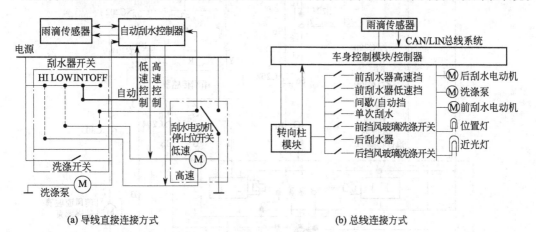

图 9-52 雨滴传感器连接方式

2. 总线连接方式

总线连接方式的系统成为雨滴传感器应用的趋势。雨滴传感器的信号通过总线发送至车身控制模块(BCM)或者控制器,刮水手柄的相关信号由转向盘转向模块通过总线(可以根据需要采用不同的总线连接)发送至车身控制模块(BCM)或者控制器,雨滴传感器的刮水请求由 BCM/Controller 来实现驱动。

上海通用凯越1.8轿车采用雨滴感应式自动刮水系统,为直接连接控制方式。电路如图 9-53 所示。

由电路图可以看出,系统内有两个继电器,左侧的控制雨刷的高/低速,受雨滴传感器 2端的控制;右侧的是低速/间歇继电器,受雨滴传感器 1端的控制,雨滴传感器通过 1、2端控制刮水电机总成内部继电器的搭铁。雨滴传感器可自动控制间歇时间长短和刮水时是高速还是低速。雨滴传感器 7端用于检测回位脉冲,以正确进行间歇控制。

① 刮水器低速/间歇工作:当雨滴传感器控制刮水器电机低速工作时,其端子 1 接地,刮水器电机总成内部的右侧继电器工作,电机低速运转。雨滴传感器端子 1 的工作波形见图 9-54,由图可知,雨滴传感器给出一个低电平的触发脉冲后,然后保持高电平,触发脉冲控制右侧的继电器工作,电机开始运转,然后继电器断开,电机靠回位通路维持低速旋转;当刮水电机旋转一周后,至下一个触发脉冲到来之前是间歇时间,调节敏感度旋钮时,

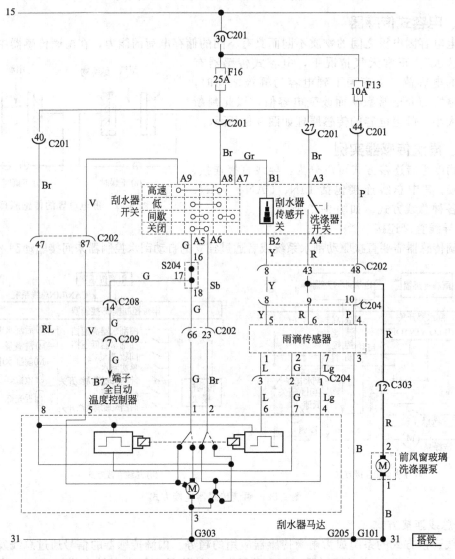

图 9-53 凯越 1.8 自动刮水器电路

雨滴传感器控制刮水器电机间歇时间的长短。低速工作时，雨滴传感器端子 1 的电压约在 5.1~10.8V 间变化，雨滴传感器端子 1 电压为 5.1V 时，间歇时间最长；为 10.8V 时间歇时间最短。当间歇时间调至最短时，刮水电机启动高速挡。

② 刮水器高速工作：当雨滴传感器感应到雨滴足够大，需控制刮水器高速工作时，其 2 端输出低电平，刮水器电机总成内部左侧的继电器工作，内部触点吸合到高速端；与此同时，刮水器电机总成内部右侧的继电器仍工作，则刮水器工作在高速状态。

③ 回位脉冲检测：雨滴传感器只有收到刮水器电机的回位信息后，才能正确控制间歇时间。刮水器电机端子 7 是回位脉冲输出端，将回位信号送到雨滴传感器的端子 2，回位脉冲信号波形见图 9-55。图 9-55 中脉冲的下降沿是回位开始，图 9-54 中触发脉冲前沿是电机旋转开始，至收到回位脉冲是旋转一周时间。回位脉冲至下一个触发脉冲是间歇时间。

④ 自动空调控制：刮水器开关端子 A5 向自动空调控制器 B7 端输出刮水器工作信号，当刮水器电机工作约 60s 时，如果自动空调处于 AUTO 状态，则自动启动除湿功能。

第九章　其他传感器

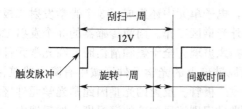

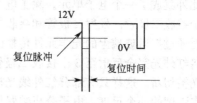

图 9-54　雨滴传感器间歇控制波形　　　　图 9-55　回位脉冲信号波形

五、雨滴/光线/雾气/光照等组合传感器

随着汽车技术的发展，车身电气系统功能不断增加和完善。电气系统增加，就需要增设更多的传感器，有些控制单元需要同一传感器信号，如智能灯光系统、智能雨刷系统都需要雨滴传感器；智能灯光系统、自动空调系统和防眩目后视镜系统都需要光线传感器信号等，汽车网络的总线技术较好地解决了数据共享的问题，另外，为了简化电气系统，可以根据传感器在车身上的安装位置、功用，制造生产了组合传感器，所有这些，都极大地减少了传感器的数量和线束的重量。在众多汽车上，就出现了雨滴、光线、雾气、光照等多种组合的组合传感器。如雨天 / 光照传感器、光照/ 雾气传感器、雨天 / 行车灯/ 光照传感器、雨天 /行车灯/ 雾气/ 光照传感器。

图 9-56、图 9-57 为雨滴/光线组合传感器原理和实物。

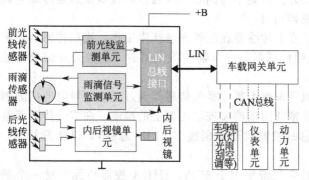

图 9-56　雨滴/光线组合传感器原理

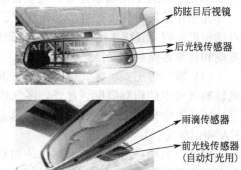

图 9-57　雨滴/光线组合传感器实物

下面以宝马 2013 款 760Li 的雨天 / 行车灯/ 雾气/ 光照传感器为实例进行具体说明。

1. 位置和结构

传感器由一个止动弹簧嵌在定位板上。固定板牢固地粘贴在挡风玻璃内侧。传感器和挡风玻璃之间有凝胶。凝胶在外观上将传感器连接在挡风玻璃上。其位置和结构如图 9-58 所示。

传感器由前部分电器供电。传感器信号通过数据总线传输。

2. 功用与原理

（1）雨滴传感器　雨滴传感器用于测量可识别出降雨强度。识别降水量，自动刮水器运行打开时，刮水清洗开关上的功能发光二极管亮绿光。作为视觉辅助反馈信息，执行一次刮水循环。

雨滴传感器是一个光学传感器，由一个光学元件组

图 9-58　雨天/行车灯/雾气/光照
传感器位置和结构
1—雨水 / 光线/ 光照传感器；
2—柔性线路板，带有雾气传感器

263

成。此外集成了一个电子单元。除了电子分析装置，电子单元中还集成了3个光学发射二极管和3个接收二极管。发射二极管和接收二极管在红外光谱区工作。雨滴传感器的3个发射二极管发射通过挡风玻璃上的光学元件传播的红外光。挡风玻璃完全干燥和清洁时，在光学元件区域中将红外光完全反射至3个接收二极管。如果挡风玻璃上的光学元件区域中有降水或脏污，红外光被切断。这样只有部分红外线光被反射至接收二极管。反射的光量因此是光学元件区域内降水强度的一个尺度。电子分析装置借助缺失的光量识别挡风玻璃的润湿度，然后请求一个与润湿度匹配的刮水行为（例如一次刮水循环、持续刮水或刮水频率不同的间歇运行）。

雨滴传感器的灵敏度可以通过刮水清洗开关上的滚花轮在4个灵敏度等级之间进行调整。每次沿"提高灵敏度"这个方向操纵滚花轮（即向上旋转滚花轮）时，执行一次刮水循环。

车辆静止时，自动切回到停车模式。也就是说：刮水器系统以低一个挡位的刮水频率刮水。

（2）光线传感器　光线传感器用于识别行车灯，车辆前面和车辆周围环境中的光照比例变化由对光线敏感的传感器检测。自动车灯控制激活时，电子分析装置根据所测得的亮度通过LIN总线给出接通或关闭行车灯的建议。

光线传感器同样是光学传感器，由2个光电传感器和相应的电子分析装置组成。一个在红外光谱区工作的光电传感器对准前方，探测从前部射来的光线（前部光线）。另一个传感器是一个主要在可见光谱区工作的二极管，它对准上方并记录从上方射来的光线（环境光线）。

（3）光照传感器　光照传感器用于识别太阳照射强度，传感器分别探测驾驶员侧和前乘客侧的阳光照射强度。传感器数据在电子分析装置中得到处理并通过总线被发送至冷暖空调控制单元。IHKA控制单元分析这些传感器信号。

光照传感器由两个光电传感器组成。光电传感器在红外光谱区中工作。光照传感器负责自动恒温空调（IHKA）的功能范围。光照传感器测量车辆的阳光照射。这时分开记录驾驶员侧和前乘客侧的阳光照射。

（4）雾气传感器　雾气传感器用于识别车窗水雾，雾气传感器通过湿度测量电池探测挡风玻璃区域中的相对湿度。此外，雾气传感器测量挡风玻璃内侧上的温度。在雾气传感器电子分析装置中分析信号。数据通过内部总线被发送至数据接口（LIN总线），以转发给IHKA控制单元。

例如，如果在挡风玻璃上测得的相对空气湿度大于65%，IHKA控制单元启动一个避免车窗水雾的程序。

雾气传感器测量挡风玻璃上的相对湿度以及车厢内部挡风玻璃的温度。雾气传感器中的电子分析装置分析信号，然后通过数据接口（LIN总线）发送数据作为信息。雾气传感器负责自动恒温空调（IHKA）的功能范围。

（5）线路连接　电子单元分析各个传感器信号。这些信号作为LIN总线上信息被发送。如图9-59所示。

维修注意点：

① 对于传感器的维修，只能通过专用仪器进行检测。

② 对于传感器安装，传感器在与前挡风玻璃相连时不能有气泡。必须清洁干燥挡风玻璃表面，挡风玻璃表面应无损坏。

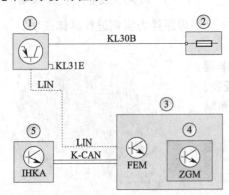

图9-59　雨滴/行车灯/雾气/光照
传感器的线路连接
1—雨滴/行车灯/雾气/光照传感器；
2—前部配电器；3—前部电子模块（FEM）；
4—中央网关模块（ZGM）；5—自动恒温空调（IHKA）

③ 为了传感器的无故障运行，挡风玻璃上不允许有条纹。此外刮水器刮片橡胶必须正常。
④ 安装新零件时，传感器和挡风玻璃之间的凝胶涂在光学元件上。

第五节　测距传感器

目前测定汽车之间或汽车与物体距离的方法，根据测量介质的不同，主要有超声波法、红外法、激光法和微波雷达法。

激光和红外，因其检测面太小，探头需要光学窗口，容易被泥沙遮挡，而且在近距离上发挥不理想，因此在汽车上应用较少。

超声波是超过人耳听觉上限的"声波"，频率范围在20～500kHz，是一种人耳听不到的"声波"。"超声波"产生于机械振动，在空气中传播速度和声音相同，每秒约340m。超声波探测距离相对较短，适应测距范围在0.1～3m之间，防水，防尘，少量的泥沙遮挡也无妨。目前主要应用在车辆倒车控制系统中。常见超声波传感器频率为40kHz。

"电磁波"是由不断变化的电场和磁场互相激发形成的。传播速度和光速相等，每秒30万公里。微波雷达常采用毫米电磁波作为探测介质，故也可称为毫米波雷达。微波雷达按测量原理不同可分为脉冲调频式（PFM）和调频连续波式（FMCW）。微波具有探测距离远、穿头能力强、运行可靠以及实时性佳等优点。并且测量性能受环境及天气等外界因素的影响较小，可直接探测获得车辆与前方目标车的距离和相对速度信息。因此常被用在汽车主动安全系统中，如自适应巡航控制系统 ACC（Adaptive Cruise Control System）、预碰撞安全系统 PCSS（Pre-Collision Safety System）中。雷达所使用的微波频率主要集中在三个频段，分别是23～24GHz、60～61GHz、76～77GHz。

一、超声波距离传感器

超声波距离传感器就是利用超声波的发射和接收原理进行距离测定的传感器，也称为超声波换能器，俗称"探头"，主要用于倒车雷达系统中车辆与障碍物距离的测量，或者在车距控制辅助系统中，用于测定后车与前车的跟车距离。

倒车雷达系统所使用的超声波距离传感器，有2个、3个、4个、6个及8个之分。2、3、4个探头的倒车雷达安装在汽车的后保险杠上面，6、8个探头的倒车雷达一般安装为前2后4，或前4后4。通常来说，探头数量决定了倒车雷达的探测覆盖能力，能减少探测盲区。6个以上探头的倒车雷达在倒车时，还可探测前左、右角与障碍物的距离。

1．测距原理

超声波测距是通过不断检测超声波发射后遇到障碍物所反射的回波，由单片机实时检测出超声波传播所用的时间 ΔT。利用超声波在同种介质中传播速度不变的性质，在声速 v 已知的条件下，得到障碍物离传感器的距离

$$s = \Delta T v / 2$$

式中，v 为超声波波速，常温下取为344m/s；ΔT 为自发射出超声波到接收到反射回波的这段时间差。

2．传感器工作原理

由物理学可知，将两个压电元件（或一个压电元件和一个金属板）黏合在一起成为压电片。当超声波照射到压电晶体上时，压电晶体产生振动，并产生压电信号；同理，当有电信号输入到压电晶体上时，压电晶体产生超声波。超声波距离传感器就是根据这一原理设计的测量距离的检测装置。

超声波探头利用压电陶瓷（主要材料 GaAs 和 SiGe），作为换能器件实现超声波的发射

和接收。给探头压电陶瓷片施加一定的超音频电信号,压电陶瓷片将电能转换成声能发送出超声波。超声波遇到障碍被反射后作用于探头压电陶瓷片,压电陶瓷片将声能再转换成电信号,微弱的电信号经放大后送控制单元处理。双压电晶片示意图如图9-60所示。

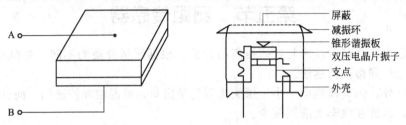

图9-60 双压电晶片示意图和结构

按照接收和发送信号的传感器的组合情况,可以将其检测方式分为直接检测方式和间接检测方式。直接检测方式是指用一个传感器发送并接收信号的检测距离的方式,即使用发射/接收一体式车距传感器;间接检测方式是指用两个传感器,一个发送信号,一个接收信号的检测方式。现在以使用直接检测方式为主。

3. 传感器检测

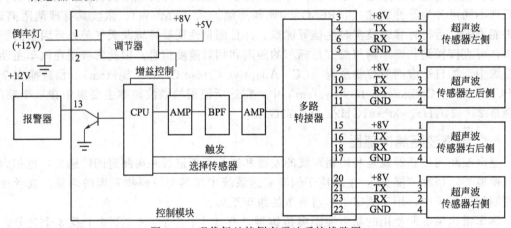

图9-61 现代伊兰特倒车雷达系统线路图

以现代伊兰特倒车雷达系统为例,说明其组成和检测方法。

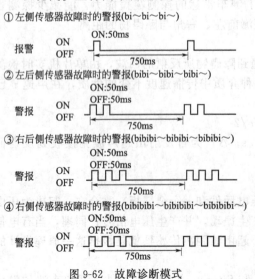

图9-62 故障诊断模式

现代伊兰特倒车雷达系统由控制模块、检测障碍物的超声波传感器、发出警报音的报警器等部件组成。倒车雷达系统线路图如图9-61所示。

(1) 电源检测 由于超声波距离传感器使用的压电元件需要8V工作电压,因此首先要对供电回路进行检测:打开点火开关,断开传感器接头,将车辆挂入倒挡,用万用表的电压挡测量控制模块侧的1脚与4脚,应该有8V电压,如果没有,应检查控制模块是否从倒挡开关处取得12V工作电压。

(2) 利用故障诊断模式进行检测 系统出现故障时,打开故障诊断模式会按图9-62所示方式反复循环提示故障位置,因此,利用故障诊断模式的提示音可以方便地判断出是哪一个传感器出故障。

(3) 信号的示波器检测 利用示波器，可以对超声波距离传感器的发射端子 TX 和接收端子 RX 进行检测。用示波器检测时，注意要在线束连接完好的情况下，将车辆挂入倒车挡，利用背查法进行，其信号应与图 9-63 所示波形相符。

(4) 经验判断法 在汽车进入倒车工作状态下，用耳朵贴近传感器表面，仔细听是

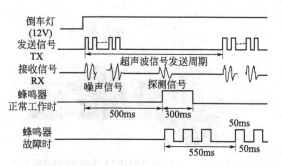

图 9-63 发射端子 TX 和接收端子 RX 的信号

否有轻微的嘀嗒声（可与正常的比较），如果响声正常，说明传感器的电源正常，检查传感器和控制器之间的信号连接是否正常。

二、微波车距传感器

车距传感器又称雷达传感器，主要用于自适应巡航系统、自动泊车系统、倒车系统等，尤以自适应巡航系统应用最为普遍。

自适应巡航系统 ACC，又称为主动巡航系统、智能巡航控制，是一种智能化的自动控制系统，它是在已存在的巡航控制技术的基础上发展而来的。ACC 系统是车速和车距控制装置的组合。它能够进行巡航速度和车间时距的设定，实现定速巡航、自动制动、跟车、恢复车速的功能，减少了对油门踏板和制动踏板的操作，所以可明显提高驾驶舒适性。

自适应巡航控制系统主要由车距传感器、轮速传感器、转向角传感器以及 ACC 控制单元等组成。ACC 控制单元采集各个传感器的信号并进行计算，以便可以适时地与发动机控制单元和制动控制单元交换数据。

自适应巡航控制系统通过方向盘巡航控制器开关输入设定期望车速、设定安全距离、恢复巡航、激活/关闭巡航功能等开关作为巡航控制器人机界面的输入，它是通过 LIN 总线连接在车身控制器，车身控制器作为网关通过驱动 CAN 总线发送给自适应巡航控制系统控制器；而组合仪表作为人机界面的显示终端，通过组合仪表显示巡航控制器的状态、设定的期望车速、设定的安全距离等；自适应巡航控制系统传感器向自适应巡航控制系统控制器提供前车的距离；制动控制器通过采集轮速传感器计算出当前车速并通过 CAN 总线发送给自适应巡航控制系统控制器，自适应巡航控制系统控制器通过上述输入计算出加速或者减速控制请求给制动控制器，以便控制器节气门开度或者制动控制器控制制动执行器，从而根据用户的需求和实际路况进行巡航控制。

1. 车距传感器的功用和位置

车距传感器，一般安装在散热器格栅内或前保险杠的内侧，也有装备在车头徽标下，例如大众 CC，而没有装载传感器的车型徽标是镂空的。如图 9-64 所示。

车距传感器，可以同时测量本车辆与汽车前方 130~200m 的其他车辆的距离，以及视野范围内沿车辆纵轴向的相对车速。也可以计算出每个物体与其视野范围中心线的角度偏差（方位角）。

2. 结构与工作原理

ACC 是通过一个基于毫米波雷达技术的传感器进行距离测量的，频率范围约为 30~150GHz 的波称为毫米波。雷达波并非超声波，雷达以光速传播。喷涂、积雪、粘贴都会造成信号不准，报故障。因此大众 CC 徽标与普通徽标不同，由塑料制成，表面镀层有铟金属。选择铟作为镀层，是因为铟是一种具有良好的雷达穿透性材料，并且具有银白色光泽和良好的延展性和再塑形特性。装有 ACC 系统的大众徽标和普通徽标不能互换。

267

汽车传感器原理与检修

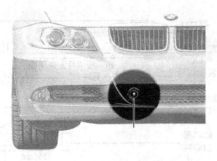

(a) 宝马E90新3系轿车车距传感器　　　　　(b) 大众CC车距传感器

图 9-64　车距传感器的位置

车距传感器的结构如图 9-65 所示，车距传感器和控制单元安装在同一壳罩内。

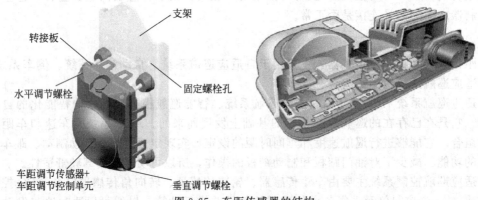

图 9-65　车距传感器的结构

雷达传感器依靠毫米波电磁波工作，该波以光速 c 进行传播。频率为 f 的波运行一个周期需要一个波长 λ，自动车距控制传感器的发射频率一般为 $f=76.5\mathrm{GHz}$，其波长 $\lambda=3.92\mathrm{mm}$。虽然车距传感器发射频率基本相同，但可探测范围、水平视角、垂直视角、车速探测范围会有所差异，如大众 CC 车距传感器发射频率：76.5GHz，可探测范围：150m，水平视角：12°，垂直视角：±4°，车速探测范围：30～210km/h；辉腾车距传感器发射频率：76.5GHz，可探测范围：150m，水平视角：12°，垂直视角：±4°，车速探测范围：大约 180km/h。

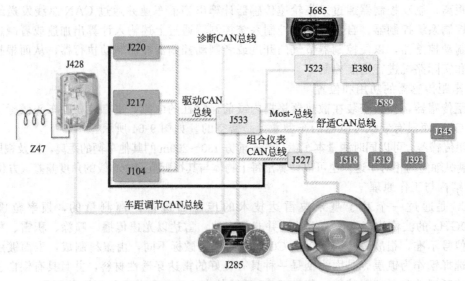

图 9-66　车距传感器的数据传输

268

车距调节传感器 G259 发射出调频信号，然后接收反射回来的信号。控制单元 J428 对雷达探测信号及其他附加输入信号进行处理。通过这些信号可以在雷达探测范围内众多物体中找出作为进行相关调控参照物的车辆，并确定调节策略，调节数据经过车距调节 CAN 总线和数据总线诊断接口 J533（网关）传送到驱动 CAN 总线上，被发送到多点喷射控制单元 J220、自动变速器控制单元 J217 以及 ESP 控制单元 J104 上。数据传输如图 9-66 所示。

3. 检测

AUDI A8 的车距传感器线路连接如图 9-67 所示。

由于车距传感器和控制单元制成一体，控制单元发出的信号也是以 CAN 信号进行传输，因此对于车距传感器的检测必须通过

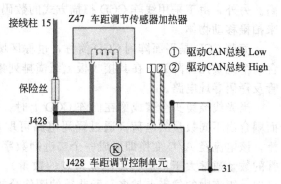

图 9-67　AUDI A8 的车距传感器线路连接

专用解码仪通过数据流来进行。若车距传感器或控制单元任一发生故障，则必须换掉整个总成。

第六节　CCD 图像传感器

随着电子技术的发展，车辆的控制水平不断提高，以前的控制系统仅仅检测车辆自身的状态，最新的控制系统正在向根据车辆的周围环境与状况进行控制的系统发展，CCD 图像传感器就是其重要的应用技术之一。

CCD 图像传感器用于判断倒车时的障碍物，给出危险告警、运动中判断周围的物体距离自己多近，有没有不安全，并提示；自动驾驶时识别地面的色线，使行驶路线不偏离等。

CCD 的全称 "Charge Coupled Device" 意即电荷耦合器件，一种特殊的半导体。它具有光电转换、电荷存储和电荷转移的功能。它的主要特点是由光电变换所产生的电荷可以在驱动脉冲的作用下自行移动，这种运动方式又称为电荷的自行扫描，广泛应用于自动控制和自动测量，尤其适用于图像识别技术。

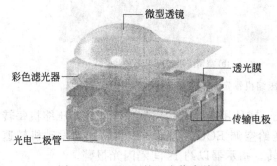

图 9-68　CCD 上的一个像素单元

CCD 中的每个像素单元由一个光电二极管、一个场效应晶体管和电荷传输的电极灯部分构成，此外在光电二极管的上面还设有微型透镜和彩色滤光器，如图 9-68 所示。

光电二极管的功能是产生电荷。它所产生的电荷量与光照强度及积累时间成正比。拍摄景物时，在曝光期间景物反射的光射入相机，照射到 CCD 上，光电二极管产生电荷并积累电荷。每个光电二极管产生的电荷在驱动信号的作用下全部转移到垂直 CCD 中去，然后再按水平方向排列的顺序输出电荷信号，直到将整个 CCD 感光面上的信号全部输出，完成一幅照片的信号转移。

从结构原理上 CCD 可以分为线阵 CCD(Linear CCD) 和面阵 CCD(CCD Array) 两种。线阵 CCD 每次只拍摄图像的一条线，主要用于高分辨率的拍摄设备。

线阵 CCD 的工作原理与台式扫描仪类似，它将图像分割成线状，每条线的宽度大约

为 $10\mu m$，光线经透镜组投射到线性 CCD 中，CCD 图像传感器根据图像强弱的不同将其转换成不同大小的电流，经 A/D 转换处理，将电信号转换成数据信号，即产生一行的图像数据，然后依次完成整个成像过程。显然，这种方式速度很慢，成像的时间长，但分辨率很高。另外，由于采用线阵 CCD 扫描方式的数码相机需要一个保持静止的目标，因此无法用来拍摄移动物体。

面阵 CCD 是平面阵列 CCD 简称，也称区域阵列 CCD。与线阵 CCD 不同，面阵 CCD 包含一个光敏元件阵列，在其接收板上纵横排列集成有几十万、几百万甚至上千万个光电二极管及译码寻址电路。

当光线经镜头会聚成像在面阵 CCD 上时，每个光电二极管会因感受到的光强度的不同而耦合出不同数量的电荷。通过译码电路可取出每个光电二极管上耦合出的电荷而形成电流，该电流经 A/D 变换即形成一个二进制数字量，该数字量对应一个像素点（实际上二极管的数量通常大于拍摄照片中像素点的数量）。上百万像素点集合起来即构成了数字照片。显然，矩阵中的像素点越多，所获得的图像分辨率就越高。

第七节　空调压缩机锁定传感器

空调压缩机锁定传感器安装在空调压缩机的内部，用于检测空调压缩机的转速。之所以把它称之为锁止传感器，原因在于，如果锁止传感器输出信号异常，将会引起空调压缩机锁止。

空调压缩机锁定传感器在压缩机运转时检测压缩机的转速，并输送给空调 ECU 或空调信号放大器，空调 ECU 或空调信号放大器计算压缩机转速与发动机转速相差，当发动机转速在 500r/min 以上，发动机和压缩机转速比相差超过 20% 时，就会切断压缩机离合器，并且 A/C 开关上的指示灯以 0.5s 发光、0.5s 熄灭的间断方式闪光报警。三菱汽车的空调压缩机锁定传感器和指示灯如图 9-69 所示。

(a) 空调压缩机锁定传感器　　　　　　　(b) 空调按钮上的LED灯闪烁

图 9-69　三菱汽车的空调压缩机锁定传感器和指示灯

空调压缩机锁定传感器可以使用舌簧开关，或使用磁电式传感器。一般地，压缩机每转一圈，锁定传感器都会产生 4 个脉冲信号输送给空调 ECU。如果压缩机转速与发动机转速之比小于预定值，则空调 ECU 便使压缩机停转，指示器以约 1s 间隔闪光报警。

空调压缩机锁定传感器的检修：

图 9-70 为三菱 V7 系列的空调压缩机锁定传感器的电路图。

1. 电阻检测

空调压缩机锁定传感器的电阻检测如图 9-71 所示。

对于使用磁电式的空调压缩机锁定传感器，测量传感器插接器端子 1 和 2 之间的电阻：在 25℃，阻值为 600Ω 左右。否则，更换传感器。对于使用舌簧开关的压缩机锁定传感器，

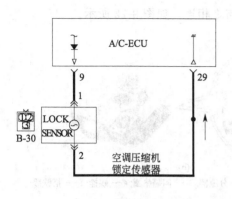
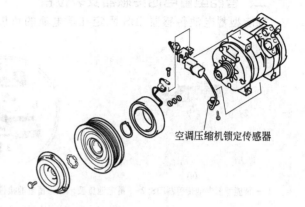

图 9-70　压缩机锁定传感器的电路图

将压缩机锁定传感器的接线从连接器中拆出，用万用表测量电阻，若电阻为无限大，则正常；若电阻为零，说明锁定传感器已损坏，需要更换。

2. 电压检测

磁电式的空调压缩机锁定传感器，发动机转速在 1500r/min 左右，当压缩机工作时，用万用表电压挡测量传感器插接器端子 1 和 2 之间的输出电压，其值 0～0.75V 的交流信号。对于使用舌簧开关的压缩机锁定传感器，产生的是脉冲信号。

3. 其他原因

如果空调压缩机锁定传感器及其线路良好，仍出现压缩机转速与发动机转速相差较大，可能的原因主要还有：

① 空调压缩机离合器因有润滑油引起打滑；

② V 皮带张力过小或者松弛，导致空调压缩机皮带打滑；

③ 制冷剂流量过多，排气压力过高，导致压缩机过载甚至压缩机被卡住；

④ 压缩机离合器继电器触点磨损，压缩机离合器供电电路出现大幅度电压降，导致压缩机离合器失效打滑；

⑤ 锁定传感器到电脑控制之间的配线和连接器是否短路、断路、松脱、腐蚀等损坏，并修理或更换；

⑥ A/C-ECU 故障。

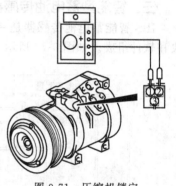

图 9-71　压缩机锁定传感器的电阻检测

第八节　智能型蓄电池传感器（IBS）

一、智能型蓄电池传感器功用

智能蓄电池传感器能持续测量车辆每种行驶状态下蓄电池的充放电电流、端电压和蓄电池温度；计算蓄电池指示参数作为判定蓄电池充电状态（SoC 为 State of Charge 的缩略语）和健康状态（SoH 为 State of Health 的缩略语）的基础；平衡蓄电池充电/放电电流；SoC 处于临界状态时，作为相应措施监测 SoC 并使车辆处于工作状态；计算启动电流特性曲线用于确定蓄电池 SoH；并可对车辆休眠电流进行监控；向上级控制单元传输数据；故障自诊断；全自动更新规则系统和自诊断系统；睡眠模式下自提醒功能。

二、智能型蓄电池传感器安装位置

智能型蓄电池传感器 IBS 固定在蓄电池的负极并与之相连。如图 9-72 所示。

(a)　　　　　　　　　　　　　　　　(b)

1—智能型蓄电池传感器IBS；2—蓄电池负极　　1—蓄电池接住；2—分流器；3—间隔垫圈；4—螺栓；5—搭铁线

图 9-72　智能型蓄电池传感器的位置和组成

三、智能型蓄电池传感器结构和工作原理

IBS 智能蓄电池传感器是一个机电一体化的智能型蓄电池传感器，由机械部件、电子模块和软件组成。如图 9-73 所示

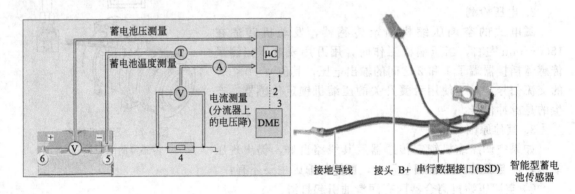

图 9-73　IBS 功能原理

1—IBS 中的微型控制器；2—串行数据线（BSD）；3—数字式发电机电子伺控系统（DME）；
4—分流器；5—蓄电池负极；6—蓄电池正极

智能型蓄电池传感器 IBS 是一个用于蓄电池状态监控的智能型、机械电子式部件。IBS 的电源电压是通过一根单独的导线输送的。

在数据传输时，IBS 通过串行数据接口 BSD 与数字式发动机电子伺控系统（DME）或数字式柴油机电子伺控系统（DDE）相连。

（1）机械机构　为了建立到车身的电气连接，使在温度传感器和蓄电池负极之间建立足够的热接触，保护、支撑灵敏的微处理器（电子模块），固定用于电流测量的传感器元件，智能型蓄电池传感器 IBS 固定在蓄电池的负极并与之相连

（2）微处理器　微处理器或称电子模块，IBS 带有自己专用的微处理器，不间断地测量和记录蓄电池中的端电压、充电电流、放电电流以及酸液温度，利用这些数据计算蓄电池指标，并把指标通过串行数据接口发送到 DME。

下列组件安装在微处理器电子模块中：一个并联电阻（用于电流测量的电阻）；一个温度传感器；线路板上的一个电子分析装置在一块小线路板上安装了一个电子分析电路，用于分析测量值。为了进行数据传输，通过串行数据接口 BSD 与 DME 相连接。

（3）软件　IBS 微控制器中的程序，持续测量各种车辆运行状态下的蓄电池电流、电压

和温度；车辆处于驻车运行模式时，每隔 4s 查询一次测量值，以便节省能量。

① 通过匹配发电机的充电电压与蓄电池的需要，实现可调式充电电压，充电电压根据蓄电池温度和用电电流 2 个参数而改变。IBS 检测到的蓄电池温度和用电器电流数据通过 BSD 发送到 DME，能源管理系统由此计算出发电机发出的充电电压的大小，由能源管理系统确定的充电电压额定值规定了发电机发出的充电电压的大小，通过与之相关的蓄电池充电电流影响蓄电池的充电过程，并最终影响车辆的用电器电流。IBS 还根据温度变化改变蓄电池的充电电压，可以避免在充电过程中蓄电池温度过高。

② 提高怠速以增大发电机的输出功率。当发电机已满负荷且蓄电池充电过低时，可由 DME 将发动机怠速提高到最高 750r/min。

③ 如果蓄电池的充电状态在提升怠速转速后仍未得到改善，则可减小车载电源的峰值负荷。可通过下列措施实现峰值负荷的减小：负荷借助脉冲宽度调制间歇工作，在这种方法中用电器将按规定的时间接通和关闭；将用电器负荷减小到一个规定的百分数。在极端情况下，通过间歇工作和用电负荷减小达不到减小功率的目的时，将关闭某些用电器。

④ 当蓄电池达到发动机起动能力的极限时，通过向车载网络发布信息关闭停车时用电器。用电器可按不同的标准断开，并被划分为下列类别。

a. 舒适性用电器：后窗加热装置、座椅加热装置和转向盘加热。舒适性用电器在发动机关闭后自动断开，已断开的舒适性用电器只有在发动机重新启动后才能被再次激活。

b. 停车时用电器：停车灯、闪烁报警灯。只要条件允许，原厂规定的停车时用电器在发动机关闭后必须仍准备就绪，即使在达到蓄电池的启动功能极限时，这些停车时用电器也不会断开。

c. 停车时用电器：停车预热和通风装置以及通信组件，这些停车时用电器在发动机关闭后也可接通，在达到蓄电池的启动功能极限时，这些停车时用电器自动关闭。关闭由 DME 通过总线请求。

⑤ 休眠电流监控。当车辆在休眠状态下的蓄电池电流超过 80 mA 时，则在 DME 中存储 1 个故障码。

⑥ 如果 BSD 断路，则会在发动机控制单元 DME 中存储一个"串行数据接口 BSD 断路与 IBS 无法通信"的关于智能型蓄电池传感器 IBS 的故障码

复习思考题

1. 电流传感器有几种类型？简述其检测原理。
2. 查阅资料，了解两线的倒车雷达传感器的工作原理。
3. 查阅资料，了解倒车影像的成像和测距原理。

参 考 文 献

[1] 崔胜民. 新能源汽车技术. 北京：北京大学出版社，2014.
[2] 何洪文等. 电动汽车原理与构造. 北京：机械工业出版社，2012.
[3] 吴文琳等. 汽车传感器原理与维修. 北京：机械工业出版社，2013.
[4] 姚科业等. 图解汽车传感器识别·检测·拆装·维修. 北京：化学工业出版社，2013.
[5] 姜立标. 汽车传感器及其应用. 第二版. 北京：电子工业出版社，2013.
[6] 鲁植雄. 汽车传感器检测图解. 南京：江苏科学技术出版社，2007.
[7] 宋年秀等. 怎样检测汽车传感器. 北京：中国电力出版社，2007.
[8] 宋福昌编. 汽车传感器识别与检测图解. 北京：电子工业出版社，2006.
[9] 张西振等. 轿车空调系统检修培训教程. 北京：机械工业出版社，2004.
[10] 贺建波等. 汽车传感器的检测. 北京：机械工业出版社，2005.
[11] 韩雪涛等. 图解数码相机摄录一体机原理与应用. 北京：人民邮电出版社，2004.
[12] 冯渊编. 汽车电子控制技术. 北京：机械工业出版社，2005.
[13] 李东江等. 现代汽车用传感器及其故障检修技术. 北京：机械工业出版社，1999.
[14] 杨庆彪等. 汽车电控制动系统原理与维修精华. 北京：机械工业出版社，2006.
[15] 高义军等. 现代汽车电子技术. 北京：人民邮电出版社，2005.
[16] 夏雪松等，汽车传感器标准值速查手册. 北京：电子工业出版社，2002.
[17] 陈丙辰等，汽车传感器使用与检测. 北京：金盾出版社，2003.
[18] 于振洲编. 77种最新电器构造、原理与维修. 北京：电子工业出版社，2000.
[19] 鲁植雄等. 汽车电喷发动机波形分析图解. 南京：江苏科学技术出版社，2006.
[20] 廖发良编. 汽车典型电控系统的结构与维修. 北京：电子工业出版社，2005.